ADAC-Reiseführer
Köln

Von Ulrich Krings und Stefan W. Krieg
Mit Fotos von Celia Körber-Leupold

W0083896

EIN
ADAC
BUCH

Die Neuauflage dieses Buches entstand in Zusammenarbeit zwischen
dem ADAC Verlag und dem Prestel-Verlag.
Die 1. Auflage erschien im Prestel-Verlag, München.

In der ADAC-Reiseführer-Reihe sind erschienen:
**Barcelona, Berlin, Brasilien, Bretagne, Brüssel, Budapest, Côte d'Azur, Dresden, Florenz,
Gardasee, Hamburg, Köln, Loire, London, Mallorca, München, New York, Paris,
Portugal, Prag, Provence, Rom, Salzburg, St. Petersburg, Toskana, Türkei-Südküste,
Türkei-Westküste, Ungarn, Venedig, Wien**

Umschlag-Vorderseite: Dom und Ratsturm, der 1994/95
ein wohldurchdachtes Figurenprogramm erhielt
Foto: Celia Körber-Leupold, Köln

Umschlag-Innenseite: Auch abends belebt – der Fischmarkt im Martinsviertel
Foto: laif/Gernot Huber, Köln

Den Informationsteil auf den Seiten 166-186
erarbeitete Dieter C. Schütz, Köln

Gestaltung: Norbert Dinkel, München
Abbildungen: siehe Bildnachweis S. 191
Karten: Wolfgang Mohrbach, München
Titelgestaltung: Graupner & Partner, München
Reproduktion: Karl Dörfel Repro GmbH, München
Satz: Typodata, München
Druck, Bindung: Passavia Druckerei GmbH, Passau
Printed in Germany

ISBN 3-87003-662-1

Gedruckt auf chlorfrei gebleichtem Papier

Redaktion ADAC-Reiseführer:
Mandlstraße 26, 80802 München
Tel. (089) 394325, Fax (089) 341486

Inhalt

Amtliches Kölner
Stadtwappen seit 1818

Inhalt

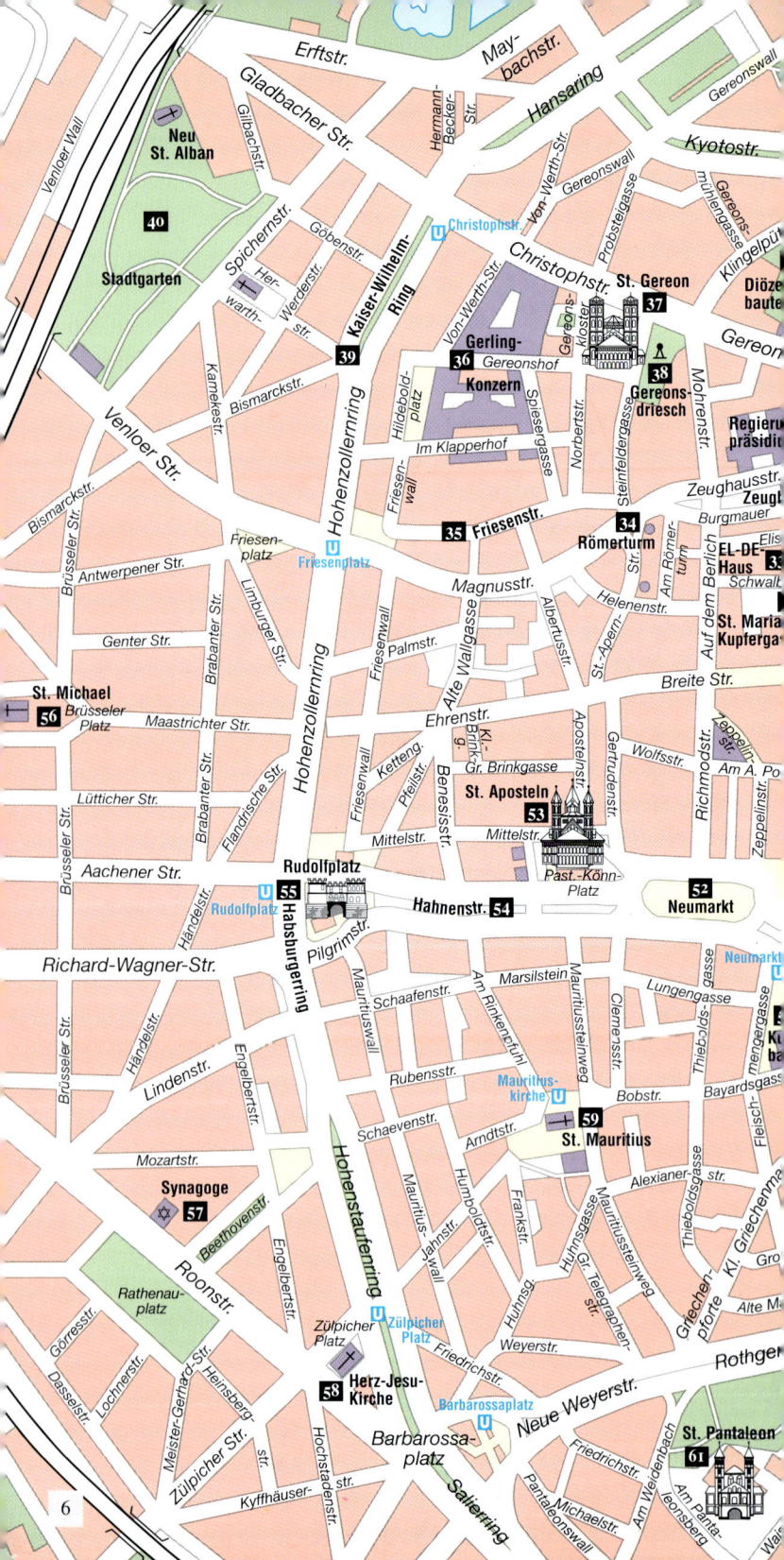

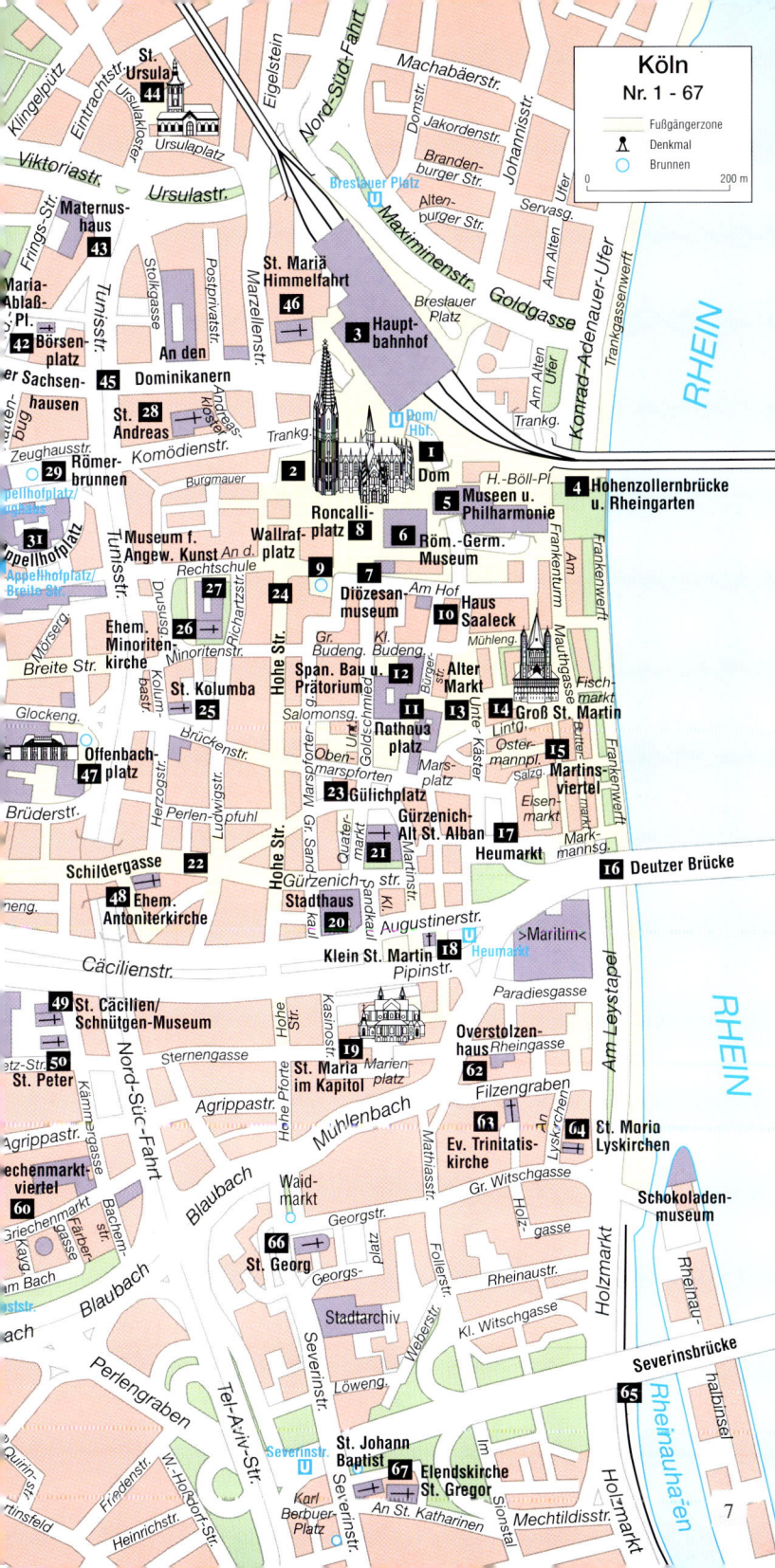

Köln
Nr. 1 - 67

Fußgängerzone
Denkmal
Brunnen

0   200 m

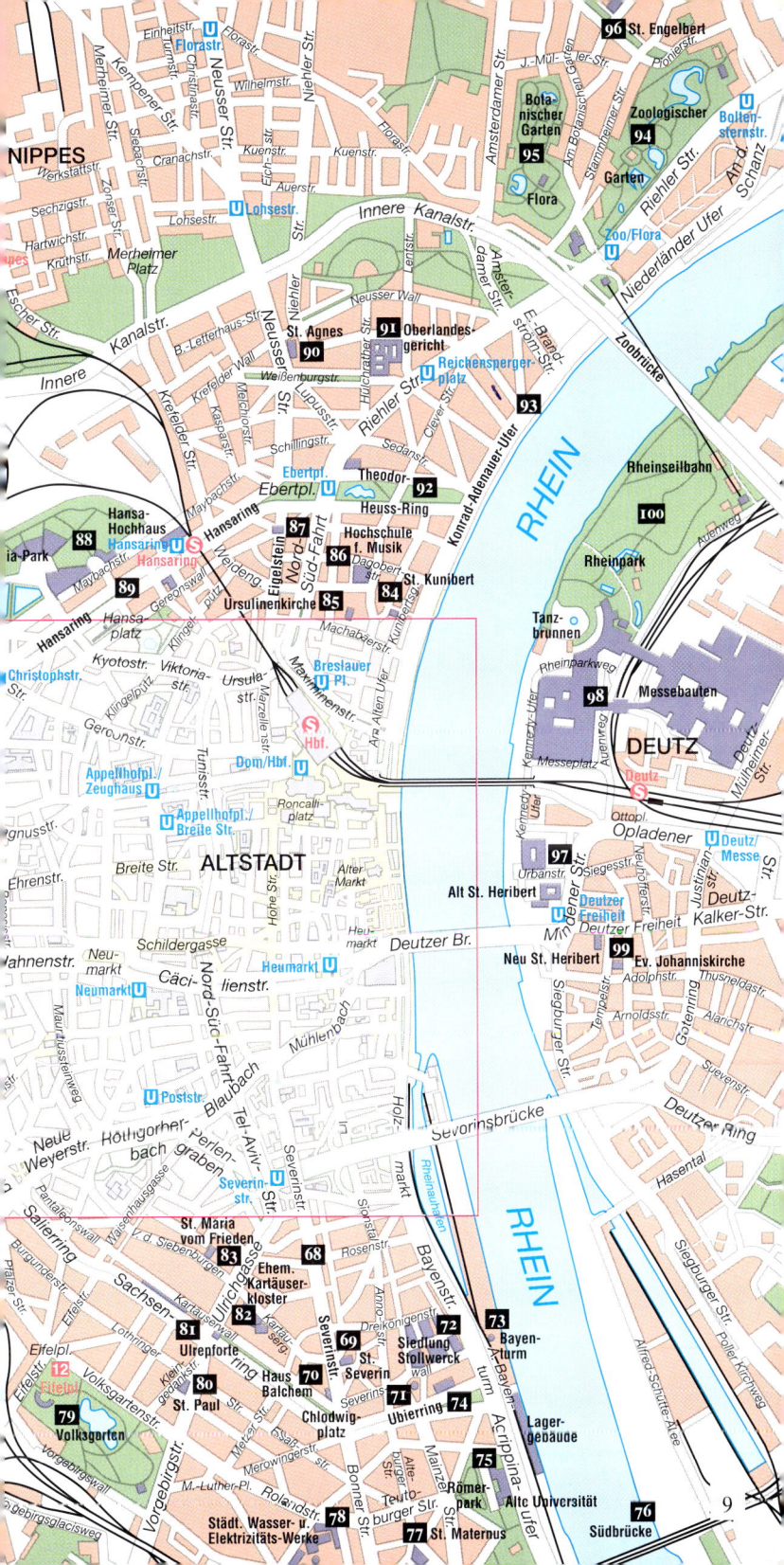

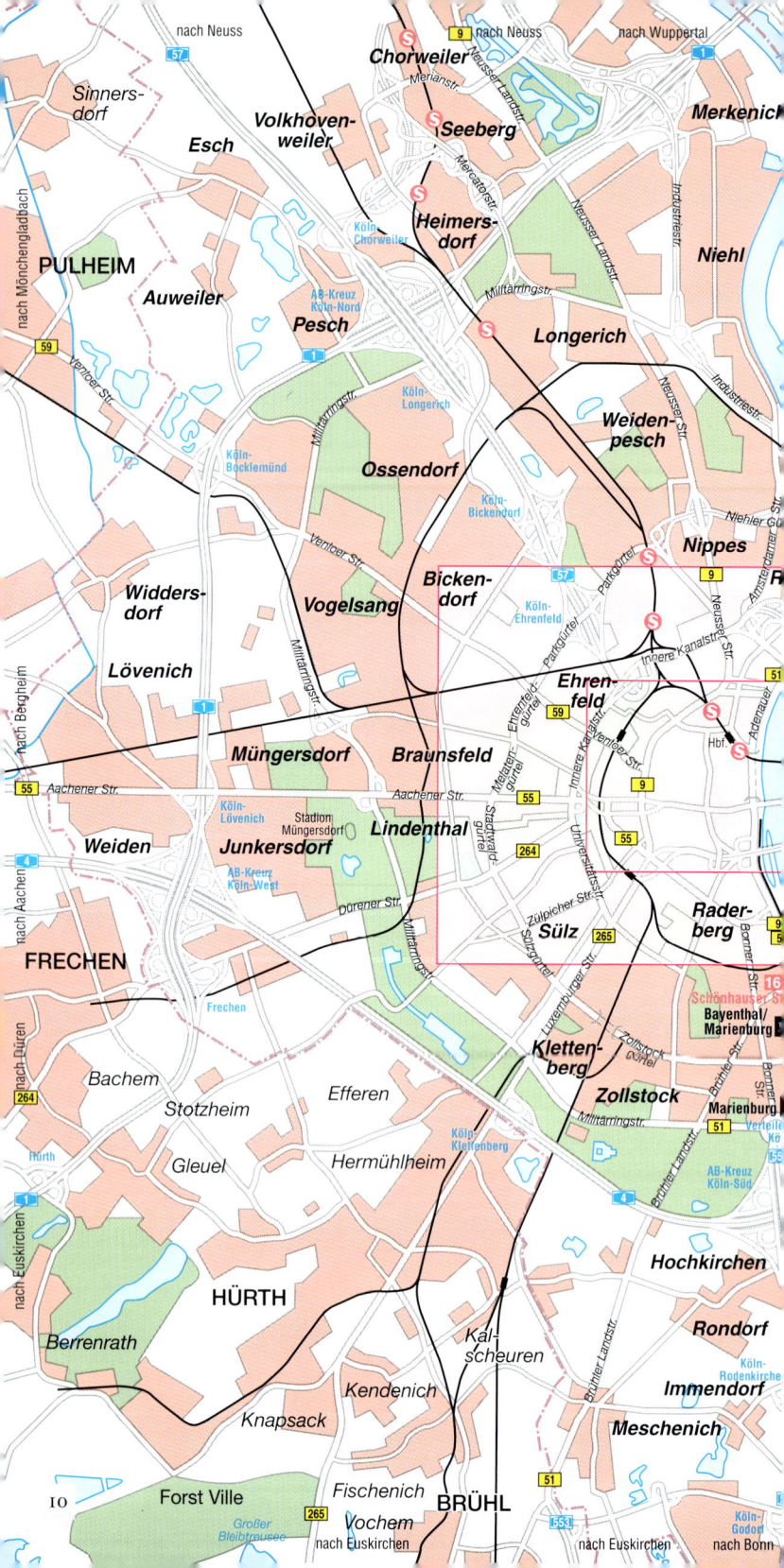

Köln – 2000 Jahre Metropole am Rhein

Köln gehört zu den faszinierendsten Großstädten Europas. Ihre wechselvolle Geschichte läßt sich an Bauten und Denkmälern aus zwei Jahrtausenden ablesen. Das nach dem Zweiten Weltkrieg wiedererstandene **Rheinpanorama** wird vom mächtigen gotisch-neugotischen Dom, von Groß St. Martin, dem wohl schönsten romanischen Turmbau Deutschlands, und vom spätgotischen Ratsturm dominiert. Eine Vielzahl profaner und sakraler Bauwerke, unter denen sich 11 romanische, 4 gotische, 3 barocke und zahlreiche Kirchen des 19. und 20. Jh. von überregionalem Rang befinden, runden das Stadtbild ab. Mit seinen lebendigen Stadtteilen, seinen vielfältigen ›Szenen‹ (Museen, Theatern, kulturellen Zentren und Kneipen) und seiner ökonomischen Kraft prägt sich die Rheinmetropole tief in das Bewußtsein

wohl jedes ihrer Besucher ein und wird zu einem unverwechselbaren Stadt-Erlebnis.

Kölsche Seele

Die eine Million zählenden **Kölner Bürger** selbst sind ihrer Heimatstadt in sentimentaler oder kritischer Sympathie zugetan. Davon zeugen eine lebendige Presse, Bürgerinitiativen nahezu jeder Zielsetzung, Heimat- und Brauchtumsverbände, Mundartdichter, Künstler, Wissenschaftler und Schriftsteller, aber auch Wirtschaftsbosse und Normalbürger, die Köln zu ihrem Lebens- und Wirkungsort gemacht haben, und endlich das Phänomen Karneval. All dies steht für die Vitalität und Integrationsfähigkeit Kölns – Charakteristika einer Stadt, die auch zahlreiche ›Imis‹ (Zugereiste) bestätigen.

Pogrome, Zerstörung und Wiederaufbau

Dabei sollen die Zeiten der Intoleranz und des Fremdenhasses nicht harmonistisch verschwiegen werden: Die Pogrome gegen die jüdischen Bürger seit dem 14. Jh., die Ausgrenzung der Protestanten vom 16. bis zum Ende des 18. Jh., die Hexenverfolgung, die allerdings auch in Köln im Wirken des Grafen Friedrich Spee von Langenfeld SJ letztlich überwunden wurde ... Der über Jahrhunderte vorherrschende **Katholizismus** ist letztlich ebenso ›kölsch‹ eingefärbt worden wie die im 19. Jh. wieder ›zugelassenen‹ Gemeinden der Juden und Protestanten. Auch die wechselnden politischen Strukturen der neuesten Zeit – angefangen von der französisch-nachrevolutionären (1794-1815), der preußischen

Links: *Buntes Treiben vor dem Dom*

Unten: *Das klassische Köln-Panorama mit (von rechts nach links) Dom, Groß St. Martin mit Martinsviertel und Ratsturm, gesehen vom Deutzer Ufer aus*

(1815-1871), der kaiserzeitlich-reichsdeutschen (1871-1918) und der ihr nachfolgenden republikanisch-demokratischen Ära – erhielten eine spezifisch kölsche Prägung. ›Kölsch‹ heißt hier möglicherweise liberaler als anderswo …

Die großdeutsch-nationalsozialistischen Exzesse der Jahre 1933-45 hat dieses alt-

Kölner nicht denkbar: Hier seien nur Konrad Adenauer, Josef Kardinal Frings, Hans Böckler und Heinrich Böll genannt. Die in ihrem Grundkonzept vorbildliche **Wiederaufbauplanung** hat neben dem historischen Stadtgrundriß auch zahlreiche historische Bauwerke vor dem endgültigen Verschwinden bewahrt

europäische Kulturzentrum mit seiner fast totalen physischen Vernichtung und einer erschreckend hohen Zahl von Toten und Verletzten büßen müssen.

Die Chance des demokratischen Neubeginns auf allen Gebieten wurde in Köln nach 1945 in umfassender Weise genutzt. Die Geschichte der alten Bundesrepublik ist ohne den Anteil bedeutender

und so – bei aller Erneuerung und Neuschöpfung im Detail – die architektonische Grundsubstanz der alten Colonia für kommende Generationen retten können. Die städtebaulichen Fehlgriffe der 6oer und 7oer Jahre sind zwar unübersehbar, der unheilvolle Trend zu einer lediglich profitorientierten Allerweltsarchitektur konnte jedoch im letzten Jahr-

Oben: *Figurenreich – das mittlere Westportal des Doms*

Oben links: *Architekturdetail im Sonnenlicht, das Wallraf-Richartz-Museum strahlt nicht nur im Glanz seiner mittelalterlichen Goldgrundbilder*

Unten links: *Lebensfreude auf dem Dionysosmosaik im Römisch-Germanischen Museum*

Unten: *Ruine der Kirche St. Alban als Mahnmal*

das spezifische Lebensgefühl, den Rhythmus der Stadt im Laufe ihrer ›fünf Jahreszeiten‹ erspürt, der wird das Lob des ›Heiligen Köln‹, das der Chronist im Jahre 1499 formulierte, auch dem heutigen, nicht mehr ›nur‹ heiligen Köln, aussprechen: »Cöllen eyn kroyn – boven allen steden schoyn« – Köln eine Krone, über alle Städte schön!

zehnt in einer Art ›Großer Koalition‹ von Architekten und Bauherren, Stadtplanern und Denkmalpflegern gestoppt und letztlich umgekehrt werden. Unterstützt wurde sie dabei von einer kritischen, selbstbewußten Presse. Köln wird immer mehr zu einem Ort interessanter und guter städtebaulicher Lösungen.

Erlebnisreiche Rundgänge

Die Autoren möchten die Besucher und Einwohner einladen, das faszinierende Geflecht aus Alt und Neu, Großstädtisch und Dörflich, das diese Stadtlandschaft zu beiden Ufern des Rheins auszeichnet, zum Erlebnis werden zu lassen. Und wer dann noch das Aroma des ›Kölsch‹, des gesprochenen wie des in etwa 25 Brauereien gebrauten, zu genießen lernt, wer

Nähe des Doms Groß St. Martin [Nr. 14] und St. Andreas [Nr. 28]. Vielleicht reicht die Zeit sogar noch für einen kurzen Bummel zum **politischen Zentrum** Kölns, also zum Rathaus [Nr. 11] und den Resten des römischen Prätoriums [Nr. 12]. Abends ergänzen Besuche in einem kölschen Lokal oder im Hänneschentheater das Bild um **kölsche Lebensart** und kölsches Lokalkolorit ganz anderer Art.

Hat man etwas mehr Zeit zur Verfügung, hängt es von den persönlichen Vorlieben und vom Wetter ab, ob man die Bekanntschaft mit Köln durch einen Rundgang, einen Museumsbesuch oder beim Flanieren in Kölns Einkaufsstraßen vertiefen möchte. Ein halber Tag reicht für die geruhsame Betrachtung der im ersten Kapitel vorgestellten Objekte und den

In den einzelnen Kapiteln dieses Reiseführers wird die Stadt in Rundgängen – auf kurzen Wegen – vorgestellt. Daß sich dabei Rundgänge ganz unterschiedlichen Charakters ergeben, versteht sich von selbst und ist bereits den Einleitungen der Kapitel zu entnehmen. Doch mag die Wahl des Reisenden auch sehr nachdrücklich von der Zeit bestimmt sein, die er mitbringt, oder von seinen thematischen Interessen.

Wer nur wenige Stunden – etwa zwischen zwei Geschäftsterminen – für Besichtigungen erübrigen kann, wird sich wohl auf den **Dom** [Nr. 1] und seine unmittelbare Umgebung beschränken müssen. Unter den **romanischen Kirchen** empfehlen sich dabei durch ihre Lage in der

Besuch eines Museums aus. Auch für die übrigen Kapitel wird man je etwa einen halben Tag rechnen; Kapitel 4 dürfte die Rundgänge in Kapitel 1 oder Kapitel 5 um etwa zwei Stunden verlängern. Kapitel 2 bietet einen Gang durch die Geschichte Kölns; beispielhaft werden hier Monumente aus der Römerzeit, dem Mittelalter, der Zeit der Stadterweiterung im 19. Jahrhundert und dem Wiederaufbau nach dem Zweiten Weltkrieg bis zur Gegenwart vorgestellt. In Kapitel 3 liegt der Akzent stärker bei der Gegenwartsarchitektur; da diese unter den Beispielen vielfach in der Form von Geschäftsbauten vorkommt, läßt sich dieser Rundgang auch gut mit einem Einkaufsbummel verbinden. Die Kapitel 5 und 6

entscheidende Akzente zum Charakter Kölns beitragen und ohne sie das Bild unvollständig bliebe.

Sollte Petrus – obwohl einer der Patrone des Doms – einen Stadtbesuch mit Dauerregen vermiesen wollen, so empfiehlt sich ein Rundgang durch die Kölner **Museen**. An der Südseite des Domes sind diese so dicht gruppiert (Römisch-Germanisches Museum [Nr. 6], Diözesanmuseum [Nr. 7], Wallraf-Richartz-Museum und Museum Ludwig [Nr. 5]), daß man ohne Schirm auskommt; ebenfalls in der Nähe liegt das Museum für Angewandte Kunst [Nr. 27]. Weitere Museen gibt es am Neumarkt (Schnütgen-Museum [Nr. 49], Josef-Haubrich-Kunsthalle und Kölnischer Kunstverein [Nr. 51], Käthe-Kollwitz-Museum [Nr. 52], Kunst-Station St. Peter [Nr. 50]) oder einzeln im Stadt-

Links: *Der Straßenkarneval macht die Domstadt zur Hochburg aller Jecken im Land (oben). Sommerliche Fiesta im Deutzer Rheinpark (Mitte)*

Oben: *Die ›Schöne Parlerin‹, eine mittelalterliche Beauté im Schnütgen-Museum*

Mitte: *Vom Schiff führt der Weg ins quirlige Martinsviertel*

Unten: *Beim Kölsch (das in Stangen serviert wird) kommt jeder/jede mit jedem/jeder ins Gespräch*

zeigen eher stille Seiten der Großstadt; hier wird der Rundgang zum Spaziergang, und Volksgarten [Nr. 79], Zoo [Nr 94] und Flora [Nr. 95] laden zur Erholung ein. Bewußt sind neben dem Stadtzentrum in den Kapiteln 8 und 9 auch die Vororte einbezogen, weil sie

gebiet (Rautenstrauch-Joest-Museum für Völkerkunde am Ubierring [Nr. 74], Ostasiatisches Museum an der Aachener Straße [Nr. 101]).

Wer Erholung im Grünen sucht, findet im Kapitel ›Abseits der Hauptrouten‹ **Parks und Grünanlagen** übersichtlich beieinander. Natürlichere und weniger gestaltete Grünbereiche sind das Rheinufer (etwa bei Rheinkassel) oder der Königsforst, der auch gut mit der Straßenbahn zu erreichen ist.

Für den **Einkaufsbummel** bietet ›Köln aktuell‹ eine detaillierte Übersicht über die Einkaufsmeilen der Stadt. Darüber hinaus wird hier verraten, wo man sich für neue Taten stärken oder wo und wie man den Tag ausklingen lassen kann.

Die Stadtgründerin Agrippina (?). Büste des 2. Jh. (?) im Römisch-Germanischen Museum

Um 50 v. Chr. siedeln sich die germanischen Ubier in der Kölner Bucht auf der linken Rheinseite an; die vorher hier ansässigen Eburonen waren in Caesars Gallischem Krieg ausgerottet worden.

38 v. Chr. Agrippa wird Statthalter von Gallien. Der Sicherung der Rheingrenze dient die Gründung eines Oppidum Ubiorum, also einer festen Siedlung der Ubier – Keimzelle des römischen Kölns mit der ›Ara Ubiorum‹ (dem ›Altar der Ubier‹).

15 n. Chr. wird hier Agrippina die Jüngere als Tochter des Statthalters Germanicus geboren.

50 erreicht sie als Gemahlin des Kaisers Claudius die Erhebung des Oppidum zur römischen Colonia, einer Veteranenkolonie mit dem Namen Colonia Claudia Ara Agrippinensium (CCAA) (›Unter Claudius gegründete Kolonie am Platz des Altars der Agrippensier‹). Der Bau der Stadtmauer wird begonnen.

69 Im Vierkaiserjahr wird in Köln Vitellius zum Kaiser ausgerufen, unterliegt aber im selben Jahr Vespasian in Rom.

Um 90 wird Köln Hauptstadt der Provinz Niedergermanien.

Um 310 errichtet Kaiser Konstantin der Große eine feste Rheinbrücke; ihr rechtsrheinischer Brückenkopf ist das ›Castrum Divitium‹, die Keimzelle des späteren Deutz.

313 wird im Gefolge des Mailänder Edikts, mit dem Konstantin den Christen die freie Religionsausübung zusicherte, Bischof Maternus von Köln als Teilnehmer von Bischofskonferenzen in Rom und Arles genannt. Erste Bischofskirche im Dombereich.

355 zerstörten die Franken die Stadt. Im folgenden Jahr wird sie von Julian Apostata zurückerobert und wiederaufgebaut.

Ab 360 Bau von ›St. Gereon‹.

454 erobern die Franken Köln; der römische Statthalterpalast (Prätorium) wird Königssitz.

Vor 787 erhebt Karl der Große seinen Hofkaplan Hildebold zum Erzbischof. Die Bistümer Lüttich, Utrecht, Münster, Osnabrück und Minden werden Köln unterstellt.

Sogenannter Agrippa. Porträtkopf des 1. Jh. im Römisch-Germanischen Museum

870 weiht Erzbischof Willibert den von Hildebold begonnenen (›Alten‹) Dom.

881 zerstören die Normannen Köln.

925 kommt Köln zum Ostreich, dem Vorläufer des Heiligen Römischen Reiches (Deutscher Nation).

Um 950 wird die Stadt über den verlandeten Rheinarm hinweg auf die Rheininsel erweitert; so entsteht das spätere Martinsviertel (1. Stadterweiterung).

Stab des hl. Heribert (Anf. 11. Jh., unteres Ende ergänzt) in der Domschatzkammer

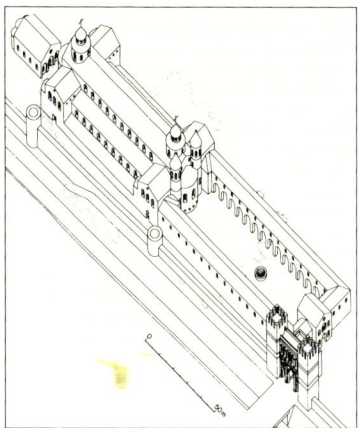

Der Alte Dom bei seiner Weihe 870 mit röm. Stadtmauer und Umriß des gotischen Nachfolgers

953 verleiht Kaiser Otto I. seinem Bruder, Erzbischof Bruno von Köln, das Herzogtum Lothringen. Bis 1288 ist der Erzbischof zugleich der Stadtherr.

1003 gründet Erzbischof Heribert in Deutz ein Benediktinerkloster.

1021 wird Pilgrim Erzbischof von Köln. Von nun an ist der Kölner Erzbischof stets auch Kanzler des Reiches und berechtigt, die deutschen Könige in Aachen zu krönen.

1049 besuchen Papst Leo IX. und Kaiser Heinrich III. Köln. Altarweihe in St. Maria im Kapitol.

1074 muß Erzbischof Anno II. bei einem Aufstand der Bürgerschaft aus der Stadt fliehen, nimmt sie aber vier Tage später wieder ein.

1106 2. Stadterweiterung nach Norden, Süden und Westen.

1164 gelangen die Reliquien der Hl. Drei Könige aus Mailand nach Köln;

fortan huldigten die Könige nach ihrer Krönung in Aachen Christus an diesem Unterpfand christlichen Königtums im Dom. Zugleich wird Köln zum bedeutenden Wallfahrtsort.

Ab etwa 1180 entsteht die große mittelalterliche Stadtmauer (3. Stadterweiterung). Köln ist die größte Stadt des Reiches mit etwa 40000 Einwohnern. Gleichzeitig werden etwa 1150 bis 1250 die großen romanischen Kirchen erweitert oder neu errichtet.

1248 legt Erzbischof Konrad von Hochstaden den Grundstein zum gotischen Neubau des Kölner Doms.

1288 besiegen die Kölner Bürger zusammen mit dem Herzog von Brabant

Ältestes Stadtsiegel von 1119 mit dem hl. Petrus (einer der Patrone des Doms) und Umschrift: ›Heiliges Köln, durch Gottes Gnade der Römischen Kirche getreue Tochter‹

und dem Grafen von Berg Erzbischof Siegfried von Westerburg, der die Herrschaft über die Stadt an den Rat abtreten muß. Seitdem residierten die Erzbischöfe bis zum Ende des 18. Jh. zumeist in Bonn.

1322 wird der Domchor geweiht.

1349 ist eine Pestepidemie Anlaß zu einem Pogrom und der Vertreibung der Juden aus Köln (die erst 1372 zurückkehren dürfen und 1424 endgültig, d. h. bis 1794, vertrieben werden).

1367 tagt die Hanse in Köln und beschließt den Krieg gegen den dänischen König Waldemar Atterdag.

1388 gründet die Stadt die Universität als erste städtische Universität Deutschlands.

1396 wird der patrizische Rat abgelöst durch die vereinigten Handwerker. Der ›Verbundbrief‹, der die Wahl der Ratsherren durch die 22 Gaffeln (Zünfte) regelt, blieb mit Änderungen (1513) bis 1794 in Kraft.

1475 wird Köln auch offiziell freie Reichsstadt in der Bestätigung des 1288 Erreichten.

Ausschnitt aus dem Stadtplan des Arnold Mercator (Kupferstich, 1571) mit dem unvollendeten Dom

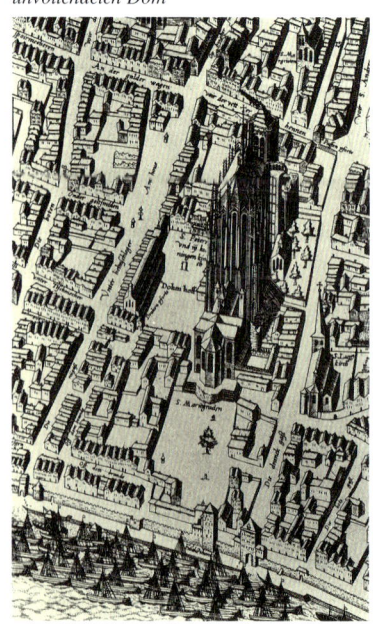

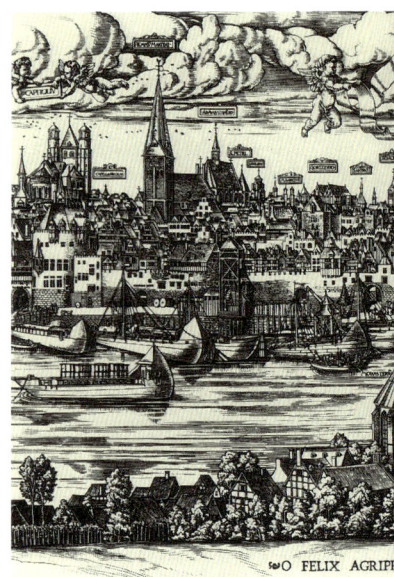

1520 werden auf dem Domhof die Schriften Luthers verbrannt.

1529 werden die evangelischen Prediger Adolf Clarenbach und Peter von Fliesteden auf Melaten verbrannt.

1544 entsteht in Köln die erste Niederlassung der Jesuiten in Deutschland.

1547 muß Erzbischof Herrmann von Wied abdanken, weil er die Reformation einführen will.

1560 wird der Dombau eingestellt.

1583 muß Erzbischof Gerhard Truchseß von Waldburg abdanken, weil auch er die Reformation einzuführen gedenkt.

1584 wird in Köln eine päpstliche Nuntiatur eingerichtet.

1586 wird Ernst von Bayern Erzbischof; bis 1761 bleibt der Kölner Erzstuhl in Wittelsbacher Hand.

1587 wird Joost van den Vondel, der bedeutende niederländische Dichter, in Köln geboren. Seine Eltern sind wegen ihres calvinistischen Glaubens vertrieben worden, wie die des Peter Paul Rubens, der in diesem Jahr im Alter von 10 Jahren Köln verläßt und später in Antwerpen als Maler zu europäischem Ruhm aufsteigt.

1627 wird in Melaten Katharina Henoth wegen angeblicher Hexerei verbrannt.

LIS ROMANORVM COLONIA

Mittelteil des Stadtpanoramas von Anton Woensam (Holzschnitt, 1531) mit allen Türmen von St. Maria im Kapitol bis St. Ursula; im Vordergrund Deutz mit St. Heribert

1631 veröffentlicht der Kölner Jesuitenpater und Dichter Friedrich von Spee in Köln sein Buch gegen die Hexenprozesse. Er stirbt vier Jahre später nach Strafversetzung durch Ansteckung bei der Krankenpflege.

1632 besetzen im Dreißigjährigen Krieg die Schweden für einige Tage Deutz; ein Kölner Kanonenschuß läßt ihr Pulvermagazin in der Deutzer Pfarrkirche am 22.12. explodieren. Köln bleibt verschont, da es sich (im Gegensatz zum Erzbischof) zur Neutralität verpflichtet hatte. Doch tagt die Katholische Liga 1623 im danach sogenannten Spanischen Bau beim Rathaus.

1686 wird in Mülheim Nikolaus Gülich enthauptet, der Mißstände in der Stadtverwaltung (›Klüngel‹) hatte beseitigen wollen, dabei aber zu weit gegangen war ...

1693 kommt Johann Paul de Feminis nach Köln, der als Erfinder des ›Kölnisch Wasser‹ gilt.

1794 übergeben die Kölner Bürgermeister der anrückenden französischen Revolutionsarmee die Schlüssel der Stadttore. Mit dem Ende der reichsstädtischen Freiheit kommt eine Vielzahl von Änderungen: Die Universität wird geschlossen, Klöster und Stifte werden aufgeho-

ben, ihr Vermögen eingezogen, die Bauten häufig abgebrochen. Zahlreiche Kunstwerke und städtische Altertümer werden nach Paris entführt. Protestanten und Juden erhalten das Bürgerrecht.

Die Grundsteinlegung zum Weiterbau des Doms am 4.9.1842

1814 verlassen die Franzosen Köln.

1815 werden beim Wiener Kongreß die Rheinlande und mit ihnen Köln Preußen zugesprochen. Köln wird Sitz des Appellhofes (heute: Oberlandesgericht) und zur Festung erklärt; dafür werden die mittelalterlichen Stadtmauern mit Befestigungswerken (Forts) verstärkt.

1816 kommt das erste Dampfschiff in Köln an. Die Stadt zählt 49 276 Einwohner.

1821 Wiedererrichtung des Erzbistums Köln. Seither Residenz des Erzbischofs in der Stadt.

Seit 1822 verbindet eine Schiffsbrücke Köln mit Deutz.

1823 führt der erste Rosenmontagszug unter einem ›Held Karneval‹ durch die Innenstadt.

1832 wird auf dem Westwerkturm von St. Pantaleon eine Station der optischen Telegraphenlinie von Berlin nach Koblenz eingerichtet.

1837 wird Erzbischof Clemens August Droste zu Vischering verhaftet, weil er sich weigert, einen preußischen Erlaß zur Mischehenfrage zu befolgen. Der Streit wird erst 1840 unter dem neuen preußischen König Friedrich Wilhelm IV. beigelegt.

1842 legt König Friedrich Wilhelm IV. den Grundstein zum Weiterbau des Domes.

1843 wird die Eisenbahn nach Aachen eröffnet (Baubeginn 1838, erstes Teilstück Köln-Müngersdorf 1839).

1859 kann eine kombinierte Eisenbahn- und Straßenbrücke beim Dom eingeweiht werden, die erste feste Verbindung der Rheinufer seit der Römerzeit. Erster ›Centralpersonenbahnhof‹ am Platz des heutigen Hauptbahnhofs.

1861 wird das Wallraf-Richartz-Museum An der Rechtschule eröffnet.

1880 Dombau-Vollendung bei fortdauernder Verstimmung zwischen Erzbischof Paulus Melchers und dem preußischen Staat.

1881 Beginn der Abbrucharbeiten der Stadtmauer von 1180/1220; Anlage der Kölner Neustadt mit der Ringstraße. Die Einwohnerzahl beträgt über 140 000.

1888 Eingemeindung zahlreicher Vororte und Dörfer, u. a. von Deutz. Anlage eines äußeren Befestigungsrings (Militärringstraße).

1890 Die Einwohnerzahl beträgt 261 681.

1894 Eröffnung des neuen Hauptbahnhofs.

1910 Eingemeindung von Kalk und Vingst; die Einwohnerzahl beträgt 516 527.

1914 Eingemeindung von Mülheim; Werkbundausstellung in Deutz (Mai bis August, wegen des Kriegsausbruchs geschlossen).

1917 Konrad Adenauer wird Oberbürgermeister. Heinrich Böll kommt am 21. 12. in Köln zur Welt.

1919 Neugründung der Universität.

1919-26 Rheinlandbesetzung in Köln durch Frankreich.

Oberbürgermeister Adenauer und Reichspräsident Ebert

1923 Anlage des Müngersdorfer Stadions, des 7 km langen inneren und des 30 km langen äußeren Grüngürtels.

1922-28 Neubau der Messehallen in Deutz.

1928 Ausstellung ›PRESSA‹ in der Deutzer Messe.

1929 Neubau der Universität in Lindenthal (bis 1934).

1933 ›Gleichschaltung‹ des Kölner Stadtrats, Absetzung Adenauers durch die NSDAP.

1937 Die Aktion ›Entartete Kunst‹ beraubt das Wallraf-Richartz-Museum der ›Modernen Abteilung‹.

9. 11. 1938 Brand der Kölner Synagogen (›Reichskristallnacht‹).

1. 9. 1939 Beginn des Zweiten Weltkriegs. Köln hat 768 352 Einwohner.

1941 Beim Bau des Dombunkers wird das Dionysosmosaik entdeckt.

Das zerstörte Köln am Ende des Zweiten Weltkrieges

31. 5. 1942 ›Tausend Bomber-Angriff‹.

1945 2./3. März: letzter großer Bombenangriff; 6. März: Die Amerikaner besetzen das linksrheinische Köln. Bilanz des Zweiten Weltkrieges: Zerstörung der Altstadt 90%, der Gesamtstadt 70%. Tote: 20000 durch Bomben, 20000 als Soldaten, 11000 jüdische Einwohner durch den NS-Terror, 40000 Verletzte durch Bomben.

1946 Schenkung der Sammlung Josef Haubrich an das Wallraf-Richartz-Museum (›Moderne Abteilung‹).

1948 15. August: Inmitten der Trümmer wird festlich die 700-Jahr-Feier der Grundsteinlegung des Domes gefeiert. Deutzer Brücke als erste endgültige Rheinbrücke Deutschlands nach dem Kriege fertiggestellt.

1950 1900-Jahr-Feier der Stadtgründung.

1957 Eröffnung des neuen Wallraf-Richartz-Museumsgebäudes (heute: Museum für Angewandte Kunst). Eröffnung des neuen Opernhauses am Offenbachplatz.

1967 Eröffnung der Kunsthalle mit der Ausstellung ›Römer am Rhein‹.

1971 Neues Empfangsgebäude Flughafen Köln/Bonn.

1972 Einweihung des neuerrichteten bzw. restaurierten Historischen Rathauses.

1974 Eröffnung des Römisch-Germanischen Museums.

1975 Durch erneute Eingemeindungen (u. a. von Porz, Rodenkirchen, Lövenich-Weiden) wird Köln kurzzeitig Millionenstadt. Durch das Ausscheiden der Stadt Wesseling 1976 wird diese magische Zahl wieder knapp unterschritten.

1977 Eröffnung des Museums für Ostasiatische Kunst am Aachener Weiher.

1980 Feier der hundertjährigen Vollendung des Kölner Domes.

1985 im ›Jahr der Romanischen Kirchen Kölns‹ sind bis auf das Westquerhaus mit Turm von St. Kunibert (vollendet 1993) alle zwölf romanischen Kirchen der Altstadt wiederhergestellt.

1986 Am 6. September werden das neue Wallraf-Richartz-Museum/Museum Ludwig und am 14. September die neue Philharmonie eröffnet.

1987 Baubeginn für den Media-Park, einen neuen Stadtteil anstelle des Güterbahnhofs.

1989 11. Juni: Eröffnung des Museums für Angewandte Kunst im ehemaligen Wallraf-Richartz-Museum An der Rechtschule.

1993 Eröffnung des Imhoff-Stollwerck-Schokoladenmuseums.

1994 Neue Spielstätte des Schauspielhauses in der Halle Kalk. Eröffnung der Rheinhalle in Deutz.

1995 Ratsturmfigurenprogramm (124) komplett.

Die Metropole der rheinischen Frohnaturen prunkt mit dem Reichtum ihrer Kunstschätze aus 2000 Jahren Stadtgeschichte.

Dom und Domplätze
Seite 26

Die ›vollkommene Kathedrale‹ bietet vom Südturm die wohl aufregendste Aussicht auf die Stadt. Das Innere ist ein Schatzhaus. Rund um den Dom pulsiert das Leben.

Museen zwischen Dom und Rhein
Seite 35

Das Wallraf-Richartz-Museum/Museum Ludwig – ein Doppelmuseum mit weltberühmten Werken aus allen Jahrhunderten. In seiner ›Unterwelt‹ Kölns Konzertsaal.

Römisch-Germanisches Museum
Seite 40

Den Roncalliplatz flankiert, errichtet über dem Dionysosmosaik, eine museale ›Zeitmaschine‹. Hinab in die Frühzeit Kölns und des Rheinlands zu erlesenen Schätzen!

Rathausplatz und Mikwe
Seite 45

Über dem Palast des römischen Statthalters und über dem mittelalterlichen Judenviertel erheben sich die Bauten der Stadtregierung: das Rathaus mit Laube und Turm.

Martinsviertel mit Rheinufer
Seite 52

Große und kleine Plätze, enge Gassen mit schmalen Häusern geben ein Erinnerungsbild vom alten, freilich verlorenen Köln. Inmitten der bunten Szenerie Groß St. Martin.

Wallrafplatz/Hohe Straße
Seite 60

Kölns ›Trampelpfad des Kommerzes‹ verbindet das Kraftzentrum um den Dom mit dem anderen urbanen Kraftfeld rings um den Neumarkt (über die Schildergasse).

St. Gereon
Seite 73

Spätantike, Hochmittelalter und Glasbilder der Moderne prägen das Raumwunder von St. Gereon. Nirgends sonst ist der ›Atem der Geschichte‹ so direkt zu spüren wie hier.

Der Neumarkt mit den Passagen
Seite 91

Kölns größter Stadtplatz ist Ort von Festen, Demonstrationen, Weihnachts- und Trödelmärkten. Im Norden: ein neues Passagensystem, im Westen: St. Aposteln.

Herz-Jesu-Kirche und ›Kwartjeh Lateng‹
Seite 97

Wem das Martinsviertel zu touristisch ist, der findet hier ein anderes Kneipen- und Terrassenleben: Studenten und Einwohner des ›Veedels‹ …

St. Engelbert in Riehl
Seite 137

Ein Schöpfungswerk des modernen Kirchenbaus – das Äußere von den Kölnern liebevoll als ›Zitronenpresse‹ verspottet, das Innere von überraschender Feierlichkeit.

*Als Höhepunkt mittelalterlicher Baukunst erdacht und im 19. Jh. vollendet: ▷
der Dom mit Südquerhausfassade und Dachreiter*

Das Herz der Stadt

Der gotische Dom mit seinen Kunstschätzen und den umgebenden Stadtplätzen (Roncalliplatz, Domkloster, Bahnhofsvorplatz) sowie sechs Museen in seiner unmittelbaren Nachbarschaft bildet den Ausgangspunkt für die Erkundungsgänge in das eigentliche Kölner Stadtzentrum. Hier liegen Hauptbahnhof und Hohenzollernbrücke, hier geht es hinab zum Rheinufer mit seinem ›Garten‹, zu den Schiffen, den Gasthäusern, Kneipen und Biergärten des Martinsviertels, zur romanischen Kirche Groß St. Martin, zu den Marktplätzen, zum Rathaus, zum Gülichplatz und zum Gürzenich, zur romanischen Kirche St. Maria im Kapitol. Hohe Straße und der Ostteil der Schildergasse wecken den Appetit auf das Köln der Kaufhäuser und Läden. Und abends in die Philharmonie oder in den ›Großen Sendesaal‹ des WDR ...

I Hohe Domkirche St. Peter und St. Maria

Domkloster 4
U- und S-Bahn
Dom/Hauptbahnhof

Die ›vollkommene Kathedrale‹, ein Werk sowohl mittelalterlicher wie romantisch-historistischer Baugesinnung. Stadtkrone und Stadtzeichen Kölns – das berühmteste deutsche Bauwerk.

Der gotische Dom ist Metropolitankirche des Domkapitels, Kathedralkirche des Erzbischofs und zugleich Pfarrkirche.

Geschichte Anfang des 4. Jh. entsteht nördl. eines kleinen Podiumtempels eine langgestreckte 1. Bischofskirche mit Westchor sowie Atrium und Taufkapelle im Osten (1. überlieferter Bischof: Maternus, 313/14). Ein Taufbecken aus dem Neubau des 5. Jh. ist im Bereich des

Grundsteinlegung 1248 (Zeichnung A. Wolff): Der Alte Dom ist seit einem Brand bei der Neubauvorbereitung Ruine; die Fundamente des Neubaus haben einen anderen Maßstab

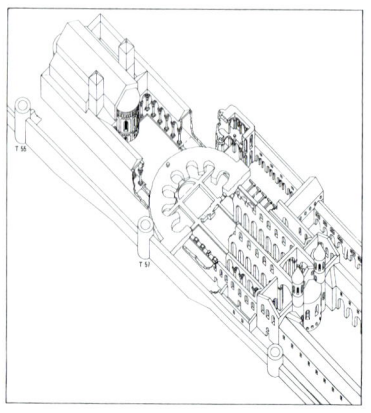

Dionysosbrunnens sichtbar. Umbauten im 6. und 7. Jh. erweitern die Basilika auf Kosten des Atriums nach Osten, dort 2. Chor. Dieser jetzt Maria, der Westchor Petrus geweiht. Gesamtlänge: 91 m. Erneuter Umbau unter dem 1. Kölner Erzbischof Hildebold Ende 8. Jh. Der Nachfolgebau, der ›Alte Dom‹, wird 870 oder 873 geweiht: eine doppelchörige, 3schiffige Basilika mit niedrigen Querarmen im Osten und Westen, 2 hölzernen Vierungstürmen und 2 runden Westtürmen (Urbild der rheinischen Westturmgruppe!). Unter Erzbischof Bruno I. (953-965) Erweiterung auf 5 Schiffe. Nach der Übertragung der Dreikönigsreliquien 1164 von Mailand nach Köln unter Erzbischof Rainald von Dassel erneut Umbauten: 2 weitere Rundtürme im Osten führen zur 6türmigen Gestalt. Der um 1181 von Nikolaus von Verdun begonnene, gegen 1225 vollendete Dreikönigenschrein wird letztlich zum Anlaß des kompletten Neubaus, der die inzwischen erneuerte, großartige Kirchenlandschaft Kölns an Qualität und Größe noch übertreffen soll. Nicht mehr die staufische Romanik, sondern die Gotik, der neue Stil des französischen Kronlandes, bestimmt jetzt die Formensprache.

Der planende Meister, Gerhard, ist an den französischen Bauhütten geschult; deutliches Vorbild für den 1248 begonnenen Chor ist die Kathedrale von Amiens. Während die fortschrittliche französische Bautechnik nur bedingt übernommen wird, führen Gerhard und sein Nachfolger Arnold (ab 1271) die Formensprache auf eine bisher nicht erreichte Höhe. Um 1300 entsteht der sog. Plan F für die gewaltige Westturmfassade, größter und vollkommenster mittelalterlicher Bauplan auf Pergament. Der 1322 geweihte Hochchor wird im Westen provisorisch durch eine Wand abgeschlossen, die bis 1863 Bestand haben sollte. Seine kostbare Ausstattung ist bis zu diesem Zeitpunkt vollendet. Um die Westteile des ›Alten Domes‹ herum werden anschließend im Süden Teile des Querschiffs, die Südseitenschiffe (1388 genutzt) und der Südturm errichtet, der nach 1400 bis zur Höhe des 2. Geschosses gelangt und 3 große Glocken (1418-49) aufnimmt.

Das provisorische Dach in 58 m Höhe nebst Kran wird bis 1868 zum Wahrzeichen der Stadt. Unter provisorischen Dächern in 13,5 m Höhe sind schließlich 90% der projektierten Gesamtfläche nutzbar. 1560 werden die Arbeiten eingestellt, die Kathedrale bleibt ein Torso (Modell im Stadtmuseum). Barocke Umgestaltung des Chores 1735-70, bei Einmarsch der Franzosen 1794 Profanierung, Auslagerung von Dreikönigenschrein und Bibliothek nach Arnsberg. 1801 Status als Pfarrkirche. Die romantische Generation entdeckt den geschundenen, unvollendeten Dom neu und sieht ihn als Symbol für die noch ausstehende nationale Einheit der Deutschen. 1821 Neubegründung des Erzbistums; ab 1823 Restaurierungsarbeiten am Chor durch die preußische Bauverwaltung unter K. F. Schinkel. Der 1. Dombaumeister E. F. Zwirner schafft die Grundlagen für den Weiterbau (1842-80) »nach dem ursprünglichen Plane«. Neuerfindungen Zwirners sind die beiden Querhausfassaden außen und innen, sowie der Dachreiter. Finanzierung des Unternehmens vor allem durch Preußen, den 1841 gegr. ›Zentral-Dombauverein‹ (bis heute wichtiger Geldgeber) und ab 1864 durch die Dombaulotterie. Parallel zum Auf- und Ausbau erfolgt die Ausstattung mit zahlreichen neugotischen Kunstwerken. Köln wird ein Zentrum dieser romantisch-historischen Bewegung. Der Dombauver-

Bemalung der Innenseite der Chorschranken (ca. 1332-40); dargestellt ist die legendäre Belehnung des Papstes mit der weltlichen Macht durch Kaiser Konstantin

ein beeinflußt bis zur Jahrhundertwende auch die völlige Neugestaltung der Domumgebung: ›Freilegung‹ durch Abriß aller überkommenen Bauten und Anlage von Plätzen und Grünanlagen mit neuer ›monumentaler‹ Randbebauung. Witterungsschäden führen ab 1925 zu erneuten Restaurierungsarbeiten, die infolge von Krieg und progressiver Umweltbelastung bis heute fortdauern. Die Dombauhütte ist mit ihrer modernen technischen Ausstattung zur Dauereinrichtung geworden. Die 1. Epoche der Kriegsschädenbeseitigung unter W. Weyres (1944-72) ist durch zeitgenössische Skulpturenstile besonders bei den neuzeitlichen Bauteilen ausgezeichnet (West- und Nordportale, Dachreiter, Glasfenster und liturgische Zonen); die Ära A. Wolff durch strenge Erneuerung auch dieser Bauteile »nach dem ursprünglichen Plane«

Gestalt und Ausstattung: Mit der 5schiffigen Anlage des Langhauses und mit ei-

---

Der gotische Kölner Dom:

Grundsteinlegung 1248
Chorweihe 1322
Weiterbau bis 1560
Vollendung 1842-80
Wiederherstellung bis 1956
Gesamtlänge außen 145 m
Breite der Westfassade 62 m
Höhe der Türme 157 m

ner Reihe liturgischer Bezüge setzt der Neubau von 1248 die Tradition des ›Alten Domes‹ fort; in Stil und Dimension sprengt er diese jedoch ebenso, wie er die unmittelbar vorausgehende Architektur der Stifts- und Klosterkirchen von Stadt und Region aufgibt. Hier wird ein neuer Anspruch deutlich, der einerseits in der konkreten historischen Situation gründet wie auch in der heute nicht mehr nachvollziehbaren Bedeutung der Dreikönigsreliquien, als deren überdimensionales Schreinsgehäuse der neuartige Gliederbau mit seinen großen farbigen Glaswänden ja gedacht war: Der ›kleine‹ Schrein sollte in der Vierung des ›großen‹ seinen Ort finden.

Die Verknüpfung des Grundrisses mit den Türmen, deren feingliedrige Maßwerkhelme, aber auch zahlreiche Einzelheiten in Grund- und Aufriß (Wand- und Pfeilerbildung) lassen den Kölner Dom das Vorbild Amiens übertreffen. Hier ist tatsächlich die »vollkommene Kathedrale« erreicht (A. Wolff). Dieser Rang wird auch nicht durch die Tatsache beeinträchtigt, daß erst dem 19. Jh. mit seinen technischen und finanziellen Möglichkeiten die Vollendung gelang – die Grundlage wurde in fast allen Einzelheiten im 13. Jh. gelegt.

Am **Außenbau** bietet der Chor des 13. und 14. Jh. noch die meisten mittelalterlichen Details; die Südseite ist üppiger ausgestattet als die Nordseite (Baldachin-Engel 1834-41 von W. J. Imhoff nach Entwurf von K. F. Schinkel). – Am *Petersportal* (das rechte der 3 Westportale) 5 Apostel von 1375 und Bildwerke in den Bodenlaibungen von 1380-90 (Ko-

pien, Originale im Diözesanmuseum); das gleichzeitige Tympanon original. Die übrigen Skulpturen hier wie auch an den beiden anderen Westportalen und an den Obergeschossen der Türme von P. Fuchs, 1872-80. Kriegszerstörte Figuren von E. Hoppe 1955/56 ersetzt. Der Skulpturenzyklus der Südquerhausfassade stammt von C. Mohr, ab 1851; derjenige der Nordquerhausfassade von P. Fuchs, 1879-81; auch hier moderne Ergänzungen einschließlich des linken Wimpergs von 1964/65. Bronzeportale im Westen von H. Schneider, 1887-90; im Norden von W. Mengelberg, 1897, und im Süden von E. Mataré, 1948-54.

Im **Innenraum** sind die harmonisch miteinander verschmolzenen mittelalterlichen und neuzeitlichen Teile nur an Einzelformen und am Materialwechsel von Drachenfels-Trachyt zu Sandstein zu erkennen. Die hochrangige Ausstattung konzentriert sich im 1322 geweihten Binnenchor und in dem schon ab 1260 genutzten Umgang mit Kapellenkranz. In der *Vierung* [**1**] Altar (1960) und Leuchter von E. Hillebrand; Kathedra von W. Weyres, 1952; Kanzel von 1544.

Binnenchor [**2**], nur mit Führung zugänglich: Mensa (geweiht 27. 9. 1322) mit Figurenzyklus, Marmor (Originale z. T. im Schnütgen-Museum); Dreikönigenschrein (etwa 1181-1225; Meister u. a. Nikolaus von Verdun), Hauptwerk der rhein-maasländischen Schatzkunst. *Pfeilerfiguren*: Christus, Maria und Apostel mit musizierenden Engeln auf den Baldachinen, 1270-80; *Glasfensterzyklus* [**3**] im Obergaden, 1311 vollendet: 48 Könige, im Achsfenster Christus, Maria und

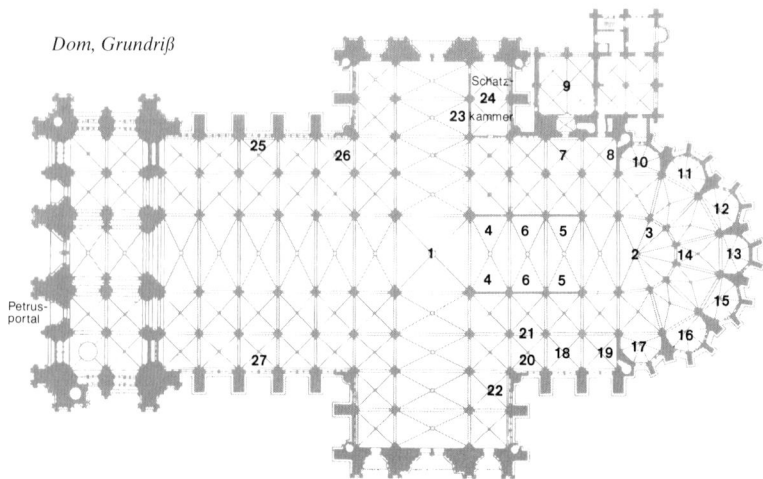

Dom, Grundriß

Petrus-portal

Vierung und Hochchor (Weihe 1322) in der Lichtfülle aus Chorumgang,
geöffnetem Triforium und dem Obergaden mit Königsfenstern (vor 1311) ▷

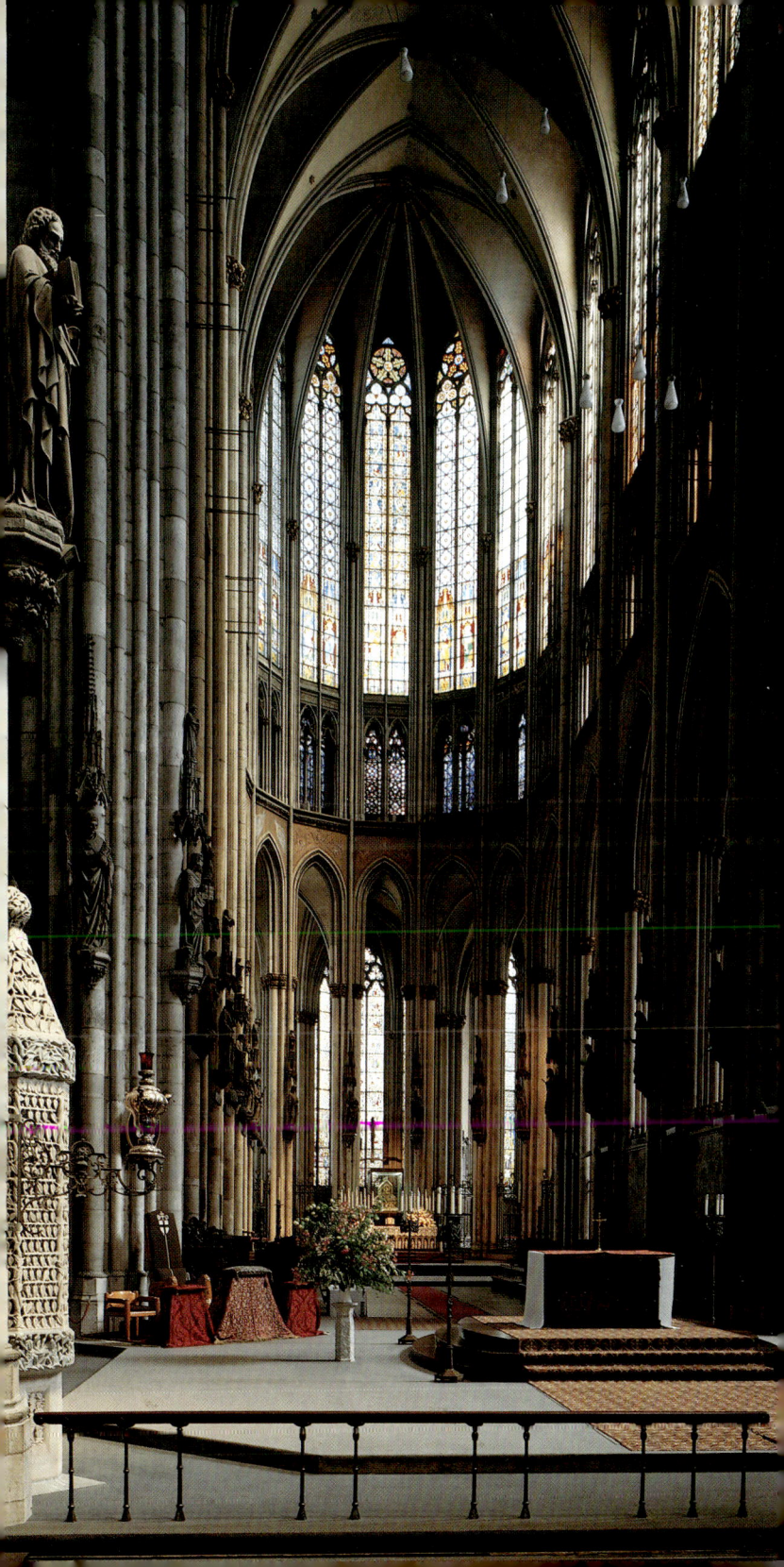

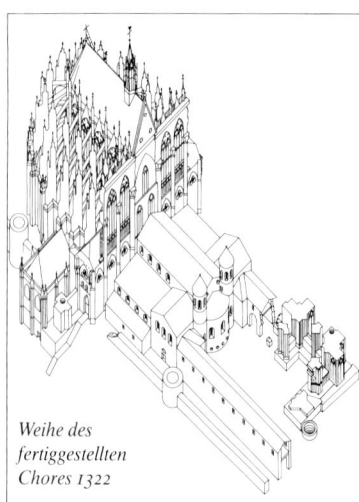

Weihe des fertiggestellten Chores 1322

die Heiligen Drei Könige, zugehörig die Ornamentfelder; reichgeschnitztes *Chorgestühl* [**4**] von 1308 bis 1311 mit insgesamt 104 Plätzen (48 für das Domkapitel plus 2 für Kaiser und Papst); *Chorschrankenmalerei* [**5**], um 1340 mit kölnspezifischem Programm; Malerei in den *Arkadenzwickeln* [**6**], E. v. Steinle, 1843-45; *Fußbodenmosaik*, A. Essenwein und F. Geiges, 1892-99.

Im **Chorumgang** (von N nach S): *Kreuzkapelle* [**7**] mit sog. Gerokruzifix [**8**], gestiftet vor 976, ältestes Monumentalkreuz des Abendlandes, sowie Tumben der Erzbischöfe Engelbert III.(†1368) und Wilhelm v. Gennep (†1362); von hier Zugang zur *Sakramentskapelle* [**9**], ehemals Kapitelsaal und Sakristei, 1277 vollendet: monolithischer Mittelpfeiler, Sakramentshaus von 1460 und Fenster aus St. Cäcilien von 1460/70. *Engelbertuskapelle* [**10**]: Retabel Anfang 16. Jh. *Maternuskapelle* [**11**]: Grabmal des Erzbischofs Philipp v. Heinsberg (†1191), um 1360 (mit Modell der Stadtmauer). *Johanneskapelle* [**12**]: Grabmal für Erzbischof Konrad von Hochstaden, Gründer des Doms (†1261), mit Bronzefigur; Allerheiligenfenster von 1320, Jakobus- und Marienkrönungsfenster. *Dreikönigenkapelle* [**13**] in der Mittelachse; Bibelfenster, um 1260; zeitgleiche Dreikönigen- sowie Petrusund Maternusfenster. Neugotische Ausstattung von W. Mengelberg und F. Stummel (1891). Am Gitter zum Binnenchor *Grabmal für Erzbischof Dietrich v. Moers* (†1463) mit Dreikönigengruppe von K. Kuyn [**14**]. *Agneskapelle* [**15**]: Wandmalerei, um 1340; gotischer Irm-

gardissarkophag; Fenster mit Kölner Heiligen, um 1320. *Michaelskapelle* [**16**]: 3 Fenster vom Anfang des 14. Jh. aus der Dominikanerkirche; Flügelaltar von Barthel Bruyn d. Ä. (1548); Tumba für Erzbischof Walram v. Jülich (†1349). *Stephanuskapelle* [**17**]: gotischer Sarkophag für Erzbischof Gero (†976) mit älterer Deckplatte aus Porphyr und Serpentin, um 970; Bibelfenster, um 1280, sowie Apostelfenster aus der Dominikanerkirche. *Marienkapelle* [**18**]: ›Altar der Stadtpatrone‹ [**19**] um 1445 von Stefan Lochner für die Kölner Ratskapelle geschaffen, seit 1809 im Dom. Hauptwerk der Kölner Malerschule: ›Anbetung der Heiligen Drei Könige‹, St. Gereon und St. Ursula mit ihren Gefährten; Außenflügel: ›Verkündigung‹. Am südl. Pfeiler: Holzbildwerk der sog. Mailänder Madonna, um 1290. Grabmal für Erzbischof Friedrich v. Saarwerden (†1414); gotisches Grabmal [**20**] für Erzbischof Rainald v. Dassel (†1167); Tumbafigur des Grafen Gottfried v. Arnsberg [**21**], um 1375. Umlaufender Mosaikfußboden von A. Essenwein und F. Geiges, 1885-99.

Im **Südquerhaus**: Sog. *Agilolphus-Altar* [**22**], 1520 in Antwerpen für St. Maria ad gradus, ehem. östl. des Domchors gelegen, geschaffen. *Christophorus*, um 1467; *Schöne Madonna*, um 1420; Paulusfenster, 1864; Görres- und Apostelkonzilfenster, 1855 bzw. 1870. *Altarblatt* der ›Himmelfahrt Mariens‹ (1854) von F. Overbeck

Im **Nordquerhaus**: Vorderfront des *Dreikönigsmausoleums*, 1660, mit Gnadenaltar [**23**]. Orgelempore von 1948 mit Malerei von P. Hecker, 1964. Moderne Krypta mit Grablege der Erzbischöfe (W. Weyres und A. Wolff). Die hier eingebaute **Schatzkammer** [**24**] enthält bedeutende Werke liturgisch bestimmten Kunsthandwerks aller Gattungen.

Im **Nordseitenschiff** des Langhauses 5 *Farbfenster*, geschaffen zwischen 1507 und 1509 vom ›Meister von St. Severin‹ und dem ›Meister der Hl. Sippe‹ [**25**]. Am Ostende der sog. *Klarenaltar* [**26**] aus dem 1807 abgebrochenen Klarenkloster. Ältester Wandelaltar mit fest eingebautem Tabernakel, 1350 und 1400 (Zweitbemalung) gefertigt. Man sieht bei geschlossenen Flügeln 12 franziskanische Heilige (auf Leinwand); bei 1. Öffnung 24 Szenen aus dem Leben Jesu (außen auf Leinwand, innen auf Holz); bei 2. Öffnung in vollplastischen Maßwerkrahmungen unten ursulanische Reliquienbüsten, oben Apostelstatuen. In der Mit-

Stirnseite des Dreikönigenschreins. Die trapezförmige Platte mit ihrem Kameenschmuck kann geöffnet werden, um den Blick auf die Kopfreliquien freizugeben ▷

Dom: Mittelbild des Altars der Stadtpatrone von Stefan Lochner

*Matarés Vision des brennenden Köln
am linken Südportal (1953) des Doms*

te Christusfigur (19. Jh.), auf der Taber-
nakeltür Darstellung der Martinsmesse.
Rückseite: ›Dreifaltigkeit‹ von W. Mengelberg, 1905.

Im **Südseitenschiff** die sog. *Bayernfenster*
[**27**], 1842 gestiftet von König Ludwig I.
von Bayern, bis 1848 geschaffen in München unter M. Ainmiller.

Die *Pfeilerfiguren* in Langhaus, Vierung
und Querschiff von P. Fuchs und A. Wer-
res zwischen 1867 und 1883, z. T. auf mittelalterlichen Konsolen. Verglasung des
Westfensters von J. Milde, 1870.

Öffnungszeiten Schatzkammer ***S. 180***

Umgebung: Östl. des Chores *Domher-
renfriedhof* mit Säule vom Ostatrium
zwischen Dom und St. Maria ad gradus,
11. Jh., auf dem ›originalen‹ Standort. Im
Nordosten *Petrusbrunnen* von R. Voigtel
und P. Fuchs, 1870. Im Süden Pavillons
der Dombauhütte von A. Wolff und B.
Billeke, 1984. Das ›unterlegene‹, doch
durchaus lebendige Zeitalter der Antike
symbolisiert trefflich der *Dionysosbrun-
nen* von K. Burgeff, 1973, zum Konzept
der Domterrassengestaltung F. Schallers
(1968-70) gehörend. Hier Blick auf das
Baptisterium des 5. Jh. möglich.

2   Westliche und nördliche Domumgebung

Domkloster/Unter Fettenhennen/
Trankgasse
U- und S-Bahn Dom/Hauptbahnhof

*Brennpunkt urbanen Lebens – hier treffen
sich die Kölner und ihre Gäste aus aller Welt.*

Die 1968-70 nach Plänen von F. Schaller
geschaffene **Platzanlage** über der Dom-
Tiefgarage hat die im späten 19. Jh. angelegte repräsentative Freitreppe vor den
Westportalen des Domes ersetzt. Der
Fußgängerbereich mit seinem geometrischen Granitmuster verbindet die tief-
liegende Trankgasse (Römischer Stadtgraben, s. u.) und den Bahnhofsvorplatz
im Norden mit dem Wallrafplatz und der
Hohe Straße im Süden. ›Domkloster‹,
die heutige Benennung des Platzes, erinnert an die mittelalterliche Bebauung des
Geländes mit Kreuzgang und Kurienge-
bäuden des Domstifts (Modell im Kölnischen Stadtmuseum).

Am Südrand des Platanenhains wurde
ein Teil des aus dem 2. Jh. stammenden
römischen *Nordtors* ungefähr über seinem urspr. Standort wiederaufgebaut.
Da in der Tiefgarage die zugehörigen
Fundamentreste besichtigt werden können, ist hier der geeignete Startpunkt für
einen Spaziergang entlang der römischen
Stadtmauer, der man in der Altstadt immer wieder begegnet.

Auf dem *Bogen* der einstigen Mittelöffnung des Nordtors (heute im Römisch-
Germanischen Museum) findet sich eine
einzigartige stadthistorische Urkunde:
die Abkürzung des offiziellen Namens
der Stadt ›CCAA‹ (Colonia Claudia Ara
Agrippinensium).

Im Süden die Fassade des *Domhotels*
und das anschließende *Blau-Gold-Haus*
(Domkloster 2), 1952 von W. und R. Koep
für die Kölnisch-Wasser-Firma ›4711‹ in
deren heraldischen Farben errichtet (besonders schon bei Abendbeleuchtung!).
Nr. 1: *Haus Bräckerbohm*, 1929 von P. Bonatz; Nr. 3: Gebäude der ehem. *Bank für
Gemeinwirtschaft* (heute Info-Zentrum
des Erzbistums Köln), 1952/53 von F.
Schaller (mit Honoratioren-Balkon für
den Rosenmontagszug). Zu Füßen des
Gebäudes eine liebenswürdige Petitesse:
der *Taubenbrunnen*, 1953 von E. Mataré.
Die Stufen markieren den Wechsel vom
›Domkloster‹ zur Straße ›Unter Fettenhennen‹ (Erinnerung an einen Haus-
namen des 15. Jh.). An der Ecke zum
›Margarethenkloster‹ das neugotische

Reichardhaus, eines der traditionsreichen Caféhäuser der Stadt beherbergend
(1903/04; Neubau durch den WDR unter
Verwendung originaler Teile). Gebäude
und Terrasse sind der charmante ›Pla-
nungsrest‹, der hier zwischen Dom und
Friesenplatz im 19. Jh. geplanten ›Kai-
serstraße‹. Jenseits der ›Burgmauer‹ das
städtische **Verkehrsamt** (Unter Fettenhennen 19). Hier findet man Informationen über alles Wissenswerte in und um
Köln ... Unübersehbar das *Modell der
Kreuzblumen* – im Maßstab 1 : 1 – von
den Spitzen der Domtürme mit Erklä-
rungen in 8 Weltsprachen – an 1. Stelle
natürlich ›kölsch‹!

In dem Karree Trankgasse/Bahnhofsvor-
platz/Dompropst-Ketzer-Straße/Marzel-
lenstraße hat sich ein Ensemble mit qualitätvollen Bauten – allerdings ohne die
originale Dachlandschaft – erhalten, das
zum städtebaulichen Konzept von Freilegung und großmaßstäblicher Umbauung des 1880 vollendeten Domes gehört.
Ecke Trankgasse/Marzellenstraße 8 das
ehem. Hotel *Fürstenhof* mit entsprechen-
dem Fassadenschmuck, 1912 von C. Moritz. Trankgasse 1 - 5 (und ausgreifend zu
den übrigen Straßen) das *Excelsior Hotel
Ernst*, 1910 von F. Ahrens. Eckbau zum
Bahnhofsvorplatz ist das *Deichmann-
haus*, 1913/14 von H. Müller-Erkelenz.
Die kolossale Halbsäulenordnung verschwindet im Bereich der Traditionsgast-
stätte ›Alt Köln‹ hinter einem gotisierenden Glockenspiel mit Figurenumlauf.

Bogen des römischen Nordtors der Stadt

Lichterfüllte Kathedrale der Technik: die Bahnsteighalle des Hauptbahnhofs

3 Hauptbahnhof

Bahnhofsvorplatz/Trankgasse
U- und S-Bahn Dom/Hauptbahnhof

Wichtigstes Entrée für die Besucher Kölns – seit 1894 konkurriert die Eisen-Gotik der Bahnhofshalle mit der steinernen Gotik des Doms.

Das heute etwas verwirrende Konglomerat von Bauteilen unterschiedlicher Physiognomien spiegelt die wechselvolle Geschichte eines der größten und frequentiertesten Bahnhöfe des europäischen Kontinents. Das erste Bahnhofsgebäude entstand hier 1857-59 auf dem Gelände des Botanischen Gartens, ehem. den Jesuiten gehörend. 1890-94 errichtete die preußische Eisenbahndirektion den gründerzeitlichen Neubau, von dem nach Krieg und Wiederaufbau das Mittelschiff der **Perronhalle** erhalten blieb (Länge: 255 m). 1983-87 wurde die Halle als technisches Denkmal einfühlsam restauriert. Unter den südöstl. (1988 erneuerten) Vorhallen blieb die pompöse **Wartesaalgruppe** (um 1910) erhalten, seit einigen Jahren allabendlich Treffpunkt von Gourmets und tanzwütiger Jeunesse dorée. Die große **Schalterhalle**, 1956/57 als Ersatz für den gründerzeitlichen Vorgängerbau errichtet, gibt aus ihrer verglasten Betonschalenkonstruktion dem Ankommenden den Blick auf die Nordseite des Domes frei.

4 Hohenzollernbrücke und Rheingarten

U- und S-Bahn Dom/Hauptbahnhof

Für Bahnreisende die erste Gelegenheit, Kölns einzigartiges Rheinpanorama zu erleben. Der Stadtbummler hat hier die Qual der Wahl: Fußweg mit Panoramablick nach Deutz, Besuch der Museen oder über Kölns ›Spanische Treppe‹ hinunter zur Rheingartenpromenade und zum Martinsviertel.

Hauptbahnhof und **Hohenzollernbrücke** sind historisch und funktionell nicht zu trennen: Mit dem 1. Bahnhof an dieser Stelle entstand 1847-59 die 1. feste Rheinbrücke seit der Antike überhaupt. Sie wurde auf Wunsch König Friedrich Wilhelms IV. auf die Achse des Domes ausgerichtet. Von ihrem bildnerischen Schmuck stammen die beiden heute den Deutzer Brückenkopf zierenden *Reiterstandbilder* von Friedrich Wilhelm IV. (G. Bläser, 1861-63) und Wilhelm I. (F. Drake, 1867). Ihre Pendants auf dem Kölner Brückenkopf stellen Friedrich III. und Wilhelm II. dar (beide von L. Tuaillon, 1910). Damals, 1907-11, entstand der Neubau der heutigen Brücke als 3zügige Eisenbahn- und Straßenbrücke aus jeweils 3 Bogenfachwerken (Entwurf: F. Beermann; Spannweiten: 119 m, 168 m, 122 m). Die neuromanischen Turmportale von F. Schwechten wurden 1957-59 abgebrochen. Die einstige Gesamtwirkung kann heute nur noch an der Südbrücke [Nr. 76] erlebt werden. 1945 gesprengt, entstanden bis 1955 nur die beiden Konstruktionen für die Eisenbahn wieder, denen 1986-88 im Norden ein formal angeglichener 3. Brückenzug für den S-Bahn-Verkehr angegliedert wurde. Im Norden und Süden führen Fußgänger- und Radfahrerstege hinüber nach Deutz. Zusammen mit dem Neubau von Museen und Philharmonie, die teilweise den Bereich der alten Straßenrampe zur Brücke einnehmen, wurde das Areal des linksrheinischen Brückenkopfes 1984-86 neu gestaltet. Vom **Heinrich-Böll-Platz** (architektonisch-skulpturale Gestaltung von D. Karavan 1981-86 in Zusammenarbeit mit den Architekten des Museumskomplexes) führen großzügig gestaltete Treppen und Rampen hinab zum **Rheingarten**, der über der eingetunnelten Rheinuferstraße (›Frankenwerft‹) angelegt wurde. Die begehbare *Brunnenskulptur* von E. Paolozzi (1981-86) weckt die Assoziation eines halbversunkenen Rheinkahns – Reverenz an den Genius loci: hier herrschte fast 2000 Jahre lang reger Hafenbetrieb.

kontrastiert mit dem Ziegelrot der Wand- und Platzflächen. Infolge ihrer strengen Ost-West-Ausrichtung ordnen sie sich dem Achssystem des Domes ebenso unter, wie die von den Blechfalzen ausgehende Kleinstruktur das Muster der Bleidächer der Kathedrale aufnimmt. Die den Hauptbau vom Restaurierungspavillon trennende ›Gasse‹ gewährt besonders von Osten faszinierende Durch-Blicke auf die vielgliedrige Architektur des mittelalterlichen Domchors. Die suggestive Wirkung von der hier verlegten und von Granitbändern gerahmten Eisenbahnschiene noch unterstützt. Sie ist Teil der künstlerischen Gestaltung des **Heinrich-Böll-Platzes** auf dem Dach der Philharmonie durch Dani Karavan, eines Environments in Rot und Grau unter Einschluß des liegenden Kreiselements (exakt über der Orchestra des Musiksaals) und des vertikalen Stufenturms, genannt *Ma'alot* (he-

Wallraf-Richartz-Museum: ›Die Muttergottes in der Rosenlaube‹ (Ausschnitt) von Stefan Lochner, um 1450

5 Museen und Philharmonie

Bischofsgartenstraße 1/
Heinrich-Böll-Platz
U- und S-Bahn Dom/Hauptbahnhof

Zwischen Dom und Strom – in einer vielfältig gestaffelten Baugruppe das Schatzhaus kölnischer und internationaler Kunst sowie das Zentrum des kölnischen Musiklebens.

Aus dem Wettbewerb 1975 gingen die Kölner Architekten P. Busmann und G. Haberer als Sieger hervor. Sie schufen auf dem im Krieg ›freigebombten‹ Gelände mit dem öden Busbahnhof unter geschickter Anbindung an die Domterrasse von 1968-70 und an die Hohenzollernbrücke ein komplexes Baugefüge für die ›Kölner Philharmonie‹ sowie für die Museen; Eröffnung war im September 1986. Tiefgarage, aufwendige Technik, Hochwasserschutz, Verwaltungsräume und Restaurant waren ebenso zu berücksichtigen wie Cinemathek, Fachbibliothek und Restaurierung.

Die *Architektur des Außenbaus* wird wesentlich durch die Reihung der Sheddächer bestimmt, die den Beleuchtungsanforderungen der Ausstellungsräume am besten entsprechen. Deren Zinkgrau

Wo einst eine Treppe zum Dom hinaufführte, leitet heute diese begrünte Rampe auf das Dach der Philharmonie und zum Heinrich-Böll-Platz mit der markanten Museumslandschaft

bräisch für ›Stufe‹, ›Grad‹, ›Aufstieg‹, ›Charakter‹). Der beschriebenen Sogwirkung der Blickachse nach Westen steht die Entlassung des Blicks in die Weite der Fluß- und Stadtlandschaft nach Osten, hier an der ›Klippe‹ oberhalb der Treppenanlage, gegenüber [vgl. Nr. 4].

Die beiden **Museen** sind von der Ebene (0) der Domplätze zugänglich, die **Philharmonie** von der tiefliegenden Bischofsgartenstraße (–1). Der generellen Ost-West-Ausrichtung der im Innern vielfältig unterteilten Raumsuiten beider Museen wirkt eine 3läufige *Treppenanlage* entgegen, die das ganze Haus von Nord nach Süd durchteilt. Sie ist die zentrale Kommunikationsachse, die auch zwischen Entrée und Cafeteria vermittelt. Ihre Podeste und äußeren Begrenzungswände dienen der Präsentation von Exponaten beider Museen. Generell nutzt das Wallraf-Richartz-Museum die Ebene des 1. OG (+1), während dem Museum Ludwig das Sockelgeschoß (–1) sowie die oberste Ebene (+2) zugeteilt sind. Beiden Museen stehen Räume für Wechselausstellungen im Sockel (–1) sowie für die Graphischen Sammlungen (+1) zur Verfügung. Aus allen Räumen sind immer wieder Ausblicke auf Dom, Strom und Stadt möglich; außerdem laden hierzu die beiden Skulpturenterrassen in Höhe des Dom-Obergadens ein.

Das Wallraf-Richartz-Museum

Grundstock der **Sammlung** ist das Vermächtnis des gelehrten Kanonikus und Sammlers Ferdinand Franz Wallraf (1748-1824) an seine Vaterstadt. Ein eigenes Haus konnte erst 1855-61 auf dem Gelände des ehem. Minoritenklosters errichtet werden, nachdem der Kaufmann Johann Heinrich Richartz 100000 Taler gestiftet hatte. Wallrafs Kollektion umfaßte vornehmlich Werke der spätmittelalterlichen Kölner Malerei aus Kirchen der Stadt, die mit der Säkularisation der geistlichen Institutionen 1802 ›herrenlos‹ geworden waren. Vergleichbar hiermit ist die Sammlung der Kölner Brüder Boisserée, die durch den Ankauf König Ludwigs I. von Bayern 1827 nach München ging (Alte Pinakothek). Schenkungen, Stiftungen und Ankäufe vermehr-

ten die Bestände um wichtige Beispiele aus anderen Epochen vom 14. bis zum 20. Jh.) – Einen besonderen Schwerpunkt bildet die Sammlung Carstanjen (erworben 1936) mit flämischer und niederländischer Malerei des 16. und 17. Jh. – Die qualitätvolle ›Moderne Abteilung‹ hatte zwischen 1933 und 1945 starke Verluste hinzunehmen; erst durch die mäzenatische Tat Josef Haubrichs (Stiftung

Rembrandt: ›Selbstbildnis‹, nach 1665

1946) konnte sie ihre alte Bedeutung zurückerlangen, allerdings nicht mit den identischen Kunstwerken ... Sie wurde 1976 aus dem Wallraf-Richartz-Museum aus- und dem neugegründeten Museum Ludwig (s. u.) eingegliedert. Die Zeitgrenze für die Bestände beider Häuser liegt etwa um das Jahr 1900. Im heutigen Museumsbau besitzt besonders die Mittelalter-Abteilung in den hohen, ›gewölbten‹ Räumen mit ihren Durchblicken zum Dom ein weitgehend maßgeschneidertes Domizil. Die Werke der übrigen Epochen müssen sich mit konventionelleren Kabinetten und der etwas lauten ›Museumsstraße‹ bescheiden. Möglicherweise bietet der neuerdings geplante Neubau hier günstigere Raumfolgen. Höhepunkte der **Kölnischen Malerei des Mittelalters** (Räume ›B‹) sind die ›Madonna mit der Wickenblüte‹ des Meisters der hl. Veronika; Stefan Lochners ›Madonna in der Rosenlaube‹ sowie sein ›Weltgericht‹. Wichtig sind die *Legendenbilder* mit Ansichten der Stadt Köln (ab etwa 1400). Durch die dramatische ›Ballung‹ der großen Altarretabel in Raum D wird fast die opulente Fülle eines spätmittelalterlichen Kölner Kirchenraums evoziert. Raum C vereint kleinformatige Werke deutscher und niederländischer Künstler des 15. und 16. Jh., darunter A. Dürers ›Pfeifer und Trommler‹. Die Treppenhausebenen E

und F zeigen großformatige Arbeiten flämischer, spanischer und italienischer Meister des 17. Jh. – Die ›Museumsstraße‹ (G, H, M) präsentiert u. a. zwei großformatige Landschaften Claude Gellées, genannt Le Lorrain. In Raum I und J finden sich Rembrandts spätes ›Selbstbildnis‹ (nach 1665) sowie Ru-

Auguste Renoir: ›Ehepaar Sisley‹, um 1868

bens' frühes ›*Selbstbildnis im Kreise der Mantuaner Freunde*‹ und eine ›*Hl. Familie*‹ Die Schwerpunkte der deutschen Malerei des 19. Jh. (N, O) liegen bei den Romantikern und bei den Realisten. Allein 15 Werke des 1844 in Köln geborenen W. Leibl sind ausgestellt. Bei den Franzosen des 19. Jh. bleiben sowohl A. Renoirs ›*Ehepaar Sisley*‹ und C. Monets ›*Seerosen*‹ im Gedächtnis, denen V. van Goghs ›*Brücke bei Arles*‹ und E. Munchs ›*Vier Mädchen auf der Brücke*‹ zugesellt sind (P). Galerie ›S‹ zeigt Skulpturen des genannten Kunstkreises.

Das Museum Ludwig

1976 gegr., vereinigt dieses Museum der Kunst des 20. Jh. die aus den Beständen des Wallraf-Richartz-Museums ausgegliederte ›Moderne Abteilung‹ mit ihren ›Säulen‹: *Sammlung J. Haubrich* (1946, Klassische Moderne); *Legat G. u. L. von Schnitzler* (u. a. Max Beckmann); *Schenkung M. Arp-Hagenbach* und *Sammlung Strecker* (Picasso, Braque) einerseits, den umfangreichen *Schenkungen* (1976 und 1994) bzw. der *Sammlung Peter und Irene Ludwig* (Schwerpunkt Amerikanische Pop-art, seit 1969 in Köln), denen die umfangreichen Leihgaben von Werken der russischen Avantgarde folgten, andererseits. Seit 1976 kamen hinzu: *Stiftung G. und C. Peill* (E. W. Nay und Klassische Moderne), Ankauf der *Fotosammlung Gruber und Lebeck* und Leihgabe der *Gemäldesammlung Neuerburg*; außerdem zahlreiche Einzelstiftungen.

Die Schausammlung wird immer wieder neu gruppiert; den jeweils aktuellen Stand liefern die ›Museums-Informationen‹.

Neben 14 Werken von Max Beckmann, den Porträts von O. Kokoschka, seinen ›*Heiden*‹ und seinem späten ›*Köln-Panorama*‹ repräsentieren E. L. Kirchners ›*Fünf Frauen auf der Straße*‹, W. Kandinskys ›*Weißer Strich*‹ sowie A. Mackes ›*Dame in grüner Jacke*‹ die künstlerische Spannweite der *expressionistischen Generation* in Deutschland. Die *russische Parallelbewegung* ist gut vertreten. Aus den 20er Jahren finden sich die unterschiedlichen künstlerischen Konzeptionen in Werken wie K. Malewitschs ›*Dynamischer Suprematismus*‹, P. Mondrians ›*Tableau I*‹, P. Klees ›*Hauptwege und Ne-*

Das Treppenhaus des Doppelmuseums mit ›Marina schminkt Luciano‹ von Franz Gertsch, 1975 (Museum Ludwig)

Vincent van Gogh: ›Die Zugbrücke von Arles‹, 1888 (Museum Ludwig)

benwege‹ und J. Mirós ›Liebe‹ in benachbarten Räumen. Der Rheinländer Max Ernst ist mit dem ›Rendezvous der Freunde‹ und ›Die Madonna züchtigt das Jesuskind vor drei Zeugen‹ vertreten. Für den Surrealismus stehen S. Dalís ›Bahnhof von Perpignan‹ und P. Delvaux' ›Waldnymphen‹. Von Picasso seien erwähnt ›Frau mit Mandoline‹ (1910) und ›Frau mit grünem Morgenrock‹ (1922) sowie einige skulpturale Arrangements. Eine eigene Suite füllen die farbenprächtigen Ölbilder und Aquarelle von E. W. Nay.

Weite Bereiche des Treppenhauses (Ebenen –1 und +2) sowie der benachbarten Räume werden von den Großformaten der Amerikaner aus der Mitte des 20. Jh. dominiert (Abstrakter Expressionismus, Pop-art u.ä.). In der Gegenüberstellung mit den europäischen Künstlergruppen (etwa ZERO und ›Nouveau Réalisme‹) wird hier das geistige Abenteuer der Expansion der künstlerischen Mittel während der letzten Jahrzehnte äußerst dicht erfahrbar.

Erholung von all diesen optischen Reizen bieten im Bereich der großen Shed-Wölbungen (+2) die beiden **Skulpturenterrassen**. Im Untergeschoß (–1) finden sich Environments von E. Kienholz (›Tragbares Kriegerdenkmal‹) und J. Rosenquist (›Horse Blinders‹); an einem

Pfeiler lehnt ununterbrochen die erschöpfte ›Frau mit Umhängetasche‹ von Duane Hanson; die Einsamkeit der Menschen bei G. Segal erschreckt. Jasper Johns' ›Weltkarte‹ beherrscht eine ganze

Piet Mondrian: ›Tableau I‹, 1921

Robert Rauschenberg: ›Schwarzmarkt‹, 1961 (Museum Ludwig). In dem Koffer unten waren ursprünglich Tauschgegenstände für Schwarzhandel mit den Besuchern ...

Wand, während in kleinen Kabinetten die magisch ausgeleuchteten Ruinenlandschaften ›Ausée‹ von A. und P. Poirier den Betrachter zum Zeugen eines Weltuntergangs machen. Video- und Fotokunst schließen die Rundgänge auf der Ebene –1 ab.

AGFA-Foto-Historama

Eine der bedeutendsten Sammlungen zur *Geschichte der Fotografie*: über 1200 Fotos, ca. 20 000 Kameras und Geräte, ca. 3000 Fachbücher. Grundstock ist die 1955 erworbene *Sammlung Stenger*, die durch 300 Porträts aus dem Nachlaß von Hugo Erfurth bereichert wurde. Die Kamerasammlung stammt vor allem aus den Beständen des Agfa-Kamera-Werks in München. Stets sind hervorragende Zeugnisse der Lichtbildkunst in wechselnden Ausstellungen präsent (Ebenen 0 und 1).

Cinemathek

Ort hochinteressanter Filmvorführungen mit ständig neu konzipierten Programmen (im Vortragssaal der Museen).

Öffnungszeiten S. 180

Die Kölner Philharmonie

Der Eingang in der Bischofsgartenstraße führt in das Foyer, von dem aus der einem antiken Theater nachgebildete Konzertsaal mit ca. 2000 Plätzen über verschiedene Treppen erreicht wird. Seine tiefste Stelle liegt unterhalb des normalen Pegelstands des Rheins. Die Konstruktion der 10 Stahl-Fachwerkbinder und ihrer Stützen ist sichtbar belassen und assoziiert ein wenig den Raumeindruck eines Zirkuszelts. Dem Kreiselement auf dem Heinrich-Böll-Platz antwortet hier im Innern über der Orchestra eine Lichtkrone in Tortenform, ein Werk des Künstlers Barna v. Sartory. Die Kölner Philharmonie ist Heimat des traditionsreichen städtischen *Gürzenich-Orchesters* (gegr. 1888, vgl. Nr. 21) sowie des *Rundfunk-Sinfonie-Orchesters* des WDR. Das vielseitig veränderungsfähige Podium steht darüber hinaus nahezu für jedes Genre des heutigen Musikbetriebs zur Verfügung. Kartenvorverkauf im Köln Ticket-Laden im Römisch-Germanischen Museum.

6 Römisch-Germanisches Museum

Roncalliplatz 4
U- und S-Bahn Dom/Hauptbahnhof

Im Schatten des Haupt-Bauwerks aus dem christlichen Mittelalter wird das Andenken an Kölns vorchristliche Epoche durch geschickt arrangierte ›Einblicke‹ wachgehalten.

Das 1970-74 nach Plänen von H. Röcke und K. Renner erbaute Haus verdankt seine Lage direkt südl. des Domchors dem Wunsch des städtischen Auftraggebers, das 1941 beim Bau eines Luftschutzbunkers entdeckte *Dionysosmosaik* (2. Hälfte des 3. Jh.) an Ort und Stelle zu belassen. Der Bunker dient heute als Magazin und als Sockel des 3geschossigen Schatzhauses provinzialrömischer sowie vor- und frühgeschichtlicher Funde vornehmlich aus Köln und seiner Region. Neuartig war 1974 die offene, besucherfreundliche Präsentation, die auch außerhalb der Öffnungszeiten einen Großteil der Exponate wie in einem Schaufenster sichtbar oder sogar direkt betastbar beläßt. Neben dem genannten Mosaik ist es vor allem das turmartige *Grabmonument des Poblicius* (etwa 40 n. Chr.), dessen Einzelstücke 1964-67 nahe dem Chlodwigplatz ausgegraben wurden. Südl. des Museums sind die (neu verlegte) *römische Hafenstraße* sowie

Die Philharmonie im Lichterglanz

Teile der *römischen Stadtmauer* ganztägig begeh- und betastbar. Zahlreiche Steindenkmäler sind auf ›Inseln‹ in der Freizone rings um den Kernbau ausgestellt. Im **Innern** erschließt sich dank guter Didaktik nahezu jeder Aspekt römischen und germanischen Lebens im Köln des Altertums und des frühen Mittelalters. Höhepunkte sind neben den zahlreichen Zeugnissen der Architektur und des Denkmalkultes die *Glassammlung* (die umfangreichste der Welt) mit dem berühmten Diatretglas sowie der Kollektion von *Schmuckwerk* aus der Völkerwanderungszeit. Das Museum, dessen Anfänge in das 19. Jh. zurückreichen, wurde 1946 als selbständiges Institut aus dem Verbund mit dem Wallraf-Richartz-Museum gelöst. Seine Wissenschaftler nehmen zugleich die Aufgaben der Bodendenkmalpflege in der Stadt Köln wahr. Erkenntisgewinn wie Zuwachs an ›Ausstellungen‹ verdanken sich zumeist ›Notgrabungen‹ dieses Instituts im Wettlauf mit dem Bagger. Die originale Fundsituation wird dann zumeist vernichtet. Um so wichtiger ist daher der Besuch der zahlreichen **Außenstellen des Römisch-**

Römisch-Germanisches Museum: Torso des Meleager, römische Kopie nach einer griechischen Skulptur von etwa 330 v. Chr., ausgegraben beim Dom

Diözesanmuseum: Antonio Saura, Crucifixiòn, Öl auf Leinwand, 1959

Germanischen Museums in der Stadt, wo die Situationen z.T. erhalten blieben: Prätorium mit Abwasserkanal; Judenbad (Mikwe); Römerturm; sog. Ubiermonument, An der Malzmühle 1, Altstadt: Römische Grabkammer im Stadtteil Weiden, Aachener Straße 328. Bedingt können nen auch die Unterkirchen von Groß St. Martin und St. Severin hier angefügt werden.

Öffnungszeiten S. 180

7 Erzbischöfliches Diözesanmuseum

Roncalliplatz 2
U- und S-Bahn Dom/Hauptbahnhof

Sakrale Kunst des Kölner und Niederrheinischen Raumes.

Das **Kuriengebäude** von B. Rotterdam und W. Weyres (1959-62) beherbergt das 1853 gegründete und 1860 ungefähr an derselben Stelle eröffnete Institut mit hochrangigen Werken kirchlicher Kunst im Besitz von Dom und Erzbistum. Die **Sammlung** ist eine ausgezeichnete Ergänzung der Bestände des Wallraf-Richartz- und des Schnütgen-Museums der Stadt Köln sowie der Domschatzkammer. Aus dem Besitz des Domes (als Leihgaben): archäologische Grabfunde aus dem 6. Jh., Originalskulpturen des mittelalterlichen Petersportals, Modell der Domgrabung. Weitere Hauptwerke: *Severinusscheibe* (11. Jh.) vom Schrein aus der gleichnamigen Kirche; *Heri-*

mankreuz (11. Jh.) mit römischem Lapislazuliköpfchen; *Kruzifix aus Erp* (um 1150); *Madonna aus Pingsdorf* (um 1170), *Hl. Nikolaus* (14. Jh.); *Madonna mit dem Veilchen* von Stefan Lochner (2. Viertel 15. Jh.). Außerdem zahlreiche liturgische Geräte sowie Zeugnisse der sog. Volksfrömmigkeit. Eine qualitätvolle Sammlung zeitgenössischer Kunst befindet sich im Aufbau und wird in wechselnden Ausstellungen präsentiert.
Öffnungszeiten S. 180

8 Roncalliplatz

U- und S-Bahn Dom/Hauptbahnhof

Vor der Südfassade des Domes ein festlicher öffentlicher Raum für Fronleichnamsprozession, Karnevalskirmes, Talentproben der Rollschuh- und Rollbrett-Jugend und zum ›Genuß‹ der Domarchitektur ...

Südlicher Domplatz, neu gestaltet nach Anlage der großen Tiefgarage bis 1974 und benannt zu Ehren von Papst Johannes XXIII., mit bürgerlichem Namen A.

Treppensturz der Heinzelmännchen

Roncalliplatz mit (von links) Domhotel, Dom-Südseite, ›Himmelssäule‹ und Römisch-Germanischem Museum

G. Roncalli (1881-1963). Die **Ornamentik** des Granitpflasters wird von 2farbigen Granitstreifen ›gestört‹, welche auf 3 Säulenstümpfe ausgerichtet sind: Markierungen des römischen Straßennetzes, das hier 1969/70 zusammen mit Fundamentresten römischer Wohnhäuser sowie deren mittelalterlichen Nachfolgebauten ergraben wurde. Die *Himmelssäule* im Südosten ist ein Werk von H. Mack (1984). Die Westseite des Platzes beherrscht das *Domhotel*; trotz seiner Reduzierung hinsichtlich Bauschmuck und Dachlandschaft ein schönes Beispiel großstädtischer Hotelarchitektur der Gründerzeit, erbaut 1890-93 von H. J. Kayser und K. v. Großheim.

9 Heinzelmännchenbrunnen

Am Hof
U- und S-Bahn Dom/Hauptbahnhof

Erinnerung an die Zeiten, als die Kölner sich ihre Arbeit nachts erledigen ließen.

Einst mußten die Kölner sich nicht mit Arbeit abmühen, sondern was sie auch zu tun hatten, es wurde nachts still und heimlich von den Heinzelmännchen erledigt. So will es zumindest eine alte Kölner Sage. Wie diese herrlichen Zeiten endeten, schildert die Gruppe über dem Brunnenbecken: Eine neugierige Schneidersfrau streute Erbsen auf die Treppe, um die heimlichen Helfer endlich einmal zu sehen; ihre beim Treppensturz verrenkten Glieder und die Entdeckung waren den Heinzelmännchen aber Grund genug, die undankbaren Kölner ihre Arbeit wieder selbst tun zu lassen. August Kopisch hat die Sage 1836 in ein volkstümliches Gedicht gefaßt, das noch heute viele Kölner Schulkinder auswendig lernen; Ausschnitte davon sind auch am *Brunnen* zwischen Reliefs mit Szenen des Heinzelmännchenfleißes zu lesen. H. und E. Renard schufen die liebenswerte Anlage 1899/1900, die 1993/94 wieder ihre ursprünglichen Dimensionen erhielt. Im Sommer ragt sie mit Mühe aus dem Getümmel der Tische, an denen sich Kölner und Gäste kölsche Spezialitäten oder Eis und Kaffee schmecken lassen. Die Straße ›Am Hof‹ [vgl. Nr. 10] schließt sich hier zu fast platzartiger Wirkung zusammen. Links neben dem *Kölner Hofbräu Früh*, einer bekannten kölschen Gaststätte, steht mit dem Haus *Zur Glocke* eines der seltenen Kölner

Mittelalterliche Außenwerbung: Haus Saaleck

Barockhäuser. Auf der anderen Seite flankiert das *Stollwerck-Haus* mit Passage zur Hohe Straße das ›Früh‹; ein nicht ganz geglückter Versuch von 1984/85 in in den fünfziger Jahren wiederaufgebautes Haus der Jahrhundertwende mit einer postmodernen, dem gründerzeitlichen Original nachempfundenen Fassadenverkleidung zu versehen. Sehenswert ist neben der Bronzefigur ›Gaea‹ von G. Marcks (1965, im Durchgang) die Ausstattung des Esprit-Ladens (Ecke Wallrafplatz) von E. Sottsass, dem berühmten italienischen Designer. Einige Häuser weiter straßenabwärts steht noch eine *Pumpe* aus dem 18. Jh.

10 Haus Saaleck

Am Hof 50/Unter Taschenmacher 15-17
U- und S-Bahn Dom/Hauptbahnhof

Gotisches Haus, das einst dem Warenhandel diente; heute kann man dort in der Artothek Kunst ausleihen.

Um 1461 errichtete der Kaufmann Gottschalk von Gilse auf mehreren Grundstücken diese Kombination aus Wohnhaus und Warenlager. Den Namen ›Saaleck‹ hatte schon ein Vorgängerbau getragen, er war, wie auch der Straßenname ›Am Hof‹, eine Ortsbezeichnung und gab die Nähe zu dem als Hof oder Saal bezeichneten erzbischöflichen Palast an, der im Mittelalter einen großen Teil der gegenüberliegenden Straßenseite einnahm. Trotz fast völliger Zerstörung im 2. Weltkrieg hat man einen formgetreuen Wiederaufbau versucht; da durch spätere Umbauten die genaue Gestalt des Erdgeschosses nicht bekannt war, durchbrach man die Wand hypothetisch mit wenigen Öffnungen, doch waren in gotischer Zeit zur Straße ›Unter Taschenmacher‹ sicher 2 ebenerdige Eingänge und ein Kellertor angeordnet, wofür auch der an korrekter Stelle wieder eingemauerte Grinkopf spricht. Im Sinne der damaligen Geschäftswerbung für den Besitzer ist das Haus reich verziert. Neben dem Baldachin mit einer Madonnenstatue (Kopie) und der dichten Reihe der Fenster prunken vor allem die Ecktürmchen und deuten in ihrer Übernahme von Gürzenich das Selbstbewußtsein des Bauherrn an. Das Haus dient heute als städtische *Artothek*, in sich Kölner Bürger Kunstwerke ausleihen können.

Das Rathaus mit Renaissancelaube, Hansasaal und Ratsturm

II Rathausplatz

Bus 132/Rathaus

Ein Brennpunkt kölnischer Geschichte: unter dem Pflaster römische Ruinen und ein jüdisches Kultbad, darüber aufragend die Zeugnisse des Bürgerstolzes – der Ratsturm und die Rathauslaube.

Als der römische Statthalterpalast für die Provinz Niedergermanien auch als Sitz der fränkischen Teilkönige ausgedient hatte [vgl. Nr. 12], wurde er als Königsgut für die Besiedlung durch Juden freigegeben, die ja unter königlichem Schutz standen. In diesem Bereich jüdischer Ansiedlung (zwischen der römischen Ostmauer und der Straße Unter Goldschmied, zwischen Obenmarspforten und etwa Kleiner Budengasse) wird im 12. Jh. erstmals das ›Haus der Bürger‹ genannt. Nach den Pogromen von 1349 und 1424 konnte es erweitert werden, es entstanden auch zusätzliche Gebäude und der Rathausplatz. Seit der Kriegszerstörung fällt es schwer, sich vom bürgerlichen Machtzentrum Kölns im Mittelalter eine Vorstellung zu machen. Der Rathausplatz war früher ein enger Platzraum, zu dem nachts verschlossene Gittertore in der Bürgerstraße, Portalsgasse und Judengasse die einzigen Zugänge bildeten. Er schloß im Südwesten den heute sichtbaren Ausgrabungsbereich in Halbkreisform noch ein; die übrige heutige Freifläche war dicht bebaut, zuerst mit dem jüdischen Kultzentrum, später mit Nebenbauten des Rathauses.

Die gläserne Pyramide inmitten des provisorisch als Platzerweiterung gestalteten Geländes überdeckt und belichtet seit 1989 die **Mikwe**, das jüdische Kultbad für die rituelle Reinigung in ›lebendigem‹, also nicht geschöpftem Wasser. Die Architekturformen lassen eine Datierung auf 1160-70 zu, womit die Kölner Anlage älter ist als die entsprechenden in Worms und Speyer. Zwischen Mikwe und dem halbkreisförmigen Ausgrabungsbereich (mit der Apsis der römischen Aula Regia) befand sich die Synagoge, die nach der Vertreibung der Juden 1424 in die Ratskapelle St. Maria in Jerusalem umgewandelt wurde. Ab etwa 1440/50 zierte diese der ›Altar der Stadtpatrone‹ von Stefan Lochner, der sich heute im Dom befindet (eine Kopie in der Vorhalle des Rathauses). Beim Pogrom von 1349 war offenbar auch das **Rathaus** beschädigt worden, der 2geschossige Bau mit dem langen Saal im Obergeschoß ist wohl erst danach entstanden. Er wird seit dem 19. Jh. *Hansasaal* genannt, weil man vermutet, die Tagung der Hansestädte 1367 habe hier stattgefunden. 1407-14 wurde der *Ratsturm* errichtet; neben seiner Bedeutung als städtisches Gegengewicht zu den Kirchtürmen (vor allem von Groß St. Martin und dem Südturm des Domes) war er zugleich städtischer Weinkeller, Senatssaal, Archiv und Waffenkammer. 1569-73 erbaute W. Vernukken die *Rathauslaube* als repräsentativen Ort der Verkündigung von Ratsbeschlüssen und als Treppenhaus für den Hansasaal. Der 1972 abgeschlossene Wiederaufbau nach schwerster Kriegszerstörung hat nur die genannten Bauteile in ihrer ungefähren alten Gestalt wiederhergestellt, im übrigen aber die ehemals komplexe Bautengruppe in modernen Formen und Proportionen erneuert, wie vor allem die Fassade zum Alter Markt [vgl. Nr. 13] zeigt.

Dagegen ist die Front zur Judengasse zurückhaltend gestaltet; zwischen ihr und dem Hansasaal durchlichtete *Bronzewand* von E. Wille (1966-71).

Der bis 1975 wiederaufgebaute **Ratsturm** präsentiert sich im Glanz seiner originalgetreu hergestellten gotischen Formen; die Neuausstattung mit einem wohldurchdachten Figurenprogramm (124 ›kölnische‹ Persönlichkeiten!) erfolgte 1994/95. Die Aufteilung in breite und schmale Joche in den 3 unteren Geschossen bereitet den Rücksprung der beiden oberen Geschosse zu 8eckiger Form vor. Im verschieferten Helm ein Glockenspiel mit 48 Glocken, das neben automatischer Steuerung (12 und 17 Uhr) auch immer wieder zu Konzerten genutzt wird (Programm an der Ecke des Spanischen Baus?)

Ebenso wie der Turm ist die nahezu unzerstört gebliebene **Rathauslaube** ein Symbol des Bürgerstolzes. Denn die reichen Renaissanceformen, die sich teilweise an Vorbildern aus dem flämischen Raum orientieren, sind nicht nur als damals modernste Stilformen anzusehen, sondern waren sicher auch als bewußtes Anknüpfen an die römische Vergangenheit der Stadt gedacht. Darauf deuten die Medaillons mit Imperatorenköpfen im unteren Fries wie die langen lateinischen Inschriften, die Caesar, Augustus, Agrippa und Konstantin und ihre Beziehung zu Köln hervorheben. Das mittlere Brüstungsrelief des Obergeschosses betont die Unabhängigkeit der Stadt von ihrem Erzbischof durch die Darstellung des sagenhaften Löwenkampfes des Bürgermeisters Grin, die durch die seitlichen Darstellungen Simsons vor der Stadt Gaza und Daniels in der Löwengrube eine biblische Überhöhung erfährt. Wie diese Reliefs sind auch viele der Architekturteile bei zwei Restaurierungen im 19. Jh. und dem Wiederaufbau nach dem Kriege erneuert worden; manche Einzelform mag urspr. noch feiner ausgefallen sein.

Durch das Mittelportal unter der Rathauslaube betritt man die *Vorhalle* (mit Kopie des ›Altars der Stadtpatrone‹) und die *Piazzetta*, die seit 1972 die Funktionen eines überdachten Innenhofes, eines Treppenhauses und eines Ausstellungsraumes miteinander vereint; unter der durchlichteten Decke schwebt der ›Baldachin‹ von H. Trier (1980), und hier ist auch die Originalfigur des ›Kölschen Boor‹ von der Eigelsteintorburg aufgestellt. Nach links schließt sich der *Löwen-*

Hansasaal des Rathauses mit den ›Neun Guten Helden‹ von 1330

hof von 1541 an; seine Formen im Übergang zwischen Gotik und Renaissance sind beim Wiederaufbau nach völliger Zerstörung freier behandelt worden. Die Relief-Brüstungen sind moderne Kunststeinkopien nach Gipsabgüssen der zerstörten Originale; wieder erkennen wir Bürgermeister Grin im Kampf mit dem Löwen. Den leise plätschernden *Petrusbrunnen* umgeben Putten in Wolken aus Alabaster, die ursprünglich den Marienaltar des Domes zierten (1662).

Über der Vorhalle befindet sich der prächtige **Hansasaal** (nur mit Führung zugänglich), ringsum von gotischen Maßwerkformen umgeben und mit einer hohen Holzspitztonne überwölbt. Die reichverzierte Südwand sollte mit der Darstellung der sog. 9 Guten Helden zu guter Regierungsführung ermahnen; je 3 heidnische (Hektor, Alexander, Julius Caesar), alttestamentliche (Josua, David, Judas Makkabäus) und 3 christliche (Gottfried von Bouillon, Artus, Karl der Große) Helden verkörpern die 3 Weltalter »vor und unter dem Gesetz« und »unter der Gnade« nach mittelalterlicher Auffassung. Die Verbindung mit der Stadt wird durch den darüber thronenden Kaiser Ludwig den Bayern (mit den Personifikationen des Stapel- und Befestigungsrechtes) verdeutlicht. Hier sind

jetzt auch die 8 Prophetenfiguren von etwa 1410 aus der *Prophetenkammer* aufgestellt, dem heutigen Durchgang zum Ratsturm, in dem der wiederhergestellte *Senatssaal* liegt, den Melchior von Reidt um 1600 mit intarsiengeschmücktem Portal und Ratsgestühl in Renaissanceformen ausgestattet hat.

Vom Alter Markt her können wir den **Ratskeller** betreten, der neben kulinarischen Genüssen in Schenke und Restaurant auch den Zugang zum mittelalterlichen sog. *Plasmannschen Keller* gewährt.

12 Spanischer Bau und Prätorium

Rathausplatz/Kleine Budengasse
Bus 132/Rathaus

Mit dem Fahrstuhl in die Römerzeit – hier ist es seit 1955 möglich.

Als Ersatz für das zerstörte Rathaus, dessen Wiederaufbau in wenigen Jahren damals unvorstellbar schien, errichtete Th. Teichen 1953-55 diesen zunächst als Neues Rathaus bezeichneten Bau in lockerer Gruppierung und typischen Formen der 50er Jahre. Im **Inneren** ist vor allem das *Geschichtsfenster* von G. Meistermann hinter der geschwungenen Treppe sehenswert. Im heutigen Namen

›Spanischer Bau‹ lebt die Erinnerung an den Spätrenaissance-Vorgänger an dieser Stelle fort, in dem 1623 die Spanische Liga, der Zusammenschluß der katholischen Staaten während des Dreißigjährigen Krieges, getagt hatte.

Bei den Ausschachtungsarbeiten für den Neubau stieß man 1953 auf so umfangreiche und bedeutende **Reste römischer Bebauung**, daß man sich zu ihrer teilweisen Erhaltung unter dem Neubau entschloß (Eingang: Kleine Budengasse). Ein schon 1630 entdeckter Weihestein im Vorraum des Ausgrabungsgeländes nennt den Namen des Gebäudes: *Prätorium*. Es war also der Amtssitz des römischen Statthalters für die Provinz Niedergermanien, des militärischen und zivilen Oberbefehlshabers. Es lassen sich *4 Bauphasen* unterscheiden, die letzte prägt weitgehend das heutige Bild. Wir sehen die Fundamente eines mächtigen, 8eckigen Baus, an den sich nach Norden und Süden Säle hinter einer einheitlich durchlaufenden Portikusfront anschlossen, die in weiteren großen Sälen mit nach Westen gerichteten Apsiden endeten. Von dieser Anlage sehen wir nur etwas mehr als die nördl. Hälfte, die südl. Anschlußbauten sind wieder zugeschüttet. Vor den Resten des nördl. Saalbaus steht im Ausgrabungsbereich am Rande des modernen Besuchersteges ein *Modell*, das eine ungefähre Vorstellung des urspr. Aussehens vermittelt. Südl. dieser

Der begehbare römische Abwasserkanal beim Prätorium

Anlage befand sich noch eine mächtige *Aula Regia* (Königshalle), deren Ostapsis auf dem Rathausplatz sichtbar ist. Aus dem Vorraum der Grabung führt ein Gang in den bestehenden **römischen Abwasserkanal** Kölns, der hier noch 105 m lang zu begehen ist. Im sorgfältigen Mauerwerk sind wiederverwendete Rinnenstücke einer schlichteren Abwasserleitung zu erkennen. Leider mußte er 1978 zur Anlage eines modernen Kanals unterbrochen werden, wobei in der Verbindungstreppe ein Sichtfenster eingerichtet wurde, das Einblick in fast 2000 Jahre Kanalgeschichte bietet. Das hier entfernte Teilstück wurde als Ganzes gehoben und steht oberirdisch am *Theo-Burauen-Platz*. Mindestens 2 weitere Kanäle vergleichbarer Größe sowie andere kleinere leiteten die Abwässer in den Rhein oder in die Stadtgräben und zeigten dieselbe Sorgfalt, mit der die Römer auch frisches und wohlschmeckendes Eifelwasser über eine rund 80 km lange Wasserleitung nach Köln führten [vgl. Nr. 27, 54].

13 Alter Markt

U-Bahn Heumarkt; Bus 132, 133

Einstiger Mittelpunkt des öffentlichen Handelns und Lebens, auch Turnierplatz, heute Zentrum des Straßenkarnevals und Schauplatz bunter Feste und Märkte.

Der Alter Markt folgt dem Verlauf eines urspr. Rheinarms, der zur Römerzeit das hochwasserfreie Stadtgebiet (auf der Westseite) von einer Insel [vgl. Nr. 14, 15] trennte. Lange war das Gelände für eine Bebauung zu sumpfig und wurde um 950 zusammen mit dem südl. anschließenden Heumarkt die wichtigste Marktfläche Kölns. Sanierungsmaßnahmen der 30er Jahre und der Wiederaufbau nach dem Krieg haben versucht, den mittelalterlichen Charakter mit schmalen Giebelhäusern (in modernen Formen) zu erhalten. Als letztes Beispiel der einstigen Bebauung ragt das Doppelhaus *Zur Brezel* und *Zum Dorn* (Nr. 20/22) empor, ein Spätrenaissancebau von 1580 mit zwei Volutengiebeln; die Fenster waren freilich früher weniger schematisch. Gleich nebenan als typischer Neubau das Haus *Em Hanen* (Nr. 24), für das E. Mataré das Hauszeichen (Mosaik, 1959), die Gedenkplatte im Boden vor dem Eingang (1963) und den ›Kallendresser‹ (›Rinnenscheißer‹, 1964) schuf, der sicher neben der Erinnerung an weniger zimperliche Zeiten auch als Denkanstoß für die Stadtverwaltung

Alter Markt mit Jan-von-Werth-Brunnen, dahinter Rathaus und Ratsturm

gedacht ist. Denn genau gegenüber erhebt sich an der Westseite des Platzes die 1972 fertiggestellte *Rathausfassade*, deren etwas klobige Formen und zu breite Dimensionen die Platzwirkung empfindlich stören. Modern ist auch die Treppe rechts daneben, die den Niveauunterschied vom einstigen römischen Hafen zum hochwasserfreien Stadtinneren überwindet. Wie der ›Platzjabbeck‹ unter der Uhr des *Ratsturms* [Nr. 11] zu seinem Namen kam, zeigt er mit langer Zunge zu jeder vollen Stunde.

Auf dem Platz erinnert noch eine *Wasserpumpe* des 18. Jh. an seine einstmalige Nutzung, während der *Jan-von-Werth-Brunnen* W. Albermanns von 1884 schon eher auf die Bedeutung des Platzes als Mittelpunkt des Kölner Straßenkarnevals hinweist. Die beiden Sockelreliefs erzählen, wie der Knecht Jan aus enttäuschter Liebe zur Magd Griet zu den Soldaten geht und wie er später als berühmter Reitergeneral des Dreißigjährigen Krieges hoch zu Roß in Köln einzieht und Griet in der ›Apfelfrau‹ am Tor wiedererkennt. Die Szene wird an Weiberfastnacht am Severinstor nachgespielt.

14 Groß St. Martin
U-Bahn Heumarkt; Bus 132, 133

Hauptakzent des Rheinpanoramas vor der Vollendung des Domes und als eine der romanischen Dreikonchenanlagen auch kunsthistorisch herausragend.

Erzbischof Bruno hatte gegen 960 in der neu entstehenden Vorstadt auf der ehem. Rheininsel [vgl. Nr. 15] bei einer älteren Kirche ein Stift gegründet, das wohl noch vor dem Jahr 1000 in ein Benediktinerkloster mit irischen, sog. Schottenmönchen umgewandelt wurde. Ein Brand der Rheinvorstadt 1150 war offenbar der Anlaß für den gewaltigen Neubau, von dem zunächst die Vierung mit Chor, Querhaus und Turm (ohne das oberste Geschoß) bis 1172 errichtet wurde. Der Bau des Langhauses und des obersten Turmgeschosses zog sich noch bis ca. 1240 hin, während der Turmhelm seine jetzige Form gegen 1450 nach einem Brand erhielt. Seit der Aufhebung des Klosters 1802 als Pfarrkirche genutzt und der Klostergebäude auf der Nordseite und der ehem. Pfarrkirche St. Brigiden auf der Südseite beraubt, wurde der Bau

Blick aus dem Dreikonchenchor ins Langhaus von Groß St. Martin

bis 1875 renoviert und im Inneren neuromanisch ausgestattet. Nach Kriegszerstörung entstand bis 1963 der Vierungsturm neu; die bis 1984 nach Plänen von J. Schürmann vollendete Kirche dient heute der Ausländerseelsorge und Konzerten.

Den eindrucksvollsten Blick hat man sicher vom Rheingarten [Nr. 4] über den Fischmarkt auf die **Ostseite** der Anlage. Neben den schmalen Häuschen wölben sich gewaltig die Apsiden vor mit je 2 schlanken, hohen Arkadenreihen übereinander und darüber einer Zwerggalerie, und über Giebeln mit Fächerblenden steigt dann das Massiv des Vierungsturmes mit seinen 4 Ecktürmchen machtvoll empor (vgl. die Ostgruppe von St. Aposteln). Von Norden gesehen (hierher gelangt man über eine kleine Treppe) wirkt das Langhaus schlicht und bescheiden im Vergleich zur reichdekorierten Ostgruppe; der hier ehemals anschließende Kreuzgang wurde in seiner Form (freilich nicht in der Höhe) bei der Neubebauung der 70er Jahre von J. Schürmann (von ihm auch das Pfarrzentrum) nachgeahmt.

Der südl. Seiteneingang führt uns im **Inneren** an die Nahtstelle zwischen Dreikonchenanlage und Langhaus; zwischen den ersten beiden Langhausjochen befand sich urspr. ein Lettner, der den Chorraum der Mönche vom Laienschiff trennte, so daß die formalen Unterschiede auch eine funktionale Trennung wiedergeben. Ähnlich dem Außenbau sind die 3 Apsiden auch innen mit 2 Reihen von je 7 Arkaden gegliedert. Über dem gleichmäßigen Rhythmus der unteren Nischen schwingen die Fensterarkaden breiter und höher aus, um möglichst viel Licht in das Innere zu lassen. Die ruhige Fügung der Gewölbe läßt den Turm darüber nicht erkennen. Die westl. Langhausjoche betonen mit Spitzbögen und kuppeligen Gewölben ihre Eigenständigkeit gegenüber dem Chorbereich.

Gegen eine Spende ist die neugeschaffene **Krypta** zu besichtigen (Führung nur nach Voranmeldung). Stellvertretend auch für den Bereich nördl. außerhalb der Kirche sind hier die Funde der Ausgrabung konserviert und durch ein didaktisches Lichtsystem erschlossen. Wir sehen aus dem 1. Jh. Ausmauerung und Plattenrand eines Militärschwimmbeckens, über das hinweg im 2. Jh. 4 Lagerhallen für den Hafenbereich errichtet wurden. Die 3schiffige südöstl. Halle bestimmt noch heute die Maße der Kirche; es ist daher anzunehmen, daß schon früh ein christlicher Kultraum eingerichtet wurde, worauf vielleicht die Pfeilerblöcke mit ihren ungelenken Basisprofilen verweisen. Vom frühromanischen Vorgängerbau der heutigen Kirche ist noch die innere Westwand der Krypta erhalten. Zusammen ergibt sich ein Bild stadtgeschichtlicher Kontinuität über die Frankenzerstörung der Römerstadt 355 und den Normannensturm 881 hinweg bis in die größte Blütezeit des mittelalterlichen Köln zwischen 1150 und 1250.

Von der mittelalterlichen **Ausstattung** haben sich einzig der *Taufstein* von etwa 1220 und eine *Kreuzigungsgruppe* erhalten, die zusammen mit der steinernen *Arkade* und der (wie die Kreuzigungsgruppe aus Holz geschnitzten) *Grablegungsgruppe* von T. van der Burch 1509 geschaffen wurde. Sie bilden heute eine stimmungsvolle Gruppe im nordwestl. Seitenschiffjoch, die K. M. Winter mit einem Taufsteindeckel aus Zinn noch bereichert hat; von diesem stammt auch der

Detail der wiederhergestellten Zwerggalerien in Groß St. Martin

Tabernakel auf dem nördl. Seitenaltar. In den streng gestalteten Fußboden sind die Reste des neuromanischen Mosaiks als Schmuckmotive eingesetzt; ihnen antwortet die verblaßte neuromanische Ausmalung. Den modernen Glasfensterzyklus hat H. Gottfried entworfen; er wird nach und nach durch Spenden der Besucher vervollständigt.

Öffnungszeiten S. 181

15 Martinsviertel

U- und S-Bahn Dom/Hauptbahnhof; U-Bahn Heumarkt; Bus 132, 133

Zahlreiche Lokale und Geschäfte laden zum Bummel durch die engen und winkligen Gassen ein, stille Plätze verführen zu einer Pause – vielleicht mit einem Glas Kölsch oder einer Tasse Kaffee. Richtig lebendig aber wird es erst am Abend, nicht immer zur Freude der wieder zahlreichen Anwohner.

Schon vor dem 2. Weltkrieg hatten Bemühungen, den wegen der Nähe zum Hafen ein wenig anrüchigen Charakter des Viertels zwischen Deutzer Brücke und Hohenzollernbrücke zu verbessern, zu Sicherungsmaßnahmen an der Bausubstanz geführt; die damalige Planung sah in der mittelalterlich kleinteiligen *Struktur des Viertels* ein ›museales‹ Gegenstück ›Alt-Köln‹ zu großartigen Aufmarschstraßen und riesigen Neubauten, die im übrigen Gebiet der Kölner Altstadt im offiziellen Geschmack des sog. Dritten Reiches entstehen sollten [vgl. Nr. 52, 54].
Der Wiederaufbau nach dem Krieg knüpfte für das Martinsviertel an diese Bestrebungen an, da trotz schwerer Zerstörung hier am ehesten der Altstadtcharakter zu bewahren war, während vergleichbare Bauten in anderen Bereichen der Altstadt, wo eine bauliche Sicherung unterblieben war, durch die Bomben dem Erdboden gleichgemacht waren. Die oft zu hörende Bezeichnung des Martinsviertels als ›Altstadt‹ übersieht, daß das mittelalterliche Köln bis zu den heutigen ›Ringen‹ reichte und somit Köln die größte Stadt im Reich war.
In römischer Zeit verlief die rheinseitige Stadtmauer entlang der Westseite des Alter Markt, an dessen Stelle sich damals ein als Hafen genutzter Rheinarm befand. Ihm vorgelagert im Bereich des heutigen Martinsviertels war eine Insel, die offenbar zunächst militärisch und

dann ab dem 2. Jh. auch als Hafen genutzt wurde. Die Reste unter Groß St. Martin lassen schon früh die Einrichtung einer Kirche in den alten Lagerhallen und damit auch eine zunehmende Besiedlung der Rheininsel vermuten, doch wird erst unter Erzbischof Bruno gegen 950 der gesamte Bereich zwischen Stadtmauer und Rheinufer als neue Vorstadt ausgebaut.
Die Nähe zum Hafen hat bis zur Aufhebung des Stapelrechtes 1831 und der Verlegung des Hafens nach Süden 1898 (›Rheinauhafen‹ im Rahmen der Stadterweiterung) den Charakter des Viertels als Kaufmannsviertel geprägt; neben zahlreichen Straßennamen (Buttermarkt, Hafengasse etc.) erinnern auch einige der erhaltenen **Häuser** mit ihren Kranbalken daran. Den Krieg überdauert haben das Haus *Delft* in der Rheinfront (um 1620, Frankenwerft 27), das Weinhaus *Im Walfisch* (1626, 1635 in die Salzgasse versetzt) und das Haus *Zum Seil* (1643, Lintgasse 5). An mehreren Häusern (so auch am *Walfisch*) erkennen wir sog. Grinköpfe, Fratzenmasken, die einst als Halterung der Kranbalken für die Warenbeförderung in den Keller dienten. Öfters sind auch an Neubauten Portalrahmen aus Spätbarock und Rokoko wiederverwendet, meist einschließlich der reichverzierten hölzernen Oberlichter.
Den Traditionscharakter des Viertels unterstreichen auch die **Denkmäler**; den *Ostermannbrunnen* auf dem gleichnamigen Platz von 1938 umgeben die Gestalten, die der 1936 verstorbene Dichter Willi Ostermann in seinen Karnevalsliedern besungen hat. Kölsche Typen begegnen uns auch in der *Schmitzsäule* und den Standbildern für *Tünnes und Schäl* am Ende des Brigittengäßchens (W. Reuter, 1974, an der Rückseite des Hauses Em Hanen, vgl. Nr. 13) und am *Fischweiberbrunnen* auf dem Fischmarkt. Wer die Kölner Mentalität näher kennenlernen möchte, kann dies im *Hänneschentheater* (Eisenmarkt 4) tun, wo ein Puppenspieltheater in kölscher Mundart nicht nur auf Kinder abgestimmt ist, oder Studien in einer der kölschen Kneipen betreiben.
Dem einstigen Hafencharakter werden heute die **Anlegestellen** für Passagierschiffe gerecht, die sich hauptsächlich vor dem Martinsviertel zwischen Deutzer und Hohenzollernbrücke befinden (innerstädtische Linien wie die *Müllemer Böötche* auch nördl. der Hohenzollernbrücke).

16 Deutzer Brücke

U-Bahn Heumarkt; Bus 132, 133

Auf den ersten Blick ein eher unscheinbarer Meilenstein in der Geschichte der Brückenkonstruktionen, nur wenig stromaufwärts von der Stelle, wo die Römer im 4. Jh. eine Brücke über den Rhein geschlagen hatten.

Nach der Kriegszerstörung sämtlicher Rheinbrücken war die **Deutzer Brücke** die erste, die 1947/48 dauerhaft wiederaufgebaut wurde. Man benutzte dabei die Uferrampen und Strompfeiler einer 1913-15 errichteten Hängebrücke, wählte aber die Konstruktion der Balkenbrücke, um spätere Erweiterungen zu ermöglichen, da die Alliierten nicht ausreichend Stahl genehmigt hatten. Dem Ingenieur F. Leonhardt und dem Architekten G. Lohmer gelang es, die Mittelöffnung mit einer Spannweite von 184,50 m mit einem damals unerhört flachen Balken (in der Mitte nur 3,50 m hoch) zu überbrücken.
Die durch Anwachsen der Verkehrsströme erforderliche *Erweiterung* erfolgte 1976-80 nicht durch die konstruktiv schon eingeplante Verbreiterung des stählernen Brückenkörpers, weil der Straßen- und Straßenbahnverkehr während der Bauzeit ungestört weiterlaufen mußte. Leonhardt und Lohmer führten erstmals eine Spannbetonbrücke genauso schlank wie eine Stahlbrücke aus. In den Beton ist nur

Die große Galerie im Maritim-Hotel

etwas über halb so viel Stahl als Bewerrung eingelegt, wie zum Bau des älteren Teiles erforderlich war. Der neue *Brükkenbalken* von 23 000 t Gewicht wurde nach seiner Fertigstellung von Süden her um 5,30 m an den alten Träger herangeschoben. Auf der linksrheinischen Brückenrampe ist ein Kettenglied der alten Hängebrücke aufgestellt.

17 Heumarkt

U-Bahn Heumarkt; Bus 132, 133

Nur Reste lassen den ehemaligen Glanz dieses Platzes erahnen; mit seiner Neugestaltung wurde begonnen.

Daß ein englischer Reisender des 17. Jh. den Heumarkt als zweitschönsten Platz Europas nach dem Markusplatz in Venedig bezeichnete, versteht man heute kaum. Denn die Platzfläche und die einstmals geschlossene Umbauung werden durch die Rampen der Deutzer Brücke zerrissen, und die nördl. Platzhälfte büßt ebenfalls viel von ihrer Schönheit durch das Gewirr parkender Autos ein. So muß die Phantasie helfen, sich einen langen, schlanken Platz vorzustellen, dessen Seiten von schmalen hohen Häusern eingefaßt wurden, die allerdings in der Regel nicht so prächtig ausfielen wie das letzte erhaltene Beispiel, das Haus 77 ›Zum St. Peter‹ (1568). Über dem für Köln typischen doppelstöckigen Sockel ist die Heumarktfassade fast ganz in Fenster aufgelöst, die auch noch das Bild des Giebels bestimmen, während die Seite zum Seidmacherinnengäßchen (mit Inschrifttafel zur Geschichte des Hauses) deutlich schlichter gehalten ist und die innere Anordnung des Hauses verrät.
Südl. der Deutzer Brücke steht das 1988/89 errichtete *Maritim-Hotel* (Architekten: Krämer, Sieverts u. Partner sowie G. Böhm). Glanzpunkt des Baus ist die große Galerie; vom Café ›Bellevue‹ gute Aussicht. Den Mittelpunkt des Platzes bildet das im Krieg schwer beschädigte *Reiterdenkmal für König Friedrich Wilhelm III.* (1872-78 von G. Bläser). Am Sockel die Standfiguren wichtiger preußischer Persönlichkeiten aus der Regierungszeit dieses Königs. Pferd und Reiter sind eine weitgehende Rekonstruktion von 1989/90. Das am Südende des Platzes gelegene *Brauhaus zur Malzmühle* lädt zu einem kölschen Imbiß ein. Von dort sind es nur wenige Schritte zu St. Maria im Kapitol [Nr. 19].

18 Klein St. Martin

U-Bahn Heumarkt; Bus 132, 133

Kirchturm in Mehrfachnutzung: über einer dämmerigen Gebetsstätte ein Künstleratelier der frühen Nachkriegszeit und vielleicht bald eine extravagante Wohnanlage.

Der 1460-86 errichtete Turm ist der Rest der einstigen **Pfarrkirche** Klein St. Martin, die nach der Übertragung der Pfarrrechte auf St. Maria im Kapitol 1824 abgebrochen wurde. Den stillen Raum im Erdgeschoß schmückt eine *Madonnenfigur* von 1440; das Portal schuf H. Calleen 1963. Die Turmwände wirken sehr ruhig durch die von dem spätgotischen Meister aufgegriffenen romanischen Stilformen wie Rundbogenfries und gekuppelte Schallöffnungen [vgl. Nr. 46, 50]. E. Hillebrands Wetterfahne lockert das etwas schwere Pyramidendach (anstelle des kriegszerstörten Achteckhelms) ein wenig auf.

Holztür von 1065 in St. Maria im Kapitol: Die Auferweckung des Lazarus

19 St. Maria im Kapitol

Kasinostraße 6
U-Bahn Heumarkt; Bus 132, 133

Einzigartige Kontinuität von Antike und Mittelalter – Schöpfungsbau rheinisch-romanischer Architektur.

In die Ruinen der Tempelanlage für die ›kapitolinische Trias‹, die römischen Staatsgötter Jupiter, Juno und Minerva, ›nisteten‹ sich im frühen 8. Jh. eine kleine **Kirche** und vielleicht auch schon ein Frauenkonvent ein. Gründerin war Plektrudis, Frau des merowingischen Majordomus Pippin von Heristal, eines der Ahnen Karls des Großen. Das Andenken der um 717 gestorbenen Stifterin wird bis heute durch 2 Grabplatten (12. und 14. Jh., im Westen des Mittelschiffs) wachgehalten. Die Gründung der bestehenden Kirche erfolgte unter Äbtissin Ida († 1060), Enkelin von Kaiser Otto II. und dessen Frau Theophanu [vgl. Nr. 61]. Der kirchen- wie territorialpolitische Anspruch der Familie Idas (ihr Bruder war als Hermann II. Erzbischof von Köln) wird in der Architektur besonders des **Westbaus** deutlich: Im Innern findet sich im 3geschossigen Säulengitter mit der Damenempore das Wandmotiv des Oktogons der Aachener Pfalzkapelle Karls des Großen zitiert. Bis zu ihrem Einsturz im 17. Jh. war dieser Bauteil außen durch eine imposante Dreiturmgruppe ausgezeichnet. Die **Dreikonchenanlage** im

Osten hat den Chorbau der Geburtskirche in Bethlehem aus dem 6. Jh. zum Vorbild. Die Weihe des Kreuzaltars im Bereich der Vierung war 1049, die Schlußweihe 1065. Zu diesem Datum wurden die noch erhaltenen *Türflügel* aus Holz in das damalige Hauptportal der Kirche, im Scheitel der Nordkonche, eingefügt (heute im Westen des südl. Seitenschiffs).

Das basilikale **Langhaus**, dessen Mittelschiff urspr. flach gedeckt und dessen Seitenschiffe immer gewölbt waren, erhebt sich über den Fundamenten des 3räumigen Tempels. Die gleichfalls basilikal gestufte Dreikonchenanlage mit den Säulenarkaden und den gewölbten Haupträumen hat eine *Hallenkrypta* als Sockel, die den Platz zwischen Tempelpodium und rheinseitiger römischer Stadtmauer einnimmt.

Die Umgestaltungen und Neuausstattungen der folgenden Jahrhunderte wurden z. T. im 19. Jh. rückgängig gemacht, z. T. gingen sie 1943-45 zugrunde; die spätstaufisch erneuerte Ostkonche stürzte noch 1948 ein.

Das Ergebnis der 1984 abgeschlossenen Aufbauarbeiten (W. Weyres, W. Hartmann, H. Schäfer als Architekten; W. Schorn und O. Schwab als Statiker) entspricht dem Bauwerk des 11. und 12. Jh. Hier gelang es, als Idealrekonstruktion einen Schöpfungsbau der abendländischen Architektur vor dem Untergang zu bewahren und seiner erneuerten Gestalt die

Das Langhaus von St. Maria im Kapitol in der vom antiken Tempel vorgegebenen Weite. Zwischen Langhaus und Dreikonchenchor der Renaissancelettner mit der neuen Orgel

erhaltenen und in mühevoller Detailarbeit restaurierten Kunstwerke einzufügen.

Ausstattung: Neben den schon erwähnten Türflügeln und den Plektrudis-Grabplatten seien erwähnt: *Gabelkruzifix* von 1304 in der nordöstl. Nebenkapelle; *Chorschranken* in der Ostkonche von 1464 und *Salvatorkapelle* mit Emporenbaldachin im Südosten des Trikonchos von 1466 (beides Stiftungen der Familien Hardenrath und Schlößgin). Pendant dieser ›Hardenrathkapelle‹ ist im Nordosten die *Hirtzkapelle* von 1493. Der von einem Stifterkonsortium unter Führung der Familie Hackeney ab 1517 in Mecheln gefertigte *Renaissancelettner* wurde 1523-25 hier aufgebaut; Orgel von H. G. Klais/Bonn und M. Schwarz, 1990/91.

Altarbereich und gesamter Fußbodenbelag 1984-87 von E. Hillebrandt. *Fenster*: Im Nordseitenschiff aus dem frühen 16. Jh.; im Dreikonchenchor Zyklus von A. Wendling (Entwurf 1938, Ausführung 1982-84) und P. Weigmann (1984). *Madonnenskulpturen*: Im Westen thronende, sog. Glasaugen-Madonna (1150-60, ehem. außen an der Ostkonche); im Ostchor stehende Madonna, Typ Elëusa (1180-90) mit stets erneuertem Apfel als Erinnerung an das Wunder des hl. Hermann-Joseph; vor dem Lettner sog. Limburger Madonna (Anf. 14. Jh.).

Der alte **Tempelbezirk**, der im Mittelalter die Immunität des Klosters bzw. Damenstifts bildete, ist noch immer nachvollziehbar: Im Westen Rest des *Kreuzgangs* des 13. Jh. mit moderner Anpassungsbebauung (gegenüber, Kasinostr. 1-3, das ehem. Äbtissinnenhaus von 1750). Im Osten, mit neuromanischer Treppenanlage im Bereich der römischen Stadtmauer, der *Lichhof* (= Leichenhof); er diente im Mittelalter als Friedhof. 1949 stellte G. Marcks hier sein 1946 geschaffenes ›Kölner Totenmal‹ vor dem Hintergrund der Ruinen der Dreikonchenanlage auf. Im Süden schließt ihn das *Dreikönigenpförtchen* von 1330 ab (Originale der Skulpturen im Schnütgen-Museum). Neben ihm, gleichfalls auf römischen Fundamenten, das *Singemeisterhäuschen* (zur Hardenrath-Stiftung von 1466 gehörend) und die Südvorhalle der Kirche (beides Rekonstruktionen der 80er Jahre).

Öffnungszeiten S. 181

20 Stadthaus

Gürzenichstraße 6-16/Große Sandkaul
Bus 132, 133/Gürzenichstraße

Nach etwas phantasielosem Wiederaufbau ist besonders die eingebaute Barockfassade sehenswert.

Zugleich mit dem Durchbruch der Gürzenichstraße zur Erschließung der Hängebrücke [Nr. 16] in Verlängerung der Schildergasse [Nr. 22] errichtete F. Bolte 1911-13 diesen städtischen **Verwaltungsbau**, mit dem er geschickt von den kleinmaßstäblichen Häusern nahe dem Gürzenich zu den prächtigen Geschäftshausneubauten nahe der Hohe Straße überleitete. Der Wiederaufbau hat weitgehend auf die wohlabgewogene Gliederung verzichtet und damit dem Bau viel

von seiner städtebaulichen Bedeutung genommen. So ist er heute hauptsächlich durch die Fassade des Hauses **Zum Maulbeerbaum** bemerkenswert, das den Neubauten hatte weichen müssen und nun innerhalb der Fassade zur Großen Sandkaul gegenüber einer Straßeneinmündung zu neuen Ehren kam. Mit seiner Entstehung im Jahre 1696 war das Haus ein wegen des wirtschaftlichen Niederganges Kölns eher seltenes Beispiel für ein barockes Bürgerhaus und bildet mit seiner strengen Rasterung und dem darin eingebundenen reichen Schmuck mit Rankenwerk und Putten den Übergang zwischen den strengeren Renaissancehäusern [Nr. 13, 15, 17] und den ausnahmslos zerstörten, freier bewegten Rokokofassaden (von deren Eleganz ein weiter rechts eingebautes Portal von etwa 1760 kündet). Für das Stadthaus neu geschaffen wurde eine humorvolle Darstellung der Stadtverwaltung als Affe neben einer Toreinfahrt.

21 Gürzenich – Alt St. Alban

Martinstraße 29-31/Quatermarkt
Bus 132, 133/Gürzenichstraße

Als einstiger Handels- und Festsaalbau wichtigster Profanbau der Stadt nach dem Rathaus. Wiederaufbau mit bemerkenswertem Treppenhaus unter Einbeziehung der als Mahnmal erhaltenen Ruine von Alt St. Alban.

Auf dem Grundstück der Herren von Gürzenich errichtete die Stadt bis 1447 einen 2geschossigen *städtischen Saalbau* als Kaufhaus und Festsaal. Seit Umbauten im 19. Jh. diente er auch als Konzertsaal (daher der Name des städtischen Orchesters, vgl. Nr. 5). In den ausgebrannten Mauern schufen R. Schwarz und K. Band 1952-55 erneut Räume von festlichem Gepräge. Sie bezogen dabei mit einem Anbau die Ruine der Pfarrkirche *St. Alban* ein, die als Gedenkstätte für die Toten der beiden Weltkriege dient und deren Patrozinium auf einen Neubau übertragen wurde [Nr. 40].

Die *Schmalseite zur Martinstraße* zeigt deutlich die einst doppelte Nutzung des Gebäudes: das untere schlichte Wandgeschoß hielt die Kaufmannsware unter Verschluß, das Obergeschoß wirkt festlich und repräsentativ mit seiner reichen Fenstergliederung und den Ecktürmchen und Zinnen. Deutlich ist in der Fassadenstruktur die ehemalige Teilung in 2 Schiffe zu erkennen. Die Baldachine über den beiden Portalen mit den Figuren der profanen Stadtpatrone Agrippa und Marsilius weisen diese Seite zudem als Hauptfassade aus (die Südseite war bis Anfang 20. Jh. durch Häuser verdeckt).

Durch das *Bronzetor* E. Matarés im modernen Anbau gelangt man in das prachtvolle *Foyer* und *Treppenhaus*; zwei Treppen schwingen sich elegant zu den beiden Sälen empor. Der *große Saal* nimmt das ganze Obergeschoß des alten Gürzenich ein (Stuckdecke von L. Gies, Fenster von W. Teuwen). Den kleineren *Isabellensaal* im Anbau schmückt ein Wandteppich von J. Lurçat. Treppen und Empore umgreifen die rohe Ziegelwand von St. Alban; deren Fenster spenden nicht nur Licht, sondern geben auch Einblick in die Ruine – eine Mahnung inmitten der Festesfreude.

Besser ist die Ruine durch ihr *Hauptportal* am Quatermarkt zu überblicken. Pfeiler und Bögen gehören zum Umbau von 1668–72, die Umfassungsmauern noch zu mehreren mittelalterlichen Bauphasen. E. Mataré schuf die Kopien der *Trauernden Eltern* von K. Kollwitz (1931, Origi-

nal für Dixmuiden, Belgien, jetzt in Vladslo-Praetbosch). Über dem Portal die fast genrehafte Gruppe *Christus zwischen Maria und Martha* von A. Iven um 1896. Im Turmerdgeschoß lädt seit 1964 eine Kapelle mit Ausmalung von P. Hecker und Fenstern von W. Thonett zum Gebet.

22 Schildergasse (östl. Teil)

U-Bahn Heumarkt oder Neumarkt;
Bus 132, 133/Gürzenichstraße

Wie die Hohe Straße eine sehr belebte Einkaufsstraße.

Die Schildergasse hat ihren Namen von den Kölner Malern (Schilderer), die hier im Mittelalter ansässig waren und ihr Zunfthaus besaßen; ihre Werke sind im Wallraf-Richartz-Museum, in Münchens Alter Pinakothek und in einigen Kölner Kirchen zu bewundern. Pflastermaler und fliegende Gemäldehändler bieten heute in der den Fußgängern vorbehaltenen Einkaufsstraße schwerlich gleichwertigen Ersatz.

Ostfassade des Gürzenich, 1447 vollendet

Noch am Anfang dieses Jahrhunderts war das letzte Verbindungsstück zur Hohe Straße besonders schmal und verwinkelt. 1903 beschloß der Stadtrat die Verlängerung der Schildergasse am Gürzenich vorbei, um so eine geradlinige Verbindung zwischen Neumarkt und Heumarkt zu schaffen, die auch der damals noch in Planung befindlichen Rheinbrücke [Nr. 16] zugute kommen sollte. Den Straßendurchbruch und den unvermeidlichen Abriß mehrerer alter Bürgerhäuser nutzte Stadtbaumeister C. Rehorst dazu, mit einem Ensemble von Geschäftshäusern und dem Stadthaus [Nr. 20] der mittelalterlichen Kleinteiligkeit den größeren modernen Maßstab entgegenzusetzen und ein spätwilhelminisches Geschäftszentrum zu schaffen. Die Verkehrsfunktion hat nach dem Krieg die Cäcilienstraße übernommen. Den Krieg einigermaßen unverändert überdauert haben nur das ehem. **Palatium** (heute u. a. Hansen) auf dem Dreieckszwickel in der Straßengabel und das ehem. Kaufhaus Tietz (heute **Kaufhof**). Beide Bauten stattete W. Kreis 1912-14 mit aufwendigen Werksteinfassaden aus; beim früheren ›Palatium‹ benutzte er über einer 2geschossigen (heute durch ein klobiges Vordach verunstalteten) Sockelzone noch Halbsäulen, wie sie für die historische Architektur bis zur Jahrhundertwende typisch waren, während die Fassade des Kaufhauses Tietz eher als ornamentale Überhöhung des Stahlbetonskeletts wirkt, die nur mit ihren Ornamentbändern an die Tradition anknüpft. Leider wurden das ehem. hohe Dach und die Giebel über den seitlichen Fassadenvorsprüngen nicht wiederhergestellt. An der Rückseite des Gebäudes zur Cäcilienstraße ein Erweiterungsbau von H. Wunderlich 1956/57 mit eleganter Schneckenrampe des Parkhauses und Glaskuppel sowie der damals konzerntypischen grünsilbernen Glasfassade. Den phallusartigen sog. *Bierbrunnen* vor dem ›Palatium‹ nach Entwurf der Fachhochschule Köln stiftete 1972 ein Kölner Brauereibesitzer. Fortsetzung siehe Nr. 48.

Ehemaliges ›Palatium‹ und Bierbrunnen in der Schildergasse

23 Gülichplatz

Bus 132, 133/Gürzenichstraße und Rathaus

Statt der Schandsäule für einen großen Aufrührer nun ein Brunnen zu Ehren des alljährlichen kleinen Aufruhrs, des Karnevals.

Der Name erinnert an die Entstehung des Platzes. Denn hier stand bis 1686 das Haus von Nikolaus Gülich, der sich gegen Mißstände im Rat auflehnte und mit Hilfe der Zünfte die Macht übernahm. Als sein zunächst friedliches Regime immer ›handfestere‹ Formen annahm, wurde er 1686 gefangengenommen und in Mülheim enthauptet. Zugleich ließ das Gericht sein Haus niederlegen und verfügte, daß dieser Grund nie wieder bebaut werden sollte. Auf dem so entstandenen Platz warnte eine *Schandsäule* mit einem Porträt Gülichs vor Nachahmung, bis die Franzosen 1797 die Säule entfernten (Kopf jetzt im Stadtmuseum). Heute wirkt der Platz eher friedlich mit dem kleinen bronzenen *Fastnachtsbrunnen* mit Goethe-Zitat (G. Grasegger 1913). Die einstige intime Wirkung des Platzes ist durch die Kriegszerstörung der gegenüberliegenden Häuser weitgehend dahin. Der Platz erscheint wie ein Vorhof für das *Haus Neuerburg* (E. Felix 1923-29), das mit seinen ehemals offenen Erdgeschoßarkaden und seinem schlanken Turm (an der Rückseite) an Kölner Patrizierhäuser erinnert, wie sie bis zum Krieg noch mehrfach erhalten waren.

Hohe Straße: Einkaufsbummel im Gedränge

Kölner Frauen im Wandel der Zeiten. Der eigentümliche Straßenname ›Obenmarspforten‹ gibt heute noch zu erkennen, daß es sich um die Straße oberhalb (und innerhalb) der Marspforte handelt, also des wichtigsten Tores zum Hafen (und der späteren Brücke) in der römischen Stadtmauer. Es lag etwa an der Stelle, wo sich heute das in alten Formen wiederaufgebaute *Doppelhaus* mit Weinlokal befindet (Marsplatz 1-3, im Keller die Römermauer sichtbar). Auf dem Marsplatz steht eine *Pumpe* aus dem 18. Jh.

24 Hohe Straße/ Wallrafplatz

U- und S-Bahn
Dom/Hauptbahnhof

Die Römer hatten hier ihre Hauptstraße, die Kölner ihre Hauptgeschäftsstraße.

Die **Hohe Straße** war im römischen Köln der innerstädtische Abschnitt der Straße von Rom nach Xanten und damit vermutlich schon damals die Hauptgeschäftsstraße. Ihr Name ist freilich nicht so alt, er trat erst durch Verordnung der Franzosen 1813 an die Stelle zahlreicher Namen für die einzelnen Abschnitte nach den dort tätigen Handwerkern. In ihm lebt freilich auch die Erinnerung daran fort, daß die Römer die Straße so weit vom Rhein entfernt angelegt hatten, daß sie auf jeden Fall hochwasserfrei blieb. Schon vor der fast völligen Zerstörung im 2. Weltkrieg waren die teilweise prächtigen mittelalterlichen Häuser geschäftlich besser nutzbaren Neubauten gewichen, und so ist es heute vor allem der Glanz der Schaufenster, der zum Bummeln einlädt (Fußgängerzone seit 1967). Bemerkenswert ist freilich die Fassade des *Bekleidungsgeschäftes Wormland* (Nr. 124/126, Ecke Salomonsgasse, P. Neufert, 1966) mit einer *kinetischen Lichtplastik* von O. Piene, die vor allem abends ihre Wirkung entfaltet.

Der **Wallrafplatz** am Nordende der Hohe Straße entstand 1830 beim Abriß der Alten (Dom-)Propstei, in der seit 1804 Ferdinand Franz Wallraf inmitten seiner Schätze gehaust hatte, die er bei der Auflösung der Klöster und Stifte und der Verschleuderung ihres kostbaren Besitzes als Retter in der Not zusammengebracht hatte; gemäß seiner testamentarischen Verfügung bilden sie heute den Grundstock des Wallraf-Richartz-Museums, des Römisch-Germanischen Mu-

Ebenfalls historisierend, aber an barocke Palais anknüpfend ist das *Farina-Haus* auf der anderen Straßenseite (Obenmarspforten 21), das E. Schreiterer und B. Below 1899 errichteten (nach dem 2. Weltkrieg im Ornamentbestand reduziert). Hier hatte sich 1709 Giovanni Maria Farina niedergelassen, der als erster Kölnisch Wasser herstellte. Es ist beidseitig eingefaßt von einem großen Neubaukomplex *An Farina*, der sich in den Bauformen dem Farina-Haus anzupassen sucht; wohltuend ist der Innenhof als Grünfleckchen mit einem *Keramikbrunnen* von A. Langenbach (1987); Thema:

seums und des Stadtmuseums. Den Platz beherrscht die *Fassade des Funkhauses*, das P. F. Schneider 1950-53 für den damaligen Nordwestdeutschen Rundfunk (heute: WDR) errichtete. Die Reliefs von L. Gies neben dem Eingang geben einen Vorgeschmack auf die vorzügliche Innenausstattung, so vor allem des Großen Sendesaals (Holzreliefs von L. Gies) und des Treppenhauses (Fenster von G. Meistermann).

25 St. Kolumba

Kolumbastraße 2
U-Bahn Appellhofplatz

Inmitten der Trümmer der ehemaligen Pfarrkirche eine intime Kapelle zur Zwiesprache mit der wie durch ein Wunder erhaltenen ›Madonna in den Trümmern‹.

Die Pfarrei von St. Kolumba war die am frühesten bevorzugte und volkreichste Gemeinde im mittelalterlichen Köln. So erstaunt es nicht, daß eine schmale romanische Kirche etwa 1460-1510 mit je 2 Seitenschiffen erweitert wurde, wobei die Ausnutzung des Grundstückes einen schrägen Verlauf der Seitenfront zur Brückenstraße mit sich brachte. Die mit ihren Emporen wenig stabile und eher malerische als eindrucksvolle Anlage wurde im 2. Weltkrieg so schwer zerstört, daß an einen Wiederaufbau nicht zu denken war.

Inmitten der Trümmer war ein Pfeiler stehengeblieben, und an ihm wirkte die Statue der *Muttergottes*, die anmutig herablächelte, wie ein Zeichen der Hoffnung. Ihr zu Ehren errichtete G. Böhm 1950 eine schlichte **Kapelle**, die ihre Wirkung ganz aus der Ausstattung bezieht. Der ehem. Vorraum und das Untergeschoß des Turmes führen mit ihrem Dämmerlicht den Blick der Beter in das helle Polygon, dessen Stirnwand die gerettete Madonna einnimmt; die übrigen Wände sind ganz in Fenster aufgelöst, die L. Gies 1954 zu einem eindrucksvollen Engelschor gestaltete. Im Durchgang hat E. Mataré der Fischpredigt des hl. Antonius prägnanten Ausdruck verliehen (1937); aus der alten **Ausstattung** der Kirche stammen die *Pietà* vom Anfang des 15. Jh. und das *Bronzetaufbecken* von etwa 1550. Der ehem. Hochaltar erstrahlt heute in St. Gereon in neuem Glanz. Neben dem *Katharinenfenster* von G. Meistermann erinnert das runde *Heilig-Geist-Fenster* (1911) von J. Thorn Prikker an den Einsatz Pfarrer Gellers (1877-1958)

St. Kolumba: Kapelle der ›Madonna in den Trümmern‹

für moderne Kunst im Kirchenraum, den er bereits 1912 mit dem Auftrag für Thorn Prikkers erste moderne Kirchenfenster in St. Dreikönigen in Neuss bewiesen hatte und mit seiner Versetzung in die Provinz hatte bezahlen müssen.

Links schließt seit 1956 die **Sakramentskapelle** an; die Beleuchtung nur aus einer kleinen orientalisierenden Lichtkuppel gibt dem Sakramentsaltar zwischen 4 marmornen Lichterbäumen (Sakramentshaus E. Treskow) etwas Überirdisches und dem Raum sein höhlenartiges Gepräge. Die *Kreuzwegreliefs* in der Rückwand schuf R. Peer. An die hl. Kolumba erinnert G. Böhms Bär (ihr Begleiter in der Legende) auf dem Strebepfeiler neben dem Eingang.

Für die ruinöse **Gesamtanlage** ist immer noch nicht entschieden, wie eine Überbauung unter Benutzung der alten Außenmauern die Kapelle und die Ergebnisse einer Ausgrabung 1974-76 (die auch einen wohl fränkischen Vorgängerbau zutage förderte) integrieren kann, um dem Diözesanmuseum [Nr. 7] ein geräumigeres Domizil zu schaffen. Zugleich würde damit ein Plätzchen abgeschlossen, das 1987/88 am ehem. Chor entstanden ist und durch den Neubau für das *Westdeutsche Werbefernsehen (WWF)* und die Umgestaltung und Erweiterung der früheren ›Mode-Union‹ (beide: Hentrich, Petschnigg und Partner, 1987/88) eingefaßt wird (Steinskulptur von U. Rückriem). Während die Fassade der ›Mode-Union‹ mit ihren vertikalen Akzenten in der Tradition der Kaufhaus-Architektur des frühen 20. Jh. steht (erbaut 1912-14 von G. Falck als ›Kaufhaus Salomon‹; moderne Skulpturen von W. Binding: ›Des Kaisers neue Kleider‹), bestimmen horizontale Bänder die Fassade des benachbarten *Disch-Hauses* (Brückenstr. 19/Herzogstr. 32, B. Paul, 1929/30). Mit der mächtigen Rundung werden die beiden Straßenfronten zu einer Einheit verschmolzen. Dabei setzen ein Erker und ein turmartiges Treppenhaus Akzente, die den gewollten Anklang an einen Dampfer mindern und eine Maßangleichung an die Nachbargebäude ermöglichen. Die Wiederherstellung 1982-84 hat dem Bau seine Travertinfassade zurückgegeben. Allerdings wurde auf das oberste Stockwerk verzichtet. Im Innern großartiges Treppenhaus und ›Paternoster‹; Nutzung als Rathaus für den Stadtbezirk 1.

26 Ehem. Minoritenkirche St. Mariä Empfängnis

Minoritenstraße/Kolpingplatz
U- und S-Bahn Dom/Hauptbahnhof

Schlichte Strenge der Bettelordensgotik, darin heute das Grab Adolf Kolpings.

Die Minoriten oder Franziskaner kamen 1221 erstmals nach Köln und bauten etwa 1240-60 (also *vor* dem gotischen Domneubau) den **Chor** ihrer Kirche. Das **Langhaus** war offenbar erst als 3schiffige Halle geplant (davon zeugen u. a. noch die dicken Rundpfeiler am Choranfang in der Wand), wurde aber dann als Basilika in mehreren Etappen (man sieht die wechselnden Formen an Pfeilern und Arkaden zu den Seitenschiffen) bis gegen 1340 errichtet. Vom zugehörigen *Kreuzgang* (1408 vollendet) ist ein Rest im Museumsneubau [Nr. 27] erhalten. Die Ordensregel forderte den Verzicht auf jeglichen Prunk beim Kirchenbau, und so mag neben dem Fehlen eines Querhauses und eines Turmes auch die Planänderung als ›Sparmaßnahme‹ zu verstehen sein. Auch auf Bauzier an Kapitellen oder Fenstermaßwerken ist verzichtet, und die Kriegszerstörung wesentlicher, späterer Ausstattungsstücke verstärkt die feierliche Kargheit noch. Die Fenster schufen H. Kaldenhoff (Chor und Obergaden), F. Pauli (Westfenster) und R. Rexhausen.

Im nördl. (linken) Seitenschiff ruht der bedeutende Kirchenlehrer Johannes Duns Scotus (um 1265-1308) in einem von J. Höntgesberg 1957 gestalteten Sarkophag. Im südl. (rechten) Seitenschiff finden wir das *Grab Adolf Kolpings* (1813-65), der als Domvikar Rektor dieser Kirche war und hier die kath. Gesellenvereine begründete.

An Kolping erinnern neben dem Namen des Kirchenvorstandes auch ein *Denkmal* von J. B. Schreiner (1903). Schräg gegenüber der Kirche das **Kolpinghaus** von D. Böhm von 1929, das sein Sohn G. Böhm 1974 rücksichtsvoll, aber mit eigenwilligem Betonerker erweiterte. – Minoritenstraße 13: Elegantes **Geschäftshaus** (›Franz Sauer Moden‹) der Planungsgruppe ›dt 8‹ von 1987.

27 Museum für Angewandte Kunst

An der Rechtschule
U- und S-Bahn Dom/Hauptbahnhof

Beschauliche Stille zwischen Fernsehen und Kunstgewerbe.

Der Straßenname erinnert daran, daß hier seit 1401 die Juristenfakultät der alten Kölner Universität (1388 gegründet) ihren Sitz hatte. Die platzartige Wirkung bestimmen heute neben dem *Studiogebäude des WDR* (1964, Reliefband im Erdgeschoß von K. Hartung) das **Museum für Angewandte Kunst**. R. Schwarz und J. Bernard errichteten es 1953-57 für das Wallraf-Richartz-Museum anstelle des kriegszerstörten Vorgängers. Der Fabrikant J. H. Richartz hatte 1854 durch eine Stiftung den Bau eines Ausstellungsgebäudes für die Sammlung Wallrafs ermöglicht. *2 Sitzfiguren* auf schlichten, modernen Sockeln erinnern an die beiden Stifter (W. Albermann, 1900). Adenauers Spottname ›Kistenfabrik Wallraf & Richartz‹ läßt völlig außer acht, wie sehr sich der Bau trotz seiner modernen Architektursprache der Minoritenkirche unterordnet und ihr am angestammten Ort des Klosters gewissermaßen einen neuen Kreuzgang beigesellt (Reste des alten im Innenhof erhalten). Im **Inneren** bildete eine harmonische Abfolge großer und kleiner Räume einen würdigen Rahmen für die Gemäldesammlung, die mit der Ergänzung durch die Sammlung Ludwig (1969) 1986 in den Neubau zwischen Dom und Rhein umgesiedelt ist [Nr. 5]. Nach einem behutsamen Umbau durch

Museum für Angewandte Kunst: Giambolognas ›Badende Venus‹ (1564/ca 1600) als Petschaft des Kölner Kunstsammlers Everhard Jabach

Venezianischer Glaspokal mit einem Festzug in Goldemailmalerei (15. Jh.)

W. v. Lom, der zumeist spätere Eingriffe rückgängig machte, wurde hier 1989 das Museum für Angewandte Kunst wiedereröffnet (das alte Kunstgewerbemuseum am Hansaring war den Bomben zum Opfer gefallen). Der Namenswechsel verdeutlicht, daß das als Mustersammlung von Meisterwerken des Kunsthandwerks gegründete Haus sich heute umfassender der künstlerischen Gestaltung der Lebenswelt widmet und die Sammlung mit gelungenem Industriedesign und handwerklichen Einzelstücken bis in die Gegenwart fortsetzt.

Die große *Halle* hinter dem Eingang (Ausblick in den Innenhof mit *Lochnerbrunnen* und *Reliefpfeiler* von E. Mataré, 1956) dient mit den rechts anschließenden Räumen Wechselausstellungen. Über die prächtige Treppe gelangt man ins **Hauptgeschoß** mit einem chronologisch angeordneten Querschnitt, der freilich nur ein Viertel der rund 25 000 Objekte (zu denen noch rund 75 000 Werke auf Papier kommen) zeigen kann (Beginn des Rundgangs: rechte Tür vor den Fenstern). Zwischen die größeren Räume, die die *Stilentwicklung an Möbeln und Teppichen* zeigen, treten kleinere mit thematischen Schwerpunkten (kirchliche Kunst der Sammlung Clemens, rheinisches Steinzeug, Glas, Fayence, Goldschmiedearbeiten, Porzellan). Die beiden Räume zum *Historismus* und die Saalfolge zum *Jugendstil* gruppieren die Möbel und die Vitrinen, in denen einzelne Gattungen vorgeführt werden, zu besonders dichten Raumbildern. Vom unteren Niveau der Halle aus (aber nicht als Niedergang gedacht) erreicht man die Präsentation von Kunsthandwerk und Industriedesign der Zwischenkriegszeit (im **Zwischengeschoß:** *Art déco, Bauhaus* etc.) und der Zeit von 1945 bis heute (ebenerdig: vom Nierentisch bis Memphis). Das **2. Obergeschoß** zeigt die Entwicklung der *Keramik* in den letzten Jahren; hier entstanden 1990 eine Abteilung für Mode und die Studiensammlung.

Die Sammlung ist damit an ihren Ursprungsort zurückgekehrt, denn das Kunstgewerbemuseum wurde 1888 in der alten Rechtschule auf der anderen Straßenseite (etwa in der Mitte der heutigen Marmorfassade) gegründet. In der Grünanlage westlich des Museums ein Teilstück der **Eifelwasserleitung** und spätantike Steinsarkophage.

Öffnungszeiten S. 180

Westliche Innenstadt –
ein Gang durch die Geschichte

Deutlicher als auf den anderen Rundgängen ist auf diesem die 2000jährige Kontinuität der Stadt Köln erfahrbar: Der Weg folgt der Nordmauer der römischen Stadt mit ihren Türmen (Römerbrunnen, Römerturm), bezieht spätantike und mittelalterliche Bauten außerhalb der Römerstadt (St. Andreas, St. Gereon, St. Ursula) ebenso ein wie einen Höhepunkt der Gegenreformation (St. Mariä Himmelfahrt), die Spuren preußischer Verwaltung ab 1815 (Appellhofplatz, Wache und Regierungspräsidium), den Glanz der Stadterweiterung ab 1881 (Kaiser-Wilhelm-Ring), die Schrecken des Nazi-Regimes (EL-DE-Haus) und den Wiederaufbau unterschiedlicher Zielsetzung (Gerling-Konzern, Diözesanbauten). Dazwischen laden die Friesenstraße zum Bummeln oder zu einem kölschen Imbiß und der Gereonsdriesch zum Verweilen ein.

28 St. Andreas

Andreaskloster
U- und S-Bahn Dom/Hauptbahnhof

Eine der 12 romanischen Kirchen Kölns, durch ihren gotischen Chor mit dem Dom ›verbrüdert‹.

Bei einer älteren Kirche, deren Name ›St. Matthäus in fossa‹ ihre Lage im Graben außerhalb der Römermauer angibt, gründete Erzbischof Bruno gegen 960 ein Chorherrenstift. Den heutigen **Gesamteindruck** prägt ein Kirchenneubau ab etwa 1200, der seinerseits durch Seitenkapellen erweitert und im 15. Jh. im Chor- und Querhausbereich völlig umgestaltet wurde. Die Aufhebung des Stiftes 1802 beraubte die Kirche ihres gewachsenen Umfeldes und führte zu ihrer Bestimmung als Pfarrkirche; seit 1947 ist ihr ein kleiner Konvent der Dominikaner angeschlossen [vgl. Nr. 45]. Das **Äußere** ist am besten von Norden und Westen vom ›Andreaskloster‹ zu überblicken. Der 8eckige Vierungsturm nimmt etwa die Mitte zwischen dem durch die Kapellenanbauten gedrungen wirkenden Langhaus und dem ebenso langen, hoch aufragenden gotischen Chor ein; hinter dem gotisch veränderten Querhaus wirkt er wie durch seine Schwere ›eingesunken‹. Die Westseite des Langhauses ist durch einen querhausartigen Trakt ungewöhnlich breit, der urspr. als Teil des Kreuzganges zu den Stiftsgebäuden vermittelte. Daran erinnern die breiten und niedrigen Portale (rechts mit Bronzetür von K. M. Winter, 1962) ebenso wie das **Innere** der Vorhalle, das trotz der ungewöhnlichen Zackenbögen wie ein Gang wirkt; im etwas geräumigeren Mittelteil

der sog. *Blutbrunnen der hl. Ursula*, ein taufsteinartiger Reliquienbehälter aus dem 15. Jh.

Der Eindruck von Geräumigkeit im Langhaus entsteht überwiegend durch die hellen gotischen Seitenkapellen, aus denen viel Licht zwischen die reich abgestuften Pfeiler des Mittelschiffs fällt. Dazu trägt auch der niedrige und dämmrige Vierungsbereich bei, hinter dem der gotisch durchlichtete Chor entrückt erscheint. Die reich verzierten Konsolen über dem Chorgestühl, die Maßwerkbrücken in halber Fensterhöhe und die leichte Raumausweitung rings um den Hauptaltar sind für das beginnende 15. Jh. typische Merkmale in der Nachfolge des Domchores in Aachen. Der 2. Hälfte jenes Jahrhunderts gehören der Umbau des Nordquerhauses und der Neubau des Südquerhauses an. Neben den Resten der spätromanischen Gliederung und erst recht neben den gotischen Fenstern wirken die beiden Treppentürme am Chorbogen altertümlich, mit ihnen hat wohl auch der Neubau der Kirche um 1200 begonnen. Durch sie gelangt man in die **Krypta**, deren östl. Teil unter Benutzung der ergrabenen Wandreste und Pfeilerfundamente 1953 mit einer Betonkonstruktion geschickt ergänzt wurde, so daß der ursprüngliche Raumeindruck beinahe wiederhergestellt ist, ohne den gotischen Chor darüber zu stören (bei dessen Bau die Krypten-Gewölbe beseitigt worden waren). Der westl. Teil wurde als Grabkapelle für den bedeutenden Dominikanerheiligen Albertus Magnus (1193-1280) neu geschaffen. Die Fülle der **Ausstattung** vermag einen Eindruck vom Reichtum mittelalterli-

St. Andreas: Blick aus dem Chor über die Vierung ins reich gegliederte Langhaus

cher Kirchen zu vermitteln. Insbesondere in den gotischen Seitenkapellen haben sich (teilweise ergänzt) Wandmalereien zumeist des 14. Jh. erhalten, am eindrücklichsten in der 1. Seitenkapelle links. Einer riesenhaften Christophorusdarstellung steht über dem Altar ein Zyklus mit dem Marienleben gegenüber, bei dem 3 Bildreihen mit dem irdischen Leben (Verkündigung, Heimsuchung, Geburt Jesu, Anbetung der Könige, Kreuzigung) durch die himmlische Krönung Mariens überhöht werden.

Unter den Altarbildern ist das des heutigen Hochaltars mit einer Kreuzigungsdarstellung von Barthel Bruyn d. J. (um 1550) bemerkenswert; in der Barockzeit stand hier ein großer Altaraufbau, dessen Leinwandbild mit der Kreuzigung des hl. Andreas von B. Fuckerad heute im linken Querhaus hängt. Aus der ehem. Dominikanerkirche stammen neben der bedeutenden Altartafel der Rosenkranzbruderschaft (vom sog. Meister von St. Severin, um 1510; 1. Kapelle rechts) auch die Madonna am rechten Vierungspfeiler von 1471 und die Pietà links am Beginn des Langhauses aus dem 14. Jh. Die Michaelsfigur am linken Vierungspfeiler und der überlebensgroße hl. Christophorus neben dem rechten Eingang sind vermutlich Werke von T. van der Burch vom Ende des 15. Jh. Aus der 1808 abgebrochenen Kirche des Machabäerklosters stammt der *Makkabäer-schrein*, den der Goldschmied P. Hanemann bis 1527 als letzten einer langen Reihe mittelalterlicher kölnischer Schreine schuf. Innerhalb eines Aufbaus, der eine spätgotische Kirche im kleinen nachahmt, sind die Leiden der Makkabäer als heilsgeschichtliche Vorausschau auf die Leiden Jesu und seiner Mutter Maria aufgefaßt. Der zugehörige barocke Makkabäeraltar befindet sich jetzt in St. Maria in der Kupfergasse. – Zwischen der Kirche und dem Gebäude der Deutschen Bank *Eisen-Skulptur* von A. Nierhoff, 1992 (›Lichtung zu Einem‹).

Öffnungszeiten S. 181

Hauptportal des Zeughauses (1594), heute mit Blick auf das Stadtmodell

29 Römerbrunnen

Zeughausstraße, neben Nr. 1-3
U-Bahn Appellhofplatz

Überbauung eines Restes der Römermauer mit einem breiten Brunnen, dessen Wasserrauschen den Straßenverkehr übertönt und im Sommer Kühle spendet.

Der mittlere, halbrund vorspringende Teil folgt einem Turmfundament der römischen Stadtmauer. K. Band benutzte bei der Wiedererrichtung dieses Brunnens 1955 die Muschelkalkreliefs und den Doppelpfeiler mit der römischen Wölfin, die nach dem Krieg von einem 1915 von F. Brantzky geschaffenen Brunnen übriggeblieben waren. 2 weitere Türme der römischen Stadtmauer sind auf einer Verkehrsinsel der Kreuzung Komödienstraße/Tunisstraße (Nord-Süd-Fahrt) – Lysolph-Turm, Abguß auch im Römisch-Germanischen Museum – und im Treppenhaus des Hauses Komödienstraße 19/Burgmauer 12a, ein Mauerstück vor Komödienstraße 45 erhalten.

30 Zeughaus (Kölnisches Stadtmuseum), Preußische Wache und Regierungspräsidium

Zeughausstraße 1-3 und 4-8
U-Bahn Appellhofplatz

Rundgang durch die Kölner Stadtgeschichte vom Mittelalter bis zur Gegenwart mit sozialgeschichtlichem Schwerpunkt nahe beim ehemaligen preußischen Machtzentrum.

Wie der Name ›Zeughaus‹ verrät, diente der schlichte Ziegelbau (1594-1606) als Waffenarsenal. Das **Äußere** ist dieser Funktion entsprechend schlicht gehalten; nur das reichverzierte Portal (P. Cronenborch, 1594), die Stufengiebel und der an Patrizierhäuser erinnernde westl. Treppenturm verraten Bürgerstolz. Die Südseite zur ›Burgmauer‹ steht auf der römischen Stadtmauer. Auf dem Turm seit 1991 der ›Goldene Vogel‹ von H. A. Schult.
Im Zeughaus wurden auch wichtige Trophäen der Stadtgeschichte aufbewahrt, bis die Franzosen sie 1794 nach Paris entführten (etwa der Fahnenwagen des Kölner Erzbischofs, den die Bürger 1288 bei Worringen eroberten). Seit der Neueinrichtung der 1958 hierher gebrachten Sammlungen stehen Aspekte der Sozial- und Wirtschaftsgeschichte und der Alltagskultur im Vordergrund.

Zeughaus und Preußische Wache von Nordwesten. Auf dem Turm HA Schults ›Flügelauto‹

Am eindrücklichsten ist die Stadtentwicklung wohl dem *Stadtmodell* abzulesen, das auf der Grundlage des Stadtplanes von A. Mercator 1571 die Altstadt am Ausgang des Mittelalters zeigt; die stürmische Entwicklung im Zusammenhang mit der Stadterweiterung von 1888 dokumentieren 2 *Panorama-Aquarelle* von J. Scheiner. Um das Modell gruppieren sich so heterogene Stücke wie der *Stempel des Stadtsiegels* von 1269, der *sog. Saufang* aus St. Cäcilien (älteste Glocke Deutschlands, wohl im 10. Jh. aus Blechen zusammengesetzt) und das im 19. Jh. weitgehend erneuerte *Relief* zur Erinnerung an die ›Schlacht an der Ulrepforte‹ 1268. Im **Obergeschoß** wird an die Bedeutung der Rheinschiffahrt, an die Domvollendung und an die jüdische Gemeinde der Stadt erinnert.

Der Eingangstrakt verbindet das Zeughaus mit dem **Preußischen Wachgebäude**, das 1840/41 in Anlehnung an Formen des Florentiner Palastbaus errichtet wurde und das Gegenstück zum Regierungsgebäude bildete. Heute wird es für *Sonderausstellungen* des Stadtmuseums genutzt. Entlang dem anschließenden Parkplatz ist wieder ein längeres Stück der *Römermauer* erhalten, freilich nur noch der Kern aus betonähnlichem Gußmauerwerk, während die fehlende originale Verkleidung durch modernes Ziegelmauerwerk ersetzt ist. Am Ende dieses Mauerstücks erinnert ein von der Stadt Tongeren/Belgien gestiftetes *Denkmal* (R. Verjans, 1986) an die Verbindung beider Städte durch eine Römerstraße.

Öffnungszeiten Kölnisches Stadtmuseum *S. 180*

Das Regierungspräsidium

Als Sitz des preußischen Regierungspräsidenten schuf M. Biercher 1830-32 gegenüber dem Wachgebäude einen langgestreckten, klassizistischen Trakt, von dem sich nur der rechte (östl.) Seitenflügel erhalten hat. Seine strengen, in den Fensterrahmen an griechischen Vorbildern orientierten Formen zeigen deutlich, daß auch dieser Entwurf von K. F. Schinkel, dem Leiter des preußischen Bauwesens in Berlin, genehmigt werden mußte.

Der *Neubau* von 1951/52 ist zum Ausgleich seiner größeren Bauhöhe aus der Fluchtlinie zurückgenommen, kommt den Besuchern aber mit dem Eingangstrakt entgegen, den ein großes Flachrelief (Landeswappen von Nordrhein-Westfalen) von L. Gies schmückt. Dahinter ragt der Erweiterungsbau J. Schürmanns (1973-77) empor; zur Cardinalstraße ergänzt ein weiterer Trakt den Häuserblock mit einer streng rhythmisierten Betonfassade, ein Werk desselben Architekten.

31 Appellhofplatz

U-Bahn Appellhofplatz

*Ensemble, das schlagend den Wechsel
städtebaulicher Glaubenssätze vor und nach
dem Kriege belegt.*

Der Platz hat seinen Namen und die runde Straßenführung von dem Gebäude für den preußischen Appellationsgerichtshof, das J. P. Weyer 1826 hier errichtet hatte. Es wurde 1883-93 durch das **Amtsgericht** ersetzt, das P. Thömer und A. Endell in den Formen seiner niederländisch beeinflußten Neurenaissance erbauten. Nach Kriegszerstörung und Wiederaufbau wird das Gebäude heute vom Verwaltungsgericht genutzt. Von den umgebenden historischen Wohnhäusern ist nur noch eine kurze Reihe an der Kupfergasse erhalten, teilweise in bunter Bemalung. Den Platzeindruck bestimmt heute weitgehend das **Vier-Scheiben-Haus** des WDR (Hentrich, Petschnigg und Partner, 1962-70). Trotz der bedenklichen städtebaulichen Wirkung ist eine gelungene Proportionierung und geschmackvolle Strenge hervorzuheben. Die Tiefgarageneinfahrt und das WDR-Filmgebäude als zu massige Schließung der Platzseite zur Tunisstraße (Nord-Süd-Fahrt) gehören zu den städtebaulichen Folgen der WDR-Präsenz in diesem Viertel.

32 St. Maria in der Kupfergasse

Neven-DuMont-Straße 7
U-Bahn Appellhofplatz

*Mit der Schwarzen Muttergottes das Ziel
vieler Gläubiger.*

Bei dem seit 1660 gebauten Karmelitessenkloster wurde aufgrund einer privaten Stiftung 1673-75 eine **Kapelle** in Form einer verkleinerten Nachbildung der Casa Santa in Loreto errichtet; dabei soll es sich um Jesu Elternhaus handeln, das Engel aus Nazareth nach Italien brachten. Um diese Loretokapelle herum wurde 1705-11 eine Klosterkirche aufgeführt, die im Kriege vollständig ausbrannte. Beim Wiederaufbau hat K. Band die fehlenden Teile (Vorhof, Klostergebäude, Glockenstube des Turmes) in schlichten Formen ergänzt. An der Fassade und im **Kircheninneren** sind die Architekturformen originalgetreu wiederhergestellt worden, während an eine Rekonstruktion der reichgeschnitzten Ausstattung nicht zu denken war. So hat nun hier der *Makkabäeraltar* aus der gleichnamigen Kirche (nach deren Abbruch zunächst in St. Andreas) eine neue Heimstatt gefunden, den J. F. van Helmont und J. van Damm 1717 zusammen mit der Kommunionbank schufen. Den dynamischen Altaraufbau bestimmen

St. Maria in der Kupfergasse mit dem Makkabäeraltar von 1717

die beiden gedrehten Säulen (nach römischen Vorbildern, die als Säulen des Tempels in Jerusalem galten); sie sollen die Glaubensstärke der Makkabäer symbolisieren. Dem Zeitgeschmack entsprechend ist nicht das Leiden, sondern die Verherrlichung der Märtyrer in den Vordergrund gestellt, der Himmelfahrt der Salomone wohnen ihre Söhne in antikischer Haltung und Kleidung bei. Die Figur des hl. Benedikt auf dem Giebel erinnert daran, daß die Machabäerkirche zu einem Benediktinerkloster gehörte. Die *Rokokokanzel* mit einer Jonasdarstellung (um 1750) kam über St. Andreas aus dem Margaretenstift. Die in der Loretokapelle verehrte *Schwarze Madonna* haben die Karmelitessen vielleicht bei ihrer Vertreibung aus den Niederlanden mitgebracht.

33 EL-DE-Haus

Appellhofplatz 23-25
U-Bahn Appellhofplatz

Gedenkstätte für die Opfer des National-
sozialismus.

Das für den Kaufmann **L. Dahmen** (daher der Name) 1933/34 gebaute Wohn- und Geschäftshaus wurde nach der Fertigstellung beschlagnahmt und zum **Sitz der Gestapo** im Regierungsbezirk Köln umgebaut. Dabei wurden in den beiden Kellergeschossen Gefängniszellen eingerichtet, als teilweise die Nachkriegsnutzung als Aktenkeller der Stadtverwaltung überdauert hatten und 1981 als Gedenkstätte zugänglich gemacht wurden. Von den 10 Zellen des oberen Kellers sind 6 in ihrer Enge und Düsternis erhalten. Die anfänglich vorhandenen Pritschen wurden entfernt, als in die etwa 5 qm großen Zellen nicht nur 2, sondern bis zu 33 Häftlinge eingepfercht wurden! Wir wissen dies aus den erschütternden *Wandinschriften*, in denen die Häftlinge ihrer Todesangst Ausdruck gaben oder von der Hinrichtung ihrer Mithäftlinge berichteten. Die über 1800 Inschriften lassen ahnen, wie viele als ›Fremdarbeiter‹ eingesetzte Kriegsgefangene oder Mitglieder oppositioneller Gruppen ihre letzten Lebenstage hier verbringen mußten. Da die Wände Ende 1943 übertüncht worden waren, erinnern keine Inschriften mehr daran, daß das EL-DE-Haus auch Zwischenstation bei der Verschleppung zahlreicher Juden in die Vernichtungslager im Osten war.

Das Vier-Scheiben-Haus des WDR von
Hentrich, Petschnigg und Partner, 1962-70

Seit 1988 ist das Gebäude Sitz des NS-Dokumentationszentrums der Stadt Köln.

34 Römerturm

Zeughausstraße 13,
Ecke St.-Apern-Straße
U-Bahn Appellhofplatz

Reichverzierter Eckturm der römischen
Stadtmauer.

Ungewöhnlich gut erhalten blieb der **Turm** an der Nord-West-Ecke der römischen Stadtbefestigung, weil er im Mittelalter als Toilettenanlage für das benachbarte Clarenkloster und im 19. Jh. als Sockel eines Wohnhauses diente. Er entstand vermutlich kurz nach der Erhebung Kölns zur Stadt 50 n. Chr. und bezeugt mit seiner reichen gemauerten Verzierung das schon damals entwickelte Selbstbewußtsein der Kölner. Die oberste Ornamentreihe mit Tempelfrontstellungen ist wohl einer antiken Reparatur zu verdanken, während Gesims und Zinnenkranz um 1900 ergänzt wurden, als auch das neugotische Nachbarhaus für den damaligen Dombaumeister entstand. Ein ähnlicher Mauerwerksschmuck ist auch vereinzelt für andere Türme der Römermauer überliefert.

Wesentlich schlichter ist dagegen der nächste Mauerturm, der **Helenenturm** neben St.-Apern-Str. 40, dessen sichtbares Mauerwerk allerdings weitgehend eine Ergänzung des Mittelalters ist. Die wegen ihrer Antiquitätengeschäfte bekannte **St.-Apern-Straße** folgt in hausbreitem Abstand den geländebedingten Windungen der Römermauer bis zur Breite Straße. Die Werksteinfassade des ehem. Sitzes der Verwaltung des 1975 aufgelösten ›Landkreises Köln‹ (C. Moritz, 1906) ist nun in eine Wohnbebauung integriert und dient als Fassade für die elegante *Kreishausgalerie*. Der Architekt dieses Komplexes, F. W. Kraemer, hatte bereits vorher sein Geschick bei der Erweiterung des klassizistischen *Wohnhauses Am Römerturm 3* (um 1840) bewiesen (darunter ein Gewölbekeller des Clarenklosters).

35 Friesenstraße

U-Bahn Friesenplatz

Anpassung einer kölschen Straße an die heutige Zeit – ein ästhetisches Wechselbad.

Bis zur Schaffung der Magnusstraße in der Schneise, die für die U-Bahn in die Bebauung geschlagen worden war, war die **Friesenstraße** die wichtigste Verbindungsstraße in der Innenstadt in Richtung des volkreichen Vorortes Ehrenfeld und in Richtung der Niederlande, auch wenn man sich dies bei ihrer geringen Breite schwerlich vorstellen kann. Außer den Kriegszerstörungen der umliegenden Straßen hatten erst recht der U-Bahn-Bau wie auch die Pläne des Gerling-Konzerns starke Veränderungen im Sozialgefüge zur Folge. Die so erforderlich gewordene Sanierung ist seit Beginn der 80er Jahre weitgehend von privater Seite begonnen

Der Römerturm des 1. Jahrhunderts, umbaut mit dem Haus des Dombaumeisters vom Ende des letzten Jahrhunderts

Der Beginn der Friesenstraße mit geretteten Gründerzeitfassaden

worden, wobei der von der Denkmalpflege erreichte Abrißverzicht für Gründerzeitfassaden zu unterschiedlichen Lösungen bei ihrer Einbeziehung geführt hat.

So sind etwa auf der Nordseite ab der Ecke Spiesergasse von den Häusern 8-14 nur die Fassaden erhalten geblieben und mit einem Betonskelettbau zu einem rückseitig erschlossenen Geschäfts- und Wohnblock zusammengefaßt worden. Für den Neubau Nr. 20 wurde ein Schulgebäude geopfert, dessen Rundbögen im Erdgeschoß bei geändertem Fassadenmaterial und höherer Grundstücksausnutzung als ›Erinnerung‹ fortleben. Die beiden folgenden Neubaublöcke fallen aus dem Charakter der Straße deutlich heraus. Als Beispiele für in Gänze erhaltene **Gründerzeithäuser** seien genannt: Nr. 39 im gereinigten Urzustand, Nr. 47 ›pflegeleicht‹ verkachelt und Nr. 51 in einer mit der Denkmalpflege abgestimmten Neufassung in zurückhaltenden Farben.

Gegenüber dem kölschen *Brauhaus Paffgen* (Nr. 64-66), das über alle Veränderung der Friesenstraße hinweg seinen Charakter zu wahren verstand, ist die *Häuserreihe 57-83* im Zusammenhang mit einem Hotelneubau (›Ramada Renaissance‹) in der Magnusstraße in einem Zug, aber differenziert saniert worden.

36 Gerling-Konzern

Gereonshof/Von-Werth-Straße/
Christophstraße/Hildeboldplatz/
Im Klapperhof/Spiesergasse/
Friesenstraße
U-Bahn Christophstraße

Wie ein eigenes Stadtviertel wirkt die Bautengruppe in ihrer Umgebung aus schmalen Gründerzeithäusern.

71

Die Versicherungsgesellschaft hatte vor dem Kriege ein prächtiges gründerzeitliches Palais an der Von-Werth-Str. durch moderne Flügelbauten von B. Paul zu ihrem Verwaltungssitz erweitern lassen. Diese Neubautrakte hatten im Gegensatz zur übrigen gründerzeitlichen Bebauung des Viertels den Bomben widerstanden und wurden ihrerseits nun zum Ausgangspunkt einer Neubebauung auf der Fläche von 2 Häuserblöcken (zumeist 1949-53). Eine Architektengruppe, zunächst unter K. Groote, H. Hentrich und Heuser, dann unter E. Hennes, denen der Bildhauer A. Breker als Berater beigesellt war, lockerte vor allem im Geviert zwischen Hildeboldplatz, Im Klapperhof, Spiesergasse und Gereonshof die ehemalige Blockrandbebauung auf und gestaltete eine weiträumige, asymmetrische Anlage. Der großzügige Umgang mit dem Baugrund ist wie die Berücksichtigung der Straßenführung in geschwungenen oder schräg gestellten Trakten ein Erbe des Neuen Bauens der 20er Jahre; doch übersieht man diese Bezüge leicht angesichts einer Formensprache, die durch ihre Verwendung im sog. Dritten Reich in Mißkredit geraten ist. Dazu gehören im großen die Axialbezüge zwischen dem Hochhaus Gereonshof 16, dem gegenüberliegenden Eingang und dem mächtigen, zum ›Klapperhof‹ geöffneten Rund, dem zu Beginn der 80er Jahre ein weiteres Hochhaus gegenübergestellt wurde, während Gestaltungsdetails, die vom übergroßen Portalrahmen des Hochhauses bis zu den einheitlich gestalteten Laternen und Straßenpfählen reichen, ebenfalls ungute Erinnerungen wecken, die auch die zeittypischen Reliefs (Hl. Drei Könige, St. Martin usw.) nicht mildern. Scharf wurde seinerzeit auch kritisiert, daß die Steinverkleidung des Hochhauses sein Stahlskelett verleugne.

Insgesamt wird man die Gruppierung der Baumassen als gelungen bezeichnen und die bisweilen etwas pompös geratenen Einzelformen eher dem Repräsentationsbedürfnis einer Versicherung als einer politischen Meinung zuordnen können. Bedenklich bleibt demgegenüber der Verzicht auf eine Einbindung in das Viertel.

Die zusammenhängende Gestaltung eines so großen Gebietes ist beim Wiederaufbau der Kölner Innenstadt kein zwei-

Die Gerling-Bauten (unten) im Stadtgefüge

St. Gereon: Dekagon, Langchor und Chorfassade von Südosten

tes Mal versucht worden; der Aufbau-
plan von R. Schwarz sah ja gerade eine
vorsichtige Anpassung der gewachsenen
Strukturen an die modernen Bedürfnisse
vor.

37 St. Gereon

Gereonskloster 4
U-Bahn Christoph-
straße

*Einzigartige Verschmelzung spätantiken und
mittelalterlichen Raumempfindens.*

Nach dem Frankensturm von 355 errich-
tete ein hoher Würdenträger in einem
Gräberfeld außerhalb der Stadt einen
Ovalbau, der (noch) heidnischem oder

(schon) christlichem Totengedächtnis gewidmet war. An den ovalen Mittelraum
(23,50 m lang, 19 m breit) schlossen sich
damals im Westen eine querrechteckige
Vorhalle mit großem Atrium und im
Osten eine größere Nische an, zwischen
denen sich beidseitig je 4 Konchen öffneten (diese heute noch erhalten); darüber trug ein Obergaden mit Fenstern
einen offenen Dachstuhl oder ein Gewölbe. An den Wandstirnen zwischen
den Nischen waren Säulenpaare mit Ge-
bälkblöcken darüber als Gliederung an-
gebracht, während der Obergaden wahr-
scheinlich Goldmosaik trug.
Wann der Bau in eine **Kirche** umgewandelt und bei dieser ein Stift gegründet
wurde, ist unbekannt, doch dürfte es

schon lange vor dem Tode Erzbischof Hildebolds (818, hier bestattet) und der ersten Erwähnung des Stiftes (um 839) geschehen sein. Für die Stiftsherren wird um 1067/69 unter Erzbischof Anno II. ein Langchor angebaut, der unter Erzbischof Arnold II. von Wied (1151-56) verlängert, eingewölbt und mit einer ›Fassade‹ mit Türmen bereichert wird. 1219-27 findet der Bau seine Krönung durch den Umbau des Ovalbaus zum spätromanischen Dekagon (= Zehneck) mit der größten Kuppel zwischen Hagia Sophia (532-37) und Florentiner Dom (1421-36). Um 1230/40 wird die Taufkapelle angebaut, gegen 1320 folgt die Sakristei. Die schweren Kriegsschäden (ein Pfeiler bis in die Fundamente zerstört) wurden bis 1985 in mühsamer Sicherungsarbeit behoben und zum Anlaß einer noch immer diskutierten Neuausstattung genommen.

Am **Außenbau** lassen sich gut die einzelnen Bauphasen ablesen. Die reichverzierte Ostapsis bildet mit den beiden flankierenden Türmen die ›Fassade‹ der Kirche und hebt sich deutlich ab von der schlichteren Wand des Langchores, auf der auch die letzte Erneuerung der Tuffverkleidung die Blendarkadengliederungen wiederhergestellt hat, die für die Zeit des Erzbischofs Anno II. (11. Jh.) typisch sind; oberhalb der gotischen Fenster sind die der Wölbung nach 1150 zugehörigen Fenster vermauert noch zu erkennen. Deutlich davon abgesetzt ist das *Dekagon* mit seinem 4geschossigen Aufbau mit zusätzlicher Zwerggalerie, bei dem in der untersten Zone zwischen den Strebepfeilern noch die spätantiken Konchen vorspringen, freilich von gotischen Fenstern durchbrochen. Der Strebepfeiler mit der etwas wuchtigen Friedenstaube gibt die Stelle an, wo seit 1944 die Bresche im Mauerwerk klaffte (vgl. Fotos in der Vorhalle). Die Reste des *Kreuzgangs* und seines Vorgängers, des römischen Atriums, sind auf dem Vorplatz erhalten, dahinter die hübsche neugotische Fassade des ehem. *Stadtarchivs* (F. C. Heimann, 1893-97). Die geräumige **Vorhalle** bildete urspr. die Verbindung zum Kreuzgang. Während die nördl. (linke) Kapelle in etwa urspr. ist, ist die südl. (rechte) ein Neubau von 1897/98 anstelle eines früher hier abzweigenden Laufgangs, der mit einem Knick nach Südosten zum Gereonsdriesch führte und mit seinem Verlauf die unregelmäßige Form der Taufkapelle [s. u.] bestimmt

hat. Im **Dekagon** ziehen die schlanken Pfeiler den Blick in die gewaltige Kuppelwölbung mit mittlerem Abhänger, die seit 1979 in Erinnerung an das Pfingstwunder und die hier verehrten Märtyrer in den liturgischen Farben Rot und Gold gefaßt ist. Zwischen den Pfeilern die schlichten Konchen des spätantiken Urbaus (in den rechten, südl. sind die originalen Gußgewölbe über römischen Ziegeln erkennbar), die Arkaturen des Emporengeschosses, ein Laufgang vor Fächerfenstern und das hochaufragende Fenstergeschoß. Die nach dem schweren Kriegsschäden fast ganz erneuerte innere Steinverkleidung wartet noch auf eine endgültige Farbbehandlung, die mit den lebhaften Farbfenstern der beiden oberen Wandzonen von G. Meistermann in Übereinstimmung zu bringen wäre. Im Emporengeschoß sind die Fenster W. Buschultes mit Heiligen, die in St. Gereon besonders verehrt werden, erkennbar; die schweren Bronzefenster desselben Künstlers in den spätantiken Konchen zeigen geometrische Muster. Der Fußboden von E. Hillebrand verbindet rein ornamentale Motive mit Bildfeldern (so etwa eine Ansicht der zerstörten Kirche) und nimmt in Bronze-Inschriften Bezug auf die verschiedenen Märtyrer, denen die Konchen mit den wiederverwendeten spätantiken oder fränkischen Sarkophagen gewidmet sind.

Gegenüber dem Eingang öffnet sich der Triumphbogen zum wesentlich helleren **Chor**, der über Confessio und Krypta deutlich erhöht ist und sich vom Hauptbau durch den großen, aus St. Kolumba übernommenen Barockaltar in schwarzem und weißem Marmor abgrenzt. Im *Hochchor* (nur nach Voranmeldung zu besichtigen) sind bemerkenswert die Reste der romanischen Apsisausmalung mit Christus als Weltenherrscher in der Mandorla, umgeben von den Evangelistensymbolen und begleitet von Maria und Johannes dem Täufer sowie die farblich zurückhaltenden Fenster Meistermanns mit der Verkündung an Maria (diese im rechten Fenster, links der Engel, in der Mitte der Heilige Geist) und das Sakramentshaus von 1608 an der Nordwand. Bemerkenswert auch die **Sakristei** in den entwickelten Formen der Kölner Dombauhütte um 1320 mit Fenstern der Erbauungszeit, die W. Buschulte ergänzte, und schöne Holztüren (kurz nach 1500); dort sind auch ein im Fundament des zerstörten Dekagonpfeilers gefundener Isis-

Erinnerung an das Blut der ›Goldenen Heiligen‹ im mittelalterlichen Gewölbe des Dekagons von St. Gereon

gedenkstein und die ehem. daran haftende, für die Datierung des Urbaus wichtige Münze zu besehen.

In der **Krypta** (Eingang links neben dem Chor in der Nordostkapelle) sind die (ehem. im Hochchor befindlichen) Fußbodenmosaiken mit Szenen aus den Geschichten Davids und Samsons (12. Jh.) ebenso beachtenswert wie der Altar von etwa 1530-40 und die Farbfenster von A. Manessier (1964); die schlichten Tonkrüge im Chor waren in die antiken Gewölbe zur Gewichtsersparnis eingegossen und wurden bei den Wiederherstellungsarbeiten entdeckt. Die an der Südseite des Dekagons angebaute **Taufkapelle**

entwickelt das Wölbungsmotiv des Dekagons weiter und zeigt noch Reste der einstigen Ausmalung (und des originalen Außenputzes des Dekagons), deren Farbenfreude man sich auch auf die übrige Kirche übertragen vorstellen muß.

Öffnungszeiten S. 181

38 Gereonsdriesch
U-Bahn Christophstraße

Ein stiller baumbestandener Platz.

Bis zu Anfang des letzten Jahrhunderts war der Gereonsdriesch der offene Vorplatz (Driesch heißt Weide, Futterplatz), von dem aus man den Immunitätsbereich des Stiftes St. Gereon betrat: Heute hat der **Platz** mit seinen Baumreihen den Charakter als Spazierfläche bewahrt, wie ihn früher auch andere Plätze (z. B. der Neumarkt) hatten.

Dazu trägt auch die 1855-58 von V. Statz geschaffene **Mariensäule** bei, die 1901 von der Gereonstraße hierher versetzt wurde. Die Verkündigung des Dogmas der Unbefleckten Empfängnis Mariens (1854) war der Anlaß zur Errichtung eines katholisch-rheinischen Gegenstücks zum preußisch-evangelischen Reiterdenkmal auf dem Heumarkt. Sockel und Figurennischen für die Propheten, die die Geburt Jesu vorausgesagt hatten, schließen sich in ihren Bauformen fast pflanzenhaft zusammen und lassen aus ihrer Mitte den Pfeiler für die Marienfigur emporsteigen (Figuren nach Entwürfen E. v. Steinles von P. Fuchs und G. Renn).

Der Kaiser-Wilhelm-Ring – eine grüne Oase, flankiert von eleganten Geschäften ▷

Die Mariensäule auf dem Gereonsdriesch

39 Kaiser-Wilhelm-Ring
U-Bahn Christophstraße

Ein gründerzeitlicher Prachtboulevard – mit den Mitteln unserer Zeit wiederbelebt.

Mit dem Wirtschaftsaufschwung in der 2. Hälfte des vergangenen Jh. war das durch die ab etwa 1180 errichtete Stadtmauer umschlossene Areal Kölns zu eng geworden. Neben immer unzulänglicheren Wohnverhältnissen in der Altstadt bewirkte das die Abwanderung der Industriebetriebe in die neu entstehenden und zunächst selbständigen Vororte. Da Köln seit 1815 Festungsstadt war, diente die mittelalterliche Stadtmauer mit modernen Ergänzungen immer noch Verteidigungszwecken, erst 1881 wurde sie weitgehend niedergelegt [zu den Resten vgl. Nr. 55, 68, 71, 73, 81, 87, 89]. Auf dem so frei gewordenen Gelände aus Wall mit Stadtmauer, Graben und Rayon (Schußfeld) legte der Stadtbaumeister H. J. Stübben bis 1886 die Grundlinien der sog. Neustadt an, einen Kranz von Straßenzügen, der in der **Ringstraße** seinen festlichen Höhepunkt

hatte. Auf den Erfahrungen anderer Städte (z.B. Wien) aufbauend, ließ er die Ringstraße den Verlauf der Stadtmauer außen polygonal nachzeichnen und nutzte die dabei entstehenden Plätze zur unauffälligen Verschleifung der je nach gewünschter Bewohnerschaft unterschiedlich breiten und verschieden prächtig ausgestatteten Straßenabschnitte, die ihre Namen nach den Phasen der politischen Geschichte Kölns und des Reiches (in damaliger Sicht) erhielten.

Der recht kurze **Kaiser-Wilhelm-Ring** war nach dem Sachsenring [Nr. 81] der breiteste Abschnitt, und die Grünanlage in seiner Mitte stand mit den prächtigen Denkmälern für das Kaiserpaar und Brunnen dem Reichtum der Villen und Wohnhäuser auf den umliegenden Grundstücken nicht nach. Später Höhepunkt dieser Gestaltung war der ›Vater-Rhein-Brunnen‹ von Adolf von Hildebrand (1912-22) an der südwestl. Stirnseite, den die Nationalsozialisten 1937 beseitigten (die Reste im Krieg zerstört; heute hier ›Gothaer Brunnen‹ von E. Baumeister-Bühler 1971). Die gewaltige

Zunahme des Verkehrs hat schon in der Zeit nach dem 1. Weltkrieg die vornehmen Bewohner in ruhigere Villenviertel verdrängt (z.B. Marienburg), neben eleganten Geschäften siedelten sich in diesem Abschnitt bevorzugt Versicherungen und Banken an, die heute mit ihren Fassaden aus den 50er Jahren das Gesamtbild beherrschen.

Der U-Bahn-Bau wurde zum Anlaß, den Charakter der ›Ringe‹ wieder neu zu überdenken. Ein 1980 veranstalteter Ideenwettbewerb führte zu dem Konzept, die modernen Verkehrsbedürfnisse mit einer wenigstens teilweisen Wiederherstellung der fast verlorenen Gestaltqualität der Ringstraße zu vereinen.

Mit der Verlegung der Fahrspuren an die Außenseite hat man am Kaiser-Wilhelm-Ring eine besonders breite Flanierzone geschaffen und sie mit einem großen Wasserbecken, dem eine Brücke fast Kanalcharakter gibt, und Baumreihen untergliedert. Auch die Eingänge in die U-Bahnhöfe und die Tiefgarage wurden sorgfältig gestaltet, und selbst die Pflasterung enthält Akzente aus Carrara-Marmor (Fertigstellung 1988).

Wie die übrigen Kirchen der Neustadt ist auch die ev. **Christuskirche** auf den Ring ausgerichtet; von dem 1891-94 von H. Wiethase in spätgotischen Formen errichteten Bau grüßt freilich nur noch der Turm durch die Herwarthstraße zum Ring herüber, der Rest wurde nach Kriegszerstörung durch einen schlichten Saalbau ersetzt. Nach Norden schließt sich der wesentlich schmalere Hansaring an [Nr. 88, 89].

40 Stadtgarten – Neu St. Alban

Venloer Straße/Spichernstraße/
Gilbachstraße
U-Bahn Christophstraße oder
Hans-Böckler-Platz/Bahnhof West

Inmitten von luftigem Grün rauhe Ziegelwände: eine der bedeutendsten Kölner Nachkriegskirchen.

1827 hatten die Bürger außerhalb der Stadtmauer den **Stadtgarten** angelegt; beim Bau des Bahndamms 1881 wurde er um die Hälfte verkleinert und neu gestaltet. Daran erinnert heute noch das Gärtnerhaus beim Chor der Christuskirche, während das *Stadtgartenrestaurant* nach mehrfachen Umbauten heute neben dem Biergartenbetrieb vor allem als ›Kölner Jazzhaus e.V.‹ weit über die Grenzen hinaus bekannt ist für seine Konzerte. Die verschlungenen Wege führen zwischen Wiesen, Buschgruppen und markanten alten Bäumen zu der im Nordwinkel des Parks versteckten Kirche **Neu St. Alban**. H. Schilling errichtete sie 1957-59 aus Trümmerziegeln als Ersatz für Alt St. Alban. Auf den ersten Blick erinnert das Äußere mit seinen wuchtigen Rundformen und kühn aufstrebender Dachlinie wie auch den ungleichmäßigen Fenstern an Le Corbusiers Wallfahrtskirche von Ronchamp. Wenn auch nicht beim Umschreiten, so wird beim Betreten des **Innenraumes** deutlich, daß der Grundriß aus einem regelmäßigen Fünfeck und einer Parabel für den Chor zusammengesetzt ist. Das zum Chor ansteigende Dach betont die Würde des Altars (der bereits vor dem II. Vaticanum für die Zelebration zum Volk hin bestimmt war). Nun wird die Regelmäßigkeit der Fensterverteilung deutlich. Die auch innen unverputzten Ziegelwände entwickeln ihren mitreißenden Schwung im Gegensatz zu den geometrisch kühlen und in den Maßen sorgfältig abgewogenen Verhältnissen von Grund- und Aufriß.

Ausstattung: Aus Alt St. Alban sind u. a. das *Vesperbild* (um 1420) und die *Apostelstatuetten* an der Orgelempore (1. Hälfte 15. Jh.) übernommen, neu geschaffen wurden das *Gemmenkreuz* von L. Munz, *Chorgitter* und *Paradiestür* von T. Zenz, *Ziborium* in der angebauten Sakramentskapelle und die *Reliefs* über deren Tür von E. Hillebrand.

41 Diözesanbauten

Gereonstraße 2-4/
Kardinal-Frings-Straße 8-12
U- und S-Bahn Dom/Hauptbahnhof oder U-Bahn Appellhofplatz

Locker fügen sich Erzbischöfliches Diözesanarchiv, Priesterseminar und Erzbischöfliches Haus aneinander.

Auf der jetzt begrünten Grundstücksecke hatte das Palais des Balthasar von Mülheim (1758) gestanden, in dem 1811 Napoleon abgestiegen war und das von 1824 bis zu seiner Zerstörung im 2. Weltkrieg als Erzbischöfliches Palais gedient hatte. Entsprechend dem Wiederaufbauplan von R. Schwarz entwickelt sich die 3teilige Baugruppe, die H. Schumacher und W. Weyres 1956-58 schufen, weitgehend zur Kardinal-Frings-Straße. Beherrschend ist der 3geschossige Mitteltrakt des *Priesterseminars*, aus dem die *Kirche St. Petrus Canisius* als kräftiger Baukörper mit Halbkreisapsis herausblickt. Zur Gereonstraße schließt sich ein flacherer Winkelbau mit 8geschossigem Hochhaus an, das zunächst als Magazin der Diözesanbibliothek diente (diese heute im Maternushaus) und zugleich den städtebaulichen Anschluß zum ›Gereonshaus‹ (C. Moritz, 1909/10) und seiner Fassadenhöhe bildet; heute ist hier das *Historische Archiv des Erzbistums* untergebracht. An der Kardinal-Frings-Straße wiederholt das *Erzbischöfliche Haus* die Form des Priesterseminars in kleinerem Maßstab. Im Innenhof ein *Brunnen* von E. Mataré, 1959/60. Bis zum Altengrabengäßchen erstreckt sich der Park mit seinem alten Baumbestand. Beim Priesterseminar erscheint die Umsetzung des Kreuzgang-Gedankens in moderne Bauformen (Betonskelett und Ziegelausmauerung) besonders gelungen; die Seminarkirche lebt im Innern von dem Kontrast zwischen den ungebrochenen Mauerflächen und den Lichtbändern an den Raumkanten (*Fenster* von W. Buschulte; *Kathedra* und *Altar* von E. Hillebrand).

Einladend öffnet sich das Maternushaus, rechts Chor der Kapelle

42 Börsenplatz – Maria-Ablaß-Platz

U- und S-Bahn Dom/Hauptbahnhof oder U-Bahn Appellhofplatz

Zwischen Geschäftsbauten versteckt eine gotische Kapelle.

Der **Börsenplatz** ist eine Nachkriegsschöpfung. Am Beginn der sehr breiten, im Mittelalter als Prozessionsweg geschätzten ›Gereonstraße‹ ist auf den Wiederaufbau eines Häuserblocks verzichtet worden; der *Brunnen* von H. Calleen (1964) symbolisiert den Kölner Wiederaufbau, doch bezieht er sich auch auf das Geschehen in der *Industrie- und Handelskammer* (K. Hell, 1951) und auf die darin integrierte Kölner Produkten- und Warenbörse. Das Stahlbetonskelett ist nur im Erdgeschoß sichtbar belassen, in den Obergeschossen dagegen hinter einer glatten Natursteinhaut verborgen (üppige Treppenhausgestaltung). Eine vergleichbare Vertikalteilung des weiten Stützenrasters liegt auch der Fassadenkomposition des Hauses *Unter Sachsenhausen 37* (heute Bayerische Vereinsbank) zugrunde, das P. Behrens 1914 mit äußerst reduziertem klassischem Formenschatz (Rustikasockel, Gebälk) gestaltete, damals eine kühne Lösung. Dagegen ist bei dem *Reynolds-Gebäude* (1950-52 von W. Riphahn und P. Doetsch für eine Versicherung errichtet) das Betonskelett zur Fassadengestaltung mit herangezogen; die gerippte Frontfläche wirkte einst wie eine Schleppe für den dezent auf dem Dach thronenden Namenszug der Versicherung.

Zwischen diesem Bau und der Börse versteckt sich die **Kapelle St. Maria Ablaß**, die heute der Russisch-Orthodoxen Gemeinde dient. Sie war 1431-67 an die gleichnamige Pfarrkirche angebaut worden, um das als Gnadenbild verehrte Außenfresko aus dem 14. Jh. zu schützen. Nach der Übertragung der Pfarrrechte auf St. Ursula wurde die Kirche 1808 abgerissen. So erklärt sich auch das unregelmäßige Äußere. Der Name rührt von dem mittelalterlichen Brauch der Verkündigung der bewilligten Ablässe durch den Erzbischof an die Gläubigen her – und zwar jeweils am Palmsonntag während der großen Prozession vom Dom nach St. Gereon.

43 Maternushaus

Kardinal-Frings-Straße 1-3
U- und S-Bahn Dom/Hauptbahnhof oder U-Bahn Appellhofplatz

Einladend öffnet sich das Tageszentrum des Erzbistums Köln.

1978-83 errichteten H. Schilling und P. Kulka dieses Mehrzweckgebäude, wobei sie Teile des vorher hier stehenden Krankenhauses geschickt integrierten. Das Gebäude dient hauptsächlich als *Tagungszentrum* des Erzbistums Köln und ist dafür mit Sitzungsräumen, 60 Hotelzimmern und einem Restaurant ausgestattet; als eigene Baukörper sind ein Saal mit 500 Plätzen und eine Kapelle angefügt. Außerdem hat die *Diözesan- und Dombibliothek* (neben weiteren Einrichtungen des Generalvikariats) hier ein geräumiges Domizil erhalten.

Mit der starken Differenzierung der Baukörper antworten die Architekten nicht nur auf die hier vereinten, sehr verschiedenen Aufgabenbereiche, sondern vor allem auf die schwierige städtebauliche Lage. Ost- und Nordseite des Grundstücks grenzen an laute Durchgangsstraßen, gegen die sich die Gebäudegruppe burgartig abschließt; dagegen öffnet sich der Eingang einladend zur vergleichsweise ruhigen Kardinal-Frings-Straße mit dem gegenüberliegenden Garten des Erzbischöflichen Hauses [vgl. Nr. 41]. Der in seinen Bauformen und Materialien abwechslungsreiche Komplex erfährt seinen inneren Zusammenhalt aus der Strenge der Formauffassung, die gleichwohl Überraschungen (etwa in der Ausweitung des Foyers) nicht scheut. Die *Kapelle* erstrahlt als Kleinod in Ausmalung und Farbfenstern von G. Meistermann, den marmornen *Altar* schuf E. Hillebrand.

44 St. Ursula

Ursulaplatz 30
U- und S-Bahn Dom/Hauptbahnhof

Traditionsreiche Verehrungsstätte der 11 000 Jungfrauen – Schutzmatroninnen der Kölner Weiblichkeit.

Wie bei St. Gereon und St. Severin ist auch bei St. Ursula die kultische Tradition bis in das 4. Jh. zurückzuverfolgen. Gedächtniskapellen auf vorstädtischen römischen Friedhöfen sind jeweils zu Keimzellen großer Stiftskirchen des Mittelalters geworden.

Eine in der südl. Chorwand eingelassene Inschrift, datierbar ›um 400‹, spricht von der Wiederherstellung einer Kirche zur Ehre von heiligen Jungfrauen, die das Martyrium erlitten. Nachweisbar sind je ein Kirchenbau aus dem 4. und aus dem 5. Jh., die die Achse des heutigen Bauwerks einnahmen. Im Jahre 866 wird ein Kanonikerstift ›Zu den heiligen Jung-

frauen‹ erwähnt, das 922 in ein Damenstift umgewandelt wird. Jetzt bildet sich die *Ursulalegende*; aus den namenlosen Jungfrauen der Spätantike werden die Gefährtinnen der britannischen Königstochter Ursula, deren Zahl von 11 auf 11 000 wächst (auf dem Zyklus der Tafelbilder im Nordquerarm, um 1456, sind die Stationen von Reise und Martyrium vor dem Hintergrund von Kölner und Basler Stadtprospekten anschaulich zu verfolgen). Kern dieser Legendenbildung ist einmal das Fluchterlebnis der aus Gerresheim stammenden Stiftsdamen (Ungarnsturm = Hunnengemetzel), zum anderen die Wiederentdeckung des römischen Friedhofs während der Neubesiedlung dieser vorstädtischen Region seit dem 10. Jh. Es erschloß sich hier eine unerschöpfliche Fundstätte menschlicher Gebeine, die man als die Überreste der ursulanischen Jungfrauen und ihrer Gefährten verehrte.

Der neubelebte Kult und die Einbeziehung der Vorstadt 1106 in den 1. mittelalterlichen Mauerring führten zum heutigen Bau an Stelle der Vorgängerkirchen. Von dieser bis 1134 entstandenen 1. Emporenbasilika des Rheinlands zeugen noch heute das Langhaus, die (veränderten) Querarme und der 2geschossige Westbau mit Vorhalle, Damenempore und Kapitelsaal. Die Stiftsbauten lagen im Westen der Kirche, gruppiert um einen Kreuzgang (im 19. Jh. abgebrochen). Im 13. Jh. (Weihe 1287) wurde der heutige gotische Chor mit den Maßen des romanischen Vorgängers neu errichtet. Mit seinen 11 Fenstern nimmt er auf die Jungfrauenzahl Bezug; seine Gestalt weist ihn als riesigen Reliquienschrein aus, was die Farbe der Fenster (im Polygon um 1890, an den Seiten um 1960, W. Buschulte) noch unterstreicht. Der mächtige Turm stammt vom Beginn des 13. Jh., die barocke Haube von 1683 (erneuert). Die Gotik fügte zu Beginn des 14. Jh. die Wölbung des Mittelschiffs hinzu, die nach dem Krieg durch eine Holztonne ersetzt wurde; außerdem im 15. und 16. Jh. das äußere Südseitenschiff (Marienkapelle). Aus dem 17. Jh. datiert die formal diesen Bauteilen angeglichene *Goldene Kammer* im Südwesten, in deren Innenraum (spezielle Öffnungszeiten!) sich glücklicherweise ein spezifisch barocker Beitrag zum ursulanischen Reliquienkult erhalten hat. Neben den zahlreichen Büsten (die von St. Ursula aus in alle Welt exportiert wurden)

St. Ursula: Blick vom romanischen Langhaus in den frühgotischen Chor

ist hier das wichtigste Werk der *Ätherius-schrein*, um 1170 (Figurenschmuck um 1800 vernichtet). Von der reichen **Ausstattung** der Kirche seien erwähnt: im Nordquerraum *Ursulagrab* von 1659 über gotischem Sarkophag; *Ursulaskulptur* als Schutzmantelheilige (16. Jh., die zugehörigen Figuren von Christus-Salvator und Maria im Marienschiff). Im Südquerarm neben *Taufstein* und *Kreuzigungsgruppe* ein zehnteiliger *Apostelzyklus* auf Schiefertafeln, um 1250 wohl für die Chorschranken geschaffen. In der Vorhalle über dem *Sarkophag* der Viventia ein *Kreuztragungsrelief* vom Anfang des 16. Jh.

Öffnungszeiten S. 181

45 Unter Sachsenhausen/ An den Dominikanern

U- und S-Bahn Dom/Hauptbahnhof

Reduzierter Glanz gründerzeitlicher Prachtbauten.

Die Straße **Unter Sachsenhausen** hat ihren Namen von sechzehn Mietshäusern, die der Patrizier Heinrich Overstolz im Mittelalter hier besaß. Sie befanden sich teilweise da, wo heute noch die rote Sandsteinfassade der *ehem. Reichsbank* von M. Hasak (1894-97, Nr. 1-3) aufragt, deren gotische Formen freilich vor dem Krieg in einer prächtigen Balustrade und einem hohen Mittelgiebel endeten und in reichem Zierat (etwa über den Fenstern) ihre Fortsetzung fanden. Die Austauschbarkeit der historischen Stile im 19. Jh. belegt das *Rheinboden-Gebäude* auf der gegenüberliegenden Straßenseite (Nr. 2), indem es sehr ähnliche Proportionen in klassische Formen kleidet, freilich in reduzierter und auf die Ecken beschränkter Form (Bielenberg und Moser, 1914). Der Name der **Fortsetzung des Straßenzugs** erinnert daran, daß sich einst das bedeutende Dominikanerkloster Kölns, das so gelehrte Köpfe wie Albertus Magnus in seinen Mauern zählte, dort befand, wo sich heute die *Hauptpost* erhebt (An den Dominikanern 4, 1889-92). Die in Anlehnung an das gotische Kloster gewählten neugotischen Bauformen sind bei einer Modernisierung vor 1933 und beim Wiederaufbau soweit zurückgenommen worden, daß nur noch die Bekrönungen der Ecktürme eine Erinnerung zu erwecken vermögen. Der im Norden zur Ursulastraße hin anschließende Erweiterungsbau J. Schürmanns (1988/89) zeigt eine

Geglättete Neugotik der ehem. Reichsbank

konsequent technische Formensprache. Weiter nach Osten (Nr. 2) schließt sich ein ehem. Bankgebäude an, das heute als *Sozialgericht* genutzt wird; C. Moritz schuf es 1923 in einem für Banken typischen, stark reduzierten Nachklang des Klassizismus, bei dem die verknappten Details auf unterschiedlichsten Anregungen beruhen (Ägypten, Griechenland) und im übrigen die ungegliederte Wand an Bedeutung gewinnt. Gegenüber (Nr. 9) ein schmales *Eckgebäude* mit Jugendstil-Ornamentik, 1907 von Gebr. Schauppmeyer erbaut.

46 St. Mariä Himmelfahrt

Marzellenstraße 32-40
U- und S-Bahn Dom/Hauptbahnhof

Hauptwerk jesuitischen Barocks im nordwestlichen Deutschland, Monument der Gegenreformation, prunkvoller ›Festsaal Gottes‹.

Das Zeitalter der großen abendländischen Glaubenskrise verlief auch in Köln und im Rheinland nicht ohne harte, oft blutige Auseinandersetzungen. Die seit 1544 in Köln wirkenden Jesuiten stärkten die kath. Kräfte, zunehmend unterstützt von Mitgliedern des Hauses Wittelsbach. 1618 legte man den Grundstein zum Neubau von **Kirche und Kolleg**. Gönner waren der Kölner Erzbischof – Kurfürst Ferdinand – und dessen Bruder, Kurfürst Maximilian von Bayern. Diese vermittelten wohl die süddeutschen Künstler nach Köln, die jedoch nicht etwa die Münchener Michaelskirche kopierten, sondern ein neuartiges Gesamtkunstwerk aus gotisierenden Architekturformen und barocken Ausstattungsstücken schufen, das seinerseits traditionsbildend wirkte. Zusammen mit den eher romanisierenden Türmen unter ihren welschen Hauben dürfte diese Stilkombination ›Jesuitisches Programm‹ gewesen sein: Ausdruck der Erneuerung der ›alten‹, im Rheinland wieder neu zu verwurzelnden, traditionsreichen kath. Kirche. Architekt: Chr. Wamser aus Aschaffenburg; Bildhauer: J. Geisselbrunn aus Augsburg; Kunsthandwerker: V. Boltz. 1629 fand der 1. Gottesdienst, 1678 die Weihe statt. Detailgetreue Rekonstruktion von Bau und Ausstattung nach schwerer Kriegsbeschädigung bis 1979 (W. Schlombs und A. Goergen). Im **Inneren** originaler Bestand: Kanzel, Pfeilerfiguren, Beichtstühle, Leinwandbilder (im Chor von J. Toussyn, in den Seitenschiffen von B. Fuckerad). Im rekonstru-

Nachleben der Gotik und strahlender Barock in St. Mariä Himmelfahrt

ierten Hochaltar ›Himmelfahrt Mariens‹ von J. Hulsmann, 1643, aus St. Aposteln. Mechanisches Drehtabernakel, 1720 (F. v. Helmont), Kommunionbank, 1724. Nördl. der Kirche das ehem. Jesuitenkolleg, jetzt **Erzbischöfliches Generalvikariat**. Weitgehend erneuerter Baukomplex mit 2 Innenhöfen. Die Giebelfassade im Norden 1715 von M. Alberti, Oberbaudirektor im Dienst des in Düsseldorf residierenden pfälzischen Kurfürsten Johann Wilhelm.

Im Süden zwei schmale Kölner **Bürgerhäuser** aus dem 18. und 19. Jh. – Abrupter Übergang zum High Tech-Gebäude der **ABC-Bank**, 1976 von J. Schürmann.

Rund um den Neumarkt –
Theater und Theophanu

Oper und Schauspielhaus sowie ein Gastronomiebetrieb der neuesten Art stehen am Offenbachplatz für beste Kölner Nachkriegsarchitektur. Kölsche Tradition (›4711‹) ist gleich benachbart. Kunst in Kirchen (St. Peter und St. Cäcilien/Schnütgen-Museum) und in Kunsthalle/Kunstverein findet ihr Gegenbild im prallen Leben des Neumarkts mit seinen Verkehrsströmen, seinen Passagen und den um St. Aposteln, diesem Höhepunkt romanischer Architektur des Rheinlands, liegenden Geschäftsstraßen für jeden Geschmack und jeden Geldbeutel.

Ein Rundgang über den Rudolfplatz, das Belgische Viertel, das ›Kwartjeh Lateng‹ und das Griechenmarktviertel endet in der ›imperialen‹ Bauschöpfung von St. Pantaleon – einst vor den Toren der Römerstadt gelegen.

47 Offenbachplatz
U-Bahn Appellhofplatz

Kulturforum und Sonnenbank der Kölner.

Die schweren Kriegszerstörungen in diesem Bereich ließen bald nach 1945 den Gedanken aufkommen, auf halbem Wege zwischen dem Museum [Nr. 27] und dem Neumarkt ein Opern- und Schauspielhaus zu errichten und so den Willen zur Neugestaltung Kölns zu dokumentieren. Zugleich knüpfte man an die Lage des alten Theaters an der Glockengasse an, während an die benachbarte jüdische Hauptsynagoge (von Dombaumeister Ernst Friedrich Zwirner 1857-61 im maurischen Stil errichtet, im November 1938 zerstört) nur eine Bronzetafel an der Nordostecke des Opernhauses erinnert.

W. Riphahn baute zusammen mit H. Menne zunächst 1954-57 das Große Haus (Opernhaus) und fügte ihm 1959-62 das Kleine Haus (Schauspielhaus) hinzu. Durch Einbeziehung der Werkstätten und Verwaltung der Bühnen entstand

Zuschauerraum des Opernhauses mit den Ranglogen

schon mit dem **Großen Haus** ein riesiges Bauvolumen, das freilich durch differenzierte Gestaltung gegliedert ist. Das Zuschauerhaus erhält durch seine großen Formen und die strenge Verkleidung mit Konglomeratgestein ein festliches Gepräge. Über den niedrigen, verklinkerten Verwaltungstrakten ragen das Bühnenhaus und die begleitenden pylonartigen Werkstatt-Trakte in schlichter Stahlbetonrahmenkonstruktion empor. Im Zuschauerraum lockern die Ränge, deren Form an große Bobschlitten denken läßt, die Feierlichkeit der Holzvertäfelung auf. Zusammen mit dem großzügigen Foyer ist hier eine gelungene Innenarchitektur der 50er Jahre erhalten geblieben. Das **Schauspielhaus** ist demgegenüber außen und innen einheitlicher und strenger rechtwinklig gestaltet. Im ehem. Erfrischungsraum seit 1993 das kleine ›West-end-Theater‹.

Ein Laufgang verbindet das Opernhausfoyer mit einem Restaurantgebäude, mit dem Riphahn die Südostecke des Offenbachplatzes besetzte. Dem größeren Vorplatz des Opernhauses verleiht der **Opernbrunnen**, 1966 von H. Grümmer, seine Identität; bei Kindern wie bei Erwachsenen ist er auch als Abkühlung beim mittäglichen Sonnenbad in der heißen Jahreszeit sehr beliebt. Auf dem kleineren Vorhof des Schauspielhauses sinnt eine voluminöse *Sappho* von A. Bourdelle (1887, Guß 1925, erworben 1963) über ihr nächstes Lied nach.

Mit der östl. gegenüberliegenden Bebauung bezog Riphahn den Abschnitt ›Tunisstraße‹ der hier vorbeilaufenden *Nord-Süd-Fahrt*, einer nach dem Kriege angelegten Schnellstraße, in die Platzwirkung ein.

Die Nordseite des Platzes nimmt das **4711-Haus** ein. Es ist die Nachbildung (W. Koep) des im Krieg zerstörten Stammhauses der heute bekanntesten Kölnisch-Wasser-Marke, das J. J. Claassen 1852/54 in neugotischen ›kölnischen‹ Formen [vgl. Nr. 10, 21] errichtet hatte. Es stand urspr. weiter westl. an der Stelle eines älteren Hauses, dem ein französischer Soldat 1795 beim Durchzählen aller Kölner Häuser die Nummer 4711 gegeben hatte; der dort ansässige Wilhelm Mülhens betrieb die Kölnisch-Wasser-Herstellung nur als einen von mehreren Geschäftszweigen. Nach der Verlagerung der Produktion an den westl. Stadtrand dient der an ein Einkaufszentrum mit Geschäftspassagen und Parkhaus an-

4711-Haus mit Glockenspiel und Kunstuhr

gelehnte Neubau vornehmlich der Präsentation duftender Souvenirs und gefälliger Kunstausstellungen. Vom Offenbachplatz sind mechanisches *Glockenspiel* und Kunstuhr gut zu sehen und zu hören (zu jeder vollen Stunde 9-21 Uhr, Programm neben dem Ladeneingang).

48 Ehem. Antoniterkirche, ev. Pfarrkirche

Schildergasse 57
U-Bahn Neumarkt

Ort der Ruhe und Besinnung inmitten des Geschäftstrubels der Schildergasse.

Der seit 1298 in Köln ansässige Antoniterorden errichtete ab 1350 einen schlichten **Kirchenbau**, der vermutlich 1384 geweiht wurde. Die französische Verwaltung wies 1802 bei der Auflösung aller Klöster und Stifte der jetzt erstmals zugelassenen ev. Gemeinde Kölns das Gotteshaus zu. Unter Mitwirkung von F. F. Wallraf [Nr. 24] wurde es bis 1805 den Bedürfnissen der neuen Gemeinde entsprechend umgebaut. Wegen der großen Zahl von Gläubigen und der Bedeutung der Predigt im ev. Gottesdienst entfernte man auf beiden Seiten je 2 der ehem. 3 Arkadenpfeiler zwischen Mittelschiff und Seitenschiffen und ordnete dort Emporen an, die freilich später wieder entfernt wurden. Die Unterführung der Nord-Süd-Fahrt unter der Schildergasse war Anlaß für eine Neugestaltung der Westseite 1961-64 durch H. O. Vogel. Mit ihren gotischen Fenstern und Strebepfeilern, dem hohen Schieferdach und dem Dachreiter nimmt sich die Kirchenlängsseite, die auch dem einzigen Baum der Schildergasse Rückhalt gewährt, wie ein Fremdkörper inmitten der leuchtenden Schaufenster und Neonreklamen aus. Hinter dem Bronzeportal von U. Henn mit der ›Aussendung der Jünger‹ (1964) umfängt uns die Ruhe des ungewöhnlich kurzen **Kirchenraumes**. Durch geschickte Fortsetzung der Rippen- und Bogenprofile ist der erwähnte Umbau ebenso selbstverständlich in die Raumgliederung eingegangen wie die Maßwerke der Chorfenster. Die Maßwerke der Langhausfenster wie auch die Dienstreste mit den daran hängenden Weintrauben sind dagegen eine Neuschöpfung der Restaurierung von 1896.

Ältestes Stück der **Ausstattung** ist das *Taufbecken* aus Aachener Blaustein (auf modernem Sockel), wohl eine maaslän-

Antoniterkirche: Barlachs ›Todesengel‹

dische Arbeit, um 1160. Kurz nach 1500 entstand das *Glasgemälde* mit der Kreuzigung Christi im Chor; daneben in den Seitenfenstern ev. Gemeindesiegel aus der Zeit der gegenreformatorischen Unterdrückung im Erzstift Köln. In der Ostapsis des linken Seitenschiffes schwebt als Mahnmal für die Toten beider Weltkriege ein Zweitguß des *Todesengels* von E. Barlach (1938), den er 1927 für den Dom in Güstrow schuf, und dem er die Gesichtszüge von Käthe Kollwitz verlieh. Die Kirche konnte Ende der 60er Jahre die Teilnehmer an den ›politischen Nachtgebeten‹ kaum fassen: heute geben die ›10-Minuten-Andachten‹, die Stadtpredigten, wie auch die ganztägige Öffnung Gelegenheit zur Besinnung [vgl. Nr. 22].

49 St. Cäcilien/Schnütgen-Museum der Stadt Köln

Cäcilienstraße 29
U-Bahn Neumarkt

Die ehem. Damenstiftskirche aus staufischer Zeit präsentiert sich als Schatzhaus erlesener Kunstwerke vom Mittelalter bis zum 19. Jh.

Mit der städtebaulich so ungemein reizvollen Gruppierung von **St. Cäcilien** und St. Peter [Nr. 50] hat sich hier das einzige Beispiel der einst für Köln so typischen Doppelkirchen-Anlagen erhalten: je ein eigenes Gotteshaus für die Stifts- oder Klostergemeinschaft einerseits und für die bürgerliche Pfarrgemeinde andererseits.

Die beiden mittelalterlichen Sakralbauten erheben sich auf dem Gelände der römischen Thermen. Im 9. Jh. enstand das adelige Damenstift, das über älteren Mauerzügen die heutige Cäcilienkirche zwischen 1130 und 1160 in frühstaufischen Formen errichten ließ. Zum originalen Bestand gehören die Chorpartie mit dem gewölbten Chorjoch und der außen mit Bogenblenden feingegliederten Apsis sowie die 4 östl. Achsen des basilikalen Langhauses, dessen Mittelschiff auch urspr. einen der heutigen Decke von 1956 ähnlichen horizontalen Abschluß besaß, während die Seitenschiffe mit ihren Halbkreisapsiden immer gewölbt waren (anstelle der Nordapsis seit 1475 eine gotische Sakristei). Im Westen lag der Damenchor auf einer Empore über der 2teiligen Krypta (als Rekonstruktion von 1848/49 bzw. 1975 erhalten); er stand mit den Klostergebäuden

St. Cäcilien: Der Kirchenraum als Museum

samt Kreuzgang in Verbindung. Der heutige Westabschluß der Kirche ist ein Werk der Neuromanik von 1848/49 (J. P. Weyer). Reste der einstigen malerischen Ausstattung im Chorjoch: auf der Südseite Darstellungen des Lebens Jesu in 3 Bildfriesen; auf der Nordseite in gleicher Anordnung die Geschichte der frühchristlichen Blutzeugin Cäcilia (nach der ›Legenda aurea‹). Neben diesen Zyklen aus dem 13. Jh. hat sich am nördl. Obergaden im Mittelschiff ein Engelskonzert erhalten (14. Jh.), Hinweis auf den Standort der Orgel.

Seit dem Wiederaufbau 1956 beherbergt St. Cäcilien das **Schnütgen-Museum** der Stadt Köln in einer wohl einzigartigen Synthese von Raum und Inhalt. Seinen Namen trägt es nach dem Begründer der Sammlung, dem Kölner Domkapitular *Alexander Schnütgen* (1843–1918). Zur Sammlung des Museums gehört jetzt das 1977 aus konservatorischen Gründen in den Innenraum versetzte *Tympanon* vom nördl. Portal der Kirche (dort jetzt ein Abguß). Das um 1160 zu datierende Bildwerk besteht aus wiederverwendeten römischen Grabsteinen und zeigt die Auszeichnung und Verehrung der Kirchenmatronin durch einen Engel, ihren Bruder Tiburtius und ihren Bräutigam Valerianus. Gegenüber das ungefähr zeitgleiche Tympanon vom Portal des Nordquerarms von St. Pantaleon mit Spuren der einstigen Polychromie.

Von der Westempore mit Skulptur und Kleinkunst des Barock erschließt sich der Kirchen- bzw. Museumsraum am

Schnütgen-Museum: Die ›Siegburger Madonna‹, um 1160

Jungfrau mit Einhorn als Sinnbild für Maria, Kissenplatte, Köln, 15. Jh.

Schnütgen-Museum: ›Grablegung Christi‹ von einem niederrheinischen Passionsaltar, um 1520-30

besten. Neben den genannten Steinbild-
werken bewahrt das Mittelschiff u. a. die
›Siegburger Madonna‹ (1150-60) und
den Kruzifixus aus St. Georg (um 1067).
In Vitrinen im Norden Elfenbein, Gold-
schmiede- und Emailarbeiten. Im Chor
u. a. das Antependium aus St. Ursula
(um 1170 und Anfang 15. Jh.), Figuren
von der Hochaltar-Mensa des Domes

(um 1310-20) und die Figurengruppe
vom Dreikönigenpförtchen (um 1320,
vgl. S. 57), weitere Madonnenskulpturen
aus Holz mit originaler Fassung – ein bei-
spielhafter Querschnitt.
In der gotischen Sakristei Paramente. In
der Krypta Goldschmiedekunst aus
Gotik und Barock. Im Süden Skulptur
des 15.-19. Jh. sowie Kabinettscheiben.

Glasmalereien vom 13.-16. Jh. an den Fenstern des Kirchenraums und in der Eingangshalle.

Öffnungszeiten S. 180

50 St. Peter

Leonhard-Tietz-Straße 6/
Jabachstraße 1
U-Bahn Neumarkt

Eine der ältesten Pfarrkirchen der Stadt, heute ein Ort engagierter christlicher – keineswegs ›braver‹ – zeitgenössischer Kunstpflege.

Die vielleicht schon im 10. Jh. entstandene Pfarre gehörte bis 1802/03 zum benachbarten Cäcilienstift. Beide Kirchen sind durch einen um 1960 neu gestalteten

St. Peter: ›Kreuzigung Petri‹, Spätwerk von Peter Paul Rubens, 1638

Hof verbunden; an die alte Einbettung in Klosterbauten erinnert die Mauer mit dem (versetzten) romanischen Torgewände. Die heutige spätgotische **Emporenbasilika** mit Pseudoquerhaus und Polygonapsis, die 1515-25/30 über den Mauerzügen der Vorgängerkirchen und der römischen Thermen errichtet wurde, bezieht den Westturm des 12. Jh. (nicht axialsymmetrisch) mit ein. Das Glockengeschoß wurde romanisierend um 1618 aufgestockt. Seit 1959/60 außen mit Notdächern gedeckt, zeigt auch das Mittelschiff im **Innern** bis heute nur eine flache

Holzdecke anstelle der kriegszerstörten Netzwölbung. Von dieser blieben nur einige Seitenschiffjoche mit Resten der expressionistischen Ausmalung von H. Zepter, 1925-28, erhalten.

Die geretteten *Glasmalereien* des frühen 16. Jh. wurden in den 60er Jahren von 3 Künstlern mit zeitgenössischen figürlich-ornamentalen Umrahmungen versehen (H. Lünenborg, F. Pauli, H. Gottfried). Vom barocken Hochaltar die *Kreuzigung Petri*, ein Hauptwerk des P. P. Rubens, das er 1638 für die Pfarrkirche seiner Jugendzeit ausführte (Rubens lebte als Flüchtlingskind mit seinen Eltern 1578-87 in der benachbarten Sternengasse).

Die seit 1957 vom Jesuitenorden betreute Pfarrkirche ist heute als *Kunst-Station St. Peter* Ort qualitätvoller Ausstellungen zeitgenössischer Kunst mit vieldiskutierten Eröffnungsveranstaltungen.

51 Kulturbauten am Josef-Haubrich-Hof

Cäcilienstraße 30/
Fleischmengergasse
U-Bahn Neumarkt

Ein typisches kommunales Kulturzentrum der 60er Jahre – Ort vielbeachteter Ausstellungen.

Das städtische Kulturzentrum an der Südostecke des Neumarkts besteht aus 3 Komplexen:
1. Studiengebäude der **Volkshochschule**, erbaut 1962-64, mit Fassadenrelief am Risalit des Treppenhauses von A. Pomodoro, 1964/65: ›Große Hymne an das Technische Zeitalter‹; **Forum der VHS** mit variablen Veranstaltungssälen im Süden; **Josef-Haubrich-Kunsthalle** im Westen, erbaut 1964-67 von F. Lammersen, und städt. Hochbauamt sowie **Kölnischer Kunstverein**, 1967. Während in der Kunsthalle mit insgesamt 1800 m² Ausstellungen der Kölner Museen stattfinden, dienen die Räume des 1839 gegründeten Kunstvereins dazu, vornehmlich die Kunst der Gegenwart zu präsentieren.
2. **Zentralbibliothek** der Stadtbücherei Köln, 1977-79 errichtete große öffentliche Bibliothek.
3. **Ärztezentrum** mit Hof zu den genannten Bildungsbauten und markantem Turm über dem trichterförmigen Eingang zur U-Bahn-Station ›Neumarkt‹, 1987-89 von H. und U. Trint, die auch das Bahngeschoß dieses Verkehrsbauwerks 1987 neu gestalteten. In der Fußgängerebene

Der historische Richmodisturm, integriert in den Neubau von Hermann Kienle, Manfred Kreidt und E. Grimbacher (1990/91)

darüber Deckenrelief von M. Ott, 1970. Der Name des Kulturzentrums ist eine Hommage an den Kunstsammler und Mäzen Dr. Josef Haubrich (1889-1961). Er schuf 1946 (!) mit seiner Stiftung eine neue Grundlage für die Sammlung mit Werken der klassischen Moderne des damaligen Wallraf-Richartz-Museums [Nr. 5].

52 Neumarkt und Zeppelinstraße

U-Bahn Neumarkt

Größter innerstädtischer Platz mit reicher Tradition, der noch auf seine Erlösung vom Inseldasein wartet.

Als ›novus mercatus‹ im 11. Jh. erstmals überliefert, übertraf das west-östl. sich erstreckende Areal mit seinen 27 216 m² die beiden älteren Märkte in Rheinnähe erheblich an Grundfläche. Der **Platz** diente hauptsächlich als Viehmarkt; überliefert sind Baumpflanzungen, ein Pumpenhaus und eine Windmühle. Später Ort der Schützenfeste, errichteten die Franzosen hier am 9. Oktober 1794 den Freiheitsbaum. Die preußischen Militärs ließen ab 1815 auf dem Platz paradieren, aus den umliegenden Klöstern waren

Kasernen geworden. Die Kölner parodierten dieses militärische Zeremoniell ab 1823 mit den Rosenmontagszügen des Karnevals, die sich zunächst hier sammelten und prunkvoll entfalteten. Den gewalttätigsten Eingriff unternahm die

Käthe-Kollwitz-Museum: ›Tod und Frau‹, 1922/23, Kohle-/Kreide-Zeichnung auf Bütten

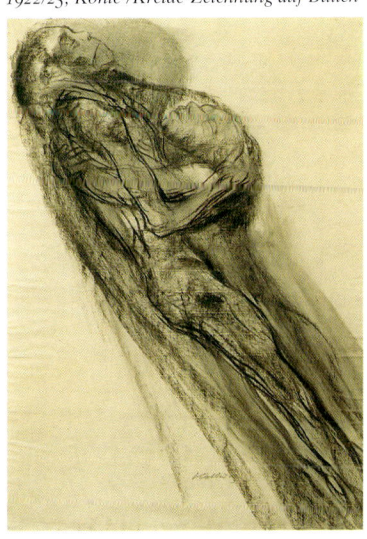

nationalsozialistische Stadtplanung Mitte der 30er Jahre, die den Platzrand im Westen und Osten aufbrach und den Südteil des Neumarkts so in die große neue Ost-West-Achse einbezog.

An der Nordseite, im Anschluß an St. Aposteln, die Baugruppe der *Kreissparkasse* (Nr. 18a–28), 1948-53 von W. Dietz. 1987/88 Einbau eines neuen Passagensystems *Neumarktpassage* und Umgestaltung der Erdgeschoßzonen u. a. durch J. und H. Schilling in eleganter, postmoderner Formensprache. Das Geldinstitut begründete hier in mäzenatischer Gesinnung das **Käthe-Kollwitz-Museum**, das eine umfangreiche Sammlung der Werke dieser engagierten deutschen Künstlerin (1867-1945) der Öffentlichkeit zugänglich macht.

Richmodstraße und sog. **Richmodishaus** (Nr. 8-10) erinnern an die Kölner Sage der scheintoten Richmodis von Aducht, die 1357 durch räuberische Totengräber ins Leben zurückgerufen wurde und in ihr Haus zu ihrer Familie zurückkehrte. Der ungläubige Ehemann soll ausgerufen haben: »Eher laufen meine Pferde die Treppe hinauf, als daß meine Frau lebt!« Die beiden Pferdeköpfe am 1928 zuletzt erneuerten und 1990/91 in das neue Richmod-Center mit seiner Passage integrierten *Treppenturm* (einst typisch für die Höfe des Kölner Patriziats) verbürgen, daß die Pferde tatsächlich hinaufliefen ... Was tut's, daß sie in Wirklichkeit heraldischer Bestandteil des Wappens der Familie Hackeney waren, deren im 16. Jh. errichteter Hof, zu dem der Turm urspr. gehörte, zweimal Kaiser Karl V. und sein Gefolge beherbergte. An der Ecke zur Zeppelinstraße das Geschäfts- und Bürohaus *Schwerthof*, 1921/22 von J. Koerfer und T. Veil. An der Ostseite des Platzes, Eckhaus Schildergasse 117, das *Modehaus Robert Ley*, 1914/15 von H. Pflaume jr. als Caféhaus erbaut; an der Ecke zur Cäcilienstraße, Neumarkt 3, das traditionsreiche *Kunsthaus Lempertz*, 1952 von P. Baumann. An den Fassaden Hausmadonna (14./15. Jh.) und Terrakotta-Skulpturen (Jungfrau und Kassandra) von G. Marcks (1947) sowie

Olivandenhof: High-Tech zum Bummeln

Harmonisch rundet sich die Dreikonchenanlage von St. Aposteln

eine Wandmalerei von S. Wewerka (1985). An der Südseite des Platzes, Nr. 15–19, das städtische Gesundheitsamt, ehem. *Haus Bing*, 1908 von H. Müller-Erkelenz (ohne die urspr. Dachlandschaft). Mit Nr. 21 hat sich das einzige Gründerzeithaus, mit Nr. 45 die Erinnerung an die Bürgerhäuser des 18. Jh. mit originalem Erd- und neugestalteten Obergeschossen erhalten. Über die 1910 angelegte Zeppelinstraße im Norden des Neumarkts erreicht man den **Olivandenhof**, dessen 1913 von H. Pflaume jr. gestaltete Fassaden 1987/88 restauriert und in einen Neubaukomplex integriert wurden, der, unter gleichem Namen, im Innern über Ovalgrundriß ein mehrgeschossiges Geschäftszentrum beherbergt (Architekturbüro Hentrich, Petschnigg und Partner). Die Straße wurde in diesem Bereich durch ein elegant geformtes Eisen-Glas-Dach zur **Passage** umgestaltet

Öffnungszeiten Käthe-Kollwitz-Museum *S. 180*

53 St. Aposteln
Apostelnkloster
U-Bahn Neumarkt

Die ehemalige Chorherren-Stiftskirche gehört dank ihrer kleeblattförmigen Ostpartie zu den großartigsten Architekturschöpfungen des Mittelalters. Der Rautenhelm des Westturms wurde für zahlreiche rheinische Turmspitzen zum Vorbild.

An Stelle eines kleinen Vorgängerbaues ließ Erzbischof Pilgrim (1021-36) eine großzügige, flachgedeckte **Basilika** mit

St. Aposteln: Mittelalterliche Architektur und Ausstattung des 20. Jahrhunderts

West- und Ostchor nach dem Vorbild des Alten Domes errichten. Im Querhaus vor dem Westchor wurde der Gründer bestattet. Die Umfassungswände des heutigen Westquerschiffs, 5 Arkaden im Langhaus und dessen Obergadenwände sind aus dieser 1. Gestaltungsphase erhalten. Mitte des 12. Jh. wurden Westchor und Westkrypta umgebaut, die unteren Geschosse des Westturms entstanden. Kirche und Stift liegen seit 1180 im Schutz der staufischen Mauer; die östl. der Kir-che verlaufende Römermauer markiert jetzt die Immunitätsgrenze zum Neumarkt. Ihre damalige Höhe markiert das sog. ›Pilgrimspförtchen‹ an der Ostkonche! Nach einem Brand wurde ab 1192 der alte Ostchor durch den Neubau der Dreikonchenanlage ersetzt, entworfen in schöpferischer Konkurrenz zu derjenigen von Groß St. Martin [Nr. 14]. Beide variieren das großartige Grundrißmotiv von St. Maria im Kapitol [Nr. 19] aus der Mitte des 11. Jh. unter Verzicht auf die dorti-

gen Umgänge und mit neuen architektonischen Mitteln. – Das Raumbild und die
Detailgestaltung des Äußeren konnten
bis 1975 nach starken Kriegsbeschädigun-
gen wiederhergestellt werden.

Die Kirche von Osten: Am Außenbau
umziehen unterschiedlich gestaltete Bogenreihen in 3 Etagen die Konchen und
die zwischen sie eingefügten gerundeten
Untergeschosse der Winkeltürme. Die
oberste Etage nimmt den Laufgang der
Zwerggalerie auf. Oberhalb der reich
differenzierten Dachzone erhebt sich
über der Vierung der 8seitige Turm mit
seiner byzantinisch geprägten Laterne
als Krone. Die jetzt 8eckigen Türme mit
ihren Falthelmen verbinden sich mit ihm
zu der charakteristischen Dreierkompo-
sition, die die Ansicht der Kirche vom
Neumarkt her prägt.

Inneres: Im unteren Geschoß der *Dreikonchenanlage* finden sich Nischen, im
oberen ein Laufgang. Die mit Doppel-
säulen besetzten Pfeiler wirken wie ste-
hengebliebene Wandstücke, die zu den
ausschwingenden Fensternischen wie
›Zungen‹ gehören. In den Zwischenjo-
chen öffnen sich 2zonige Bogenreihen.
In der Vierung über Pendentifs der 8sei-
tige Turm, der sich in die Tambourzone
mit übereck gestellten Fenstern und Nischen (mit Laufgang), in die Wölbungs-
zone und die Laterne gliedert. Die Wände des *Mittelschiffs* zeigen Architektur-
systeme aus 2 Bauperioden: Die Arkaden aus Buntsandstein gehören zum Urbau von Erzbischof Pilgrim, die Vorblen-
dung aus Trachyt mit Rundbogenfries
und Gesims, das Blendtriforium und die
gebündelten Dienste zur Wölbungszeit
um 1220. Im folgenden Jahrzehnt wurde
auch das *Westquerschiff* des 11. Jh. eingewölbt; die Architekturglieder sind
schlanker als die des Mittelschiffs. Von
der einst qualitätvollen **Ausstattung** des
Barock sind nur Reste erhalten (Kathari-
nenmarter von J. W. Pottgießer; das Pendant heute in St. Mariä Himmelfahrt, vgl.
Nr. 46). Auch die aufwendige Mosaikaus-
stattung vom Ende des 19. Jh. ist leider
verloren (Rest im Westquerschiff). Aus
der Zeit des Wiederaufbaus stammen die
Glasfenster von W. Weyres. Die Altarzo-
ne gestaltete S. Hürten 1975. Das Retabel im Osten von P. Nagel mit den Apo-
stelfiguren des 14. Jh. entstand 1987.
Ausmalung von Dreikonchenanlage und
Vierung 1988-94 durch H. Gottfried.

Umgebung: Im Süden die Pastor-Könn-
Aula mit großem Glasfenster von L. Gies,

Blick über die Hahnentorburg auf die Altstadt

1955. Die Umbauung des begrünten
Platzes erinnert an die ehem. Stiftsbauten mit Kreuzgang an dieser Stelle. Auch
die umliegenden Straßen (Hahnen-,
Aposteln-, Mittel-, Pfeilstr.) lohnen einen Besuch. Hier finden sich Kölns aufregendste Geschäfte ...

Öffnungszeiten St. Aposteln *S. 181*

54 Hahnenstraße
U-Bahn Rudolfplatz oder
Neumarkt

Ein Boulevard der 50er Jahre.

In den 30er Jahren als Teil des Achsen-
kreuzes der NS-Stadtplanung mit 60 m
Breite für Aufmärsche u. ä. konzipiert
und ab 1938/39 durch die noch immer
mittelalterlich strukturierte Bausubstanz
westl. des Neumarkts durchbrochen,
wurde dieser Teil der Ost-West-Achse
seit 1947 nach Plänen von W. Riphahn
neu gestaltet. Der für die Kölner Moderne so wichtige Architekt kombinierte
1949/50 die hohen *Wohnbauten* im Süden
(Hauptfronten zum ›Marsilstein‹ und zur
Schaafenstraße) mit niedrigen *pavillon-
artigen Ladenlokalen*, die z. T. mit dem
erhaltenen Baumbestand der ehem. In-
nenhöfe verbunden wurden (z. B. Nr. 11).
Kammartige mehrgeschossige Bauten
bilden an den Querstraßen-Einmün-
dungen aufeinander bezogene Vertikal-

akzente. Das hypertrophe Straßenprofil wurde so geschickt zurückgenommen. Auf der Nordseite sind St. Aposteln niedrige Winkelbauten in Anlehnung an das mittelalterliche Stiftsquadrum vorgelagert (1951/52 von S. und J. W. Starck); es folgen der Bau des britischen Kulturinstituts *Die Brücke* (Nr. 6, 1949/50 von W. Riphahn), dem nach Norden, am ›Apostelnkloster‹ 13-15, das *Amerika-Haus* gestalterisch zugeordnet ist (um 1955 von R. H. Schickmann), und Hahnenstr. 8 der *Stoffpavillon Moeller* (1952 von W. Riphahn). In der kleinen Grünanlage Bronzefigur des *Hahns*, 1962 von T. Stockheim. Als Abschluß der südl. Pavillonbauten entstand Richtung Westen 1989-92 der Erweiterungsbau der *Stadtsparkasse* mit Kammbau, gerundeter Glaspassage und Brücke über den Mauritiuswall (Architekturbüro Hentrich, Petschnigg und Partner). Im Innern des Glaszylinders und auf dem tiefgelegenen Vorplatz *Neonkunstwerke* von Stephan Antonakos.

55 Rudolfplatz/Habsburgerring
U-Bahn Rudolfplatz

Westlichstes Zentrum der Kölner City.

Mittelpunkt des nach König Rudolf von Habsburg (reg. 1273-91) benannten Platzes zwischen Habsburger- und Hohenzollernring ist die **Hahnentorburg**, die zum großartigen, 1180 begonnenen Ring der staufischen Landmauer gehört. Wie das Eigelsteintor [Nr. 87] repräsentiert dieses gegen 1235-40 zu datierende Bauwerk den Typ des Doppelturmtores. Im Mittelalter zogen hier die in Aachen gekrönten römisch-deutschen Könige in die Stadt ein, um den Hl. Drei Königen im Dom zu huldigen. Nach Abbruch der Mauern ab 1881 unter H. J. Stübben 1885-88 umgebaut und restauriert (Stadtwappen, Stübben-Tafel!), erhielt nach der Kriegsbeschädigung der Nordturm eine neue, zeittypische Fassung. Durch ein Brückenbauwerk im Süden mit Restaurant erweitert, diente der Torburg zunächst Kunstausstellungen; seit 1988 nutzt die Karnevalsgesellschaft der ›Ehrengarde‹ das Bauwerk. Im Süden das **Filmtheater am Rudolfplatz**, 1955 von T. Kelter. Derselbe Architekt entwarf 1961/62 das 9geschossige **Scheibenhochhaus** mit seiner L-förmigen 2geschossigen Sockelzone und der Vorhänge-Fassade aus Glas, Stahl und Alumini-

um (Hotel Holiday Inn Crowne Plaza). Hier hatte seit Beginn des 20. Jh. das Opernhaus gestanden, dessen Ruine 1958 abgebrochen wurde.

56 St. Michael
Brüsseler Platz
U-Bahn Rudolfplatz oder
Friesenplatz

Mittelpunkt urbanen Lebens der westlichen Neustadt.

Nördl. der auf römischer Trasse verlaufenden Aachener Straße liegt der wegen seiner Straßennamen ›Belgisches Viertel‹ genannte Teil der ab 1881 angelegten Neustadt (eigentlich müßte es ›Alt-Niederländisches Viertel‹ heißen). Seine Symmetrieachse ist die Maastrichter Straße (in der Verlängerung der altstädtischen Ehrenstraße), die auf den Brüsseler Platz zuläuft. Hier erhebt sich die mit ihrer Doppelturmfassade auf den Hohenzollernring ausgerichtete kath. Pfarrkirche St. Michael, erbaut 1902-06 von E. Endler. Die reizvoll detaillierten Werksteinfassaden sind von romanischer und byzantinischer Architektur inspiriert. Vor dem Krieg wurde die Vierung von einer Kuppel mit großem Zeltdach überwölbt, die dem Dekagon von St. Gereon [Nr. 37] formal verpflichtet war. Heute bedecken das Innere anstelle der Gewölbe flache Holztonnen (K. Band, 1956).

57 Synagoge
Roonstraße 50 (am Rathenauplatz)
U-Bahn Zülpicher Platz

Wichtiger Sakralbau der einst bedeutenden jüdischen Gemeinde Kölns.

Die in die Blockbebauung der Nordostseite der Roonstraße integrierte **Synagoge** mit jüdischem Gemeindezentrum und Koscher Restaurant entstand 1895-99 nach Plänen der Architekten E. Schreirer und B. Below. Die in rheinisch-romanischen Formen gehaltene Hauptfassade wendet sich zum Rathenauplatz jenseits der Roonstraße. Am 9. Nov. 1938 beschädigt und verwüstet; 1943-45 weiter zerstört, konnte das Zentrum der israelitischen Kultusgemeinde Kölns 1958/59 nach Plänen von H. Goldschmidt außen mit geringen, innen mit weitergehenden Veränderungen wiederaufgebaut werden. Statt einer Freitreppe liegt heute ein Gartenstreifen vor der Hauptfassade.

Die grüne Oase des Rathenauplatzes mit der Synagoge (oben links)

Der kuppelüberwölbte Betsaal in der
1. Etage besitzt eine qualitätvolle Ausstattung der 50er Jahre.
Den von mächtigen Platanen gesäumten,
durchgrünten **Rathenauplatz** umrahmt
ein weitgehend erhaltenes Ensemble
ehem. großbürgerlicher Wohnhäuser.

58 Herz-Jesu-Kirche

Zülpicher Platz
U-Bahn Zülpicher Platz

*Zentrum des studentisch geprägten kölschen
›Kwartjeh Lateng‹.*

Dem Turm der alt-kath. Auferstehungs-
Kirche von 1906/07 antwortet auf der Achse der Roonstraße als Point-de-vue der
mächtige, 1906-09 erbaute Turm der (rö-
misch-)kath **Herz-Jesu-Kirche** (F. u. H.
von Schmidt). Das zugehörige Kirchenschiff ist nur noch fragmentarisch erhalten:
Seine auf den Hohenstaufenring ausgerichtete, mit Strebewerk ausgestattete
Choranlage wurde nach starker Kriegsbeschädigung abgetragen und durch ein neues Chorhaus ersetzt (1953-57 von W. Weyres und W. Hartmann). Diese interessante
Kombination von Alt und Neu begegnet
in vergleichbarer Gestalt noch einmal
im Stadtteil Mülheim bei Liebfrauen
[Nr. 122]. – Die umliegenden Straßen
verzeichnen neben dem Martinsviertel
die größte ›Kneipen-Dichte‹.

59 St. Mauritius, Kirche und ehem. Klostergebäude

Mauritiussteinweg 61 und 59
U-Bahn Mauritiuskirche

*Kölsche Neugotik und kölscher Barock um-
rahmen einen der stimmungsvollsten Innen-
höfe Kölns (mit Biergarten).*

Stellt man sich in Höhe der Herz-Jesu-
Kirche [Nr. 58] mitten auf die Zülpicher
Straße, so ergibt sich im Durchblick nach
Nordosten eine einzigartige ›neugotische‹ Turm-Konstellation, die Kölns einstiger Vormachtstellung innerhalb dieser
typischen Strömung des Historismus des
19. Jh. würdig ist: Der spitze steinerne
Turmhelm der **Mauritiuskirche** mit seinen fialenbekrönten Strebepfeilern ver-
wächst optisch mit den Haupttürmen
samt Dachreiter des Domes. Dieses
1861-64 auf dem Platz der abgerissenen
staufischen Vorgängerkirche errichtete
Hauptwerk von V. Statz wurde nach starker Kriegsbeschädigung – entsprechend
der damaligen Geringschätzung histori-
stischer Bauten – bis auf den Turm und
die unteren Zonen der Umfassungsmauern der östl., zentralisierenden Choranlage abgetragen. Hier entstand nach Plänen von F. Schaller 1956/57 ein neuer
Zentralbau, dem der Bereich des alten
Langhauses als Atrium vorgelagert ist.
Das **Klostergebäude** der Benediktinerin-
nen, die den Westteil der alten Pfarrkir-

97

che bis 1802/03 nutzten, lag im Süden. Seine im 18. Jh. neuerrichtete Dreiflügelanlage, ein Backsteinbau mit Mansarddach, blieb erhalten (Mauritiussteinweg 59). Im 19. Jh. wirkte hier der Alexianerorden. Ein Portal mit toskanischen Halbsäulen und Segmentbogengiebel, 1735 datiert, führt in den Hof des heute als Vereinshaus des Kölner Männergesangvereins mit öffentlichem Restaurationsbetrieb und Biergarten genutzten sog. *Hauses Wolkenburg.*

60 Griechenmarktviertel

U-Bahn Mauritiuskirche oder Poststraße

Hinter dem südländischen Namen verbirgt sich ein altstädtisches Wohnviertel.

St. Mauritius und St. Peter [Nr. 50] sind die angestammten Pfarrkirchen des Viertels, seit der 2. Hälfte des 19. Jh. eines der volkreichsten Quartiere des alten Köln. Die Bedeutung des Namens ist ungeklärt; so ›passend‹ hier ein mittelalterlicher ›Markt von Griechen‹ in Sichtweite von St. Pantaleon auch erscheinen mag, so deuten Etymologen die beiden Silben eher als Hinweis auf ein Weiher- oder Sumpfgelände. Die Südgrenze bildet die **römische Stadtmauer,** die hier noch immer mit dem feldseitig vorgelagerten Stadtgraben, den sog. Bächen, in einzigartiger Weise als historische Stadtzäsur zu erfahren ist (empfehlenswerter Fußweg: ›Alte Mauer am Bach‹).

Nach starker Kriegszerstörung wurde hier das von R. Schwarz, dem Kölner Generalplaner, für große Teile der Altstadt projektierte quartierbezogene Wohnen mit kleinmaßstäblicher Bebauung und viel ›Grün‹ am konsequentesten verwirklicht. Entlang der ›Alten Mauer am Bach‹ entstanden, ausgerichtet auf das Verkehrsband der ›Bäche‹, drei Punkthochhäuser. Über eine Fußgängerbrücke erreicht man den *Park* an St. Pantaleon. Das Kulturforum am Josef-Haubrich-Hof [Nr. 51] ist dem Viertel ebenso zugeordnet wie das *Agrippa-Bad* von 1955-58 (Kämmergasse 1) und mehrere Schulen.

Die Zülpicher Straße, das Rückgrat des ›Kwartjeh Lateng‹

Zeugen der Vergangenheit sind vor allem das **Haus Bachem** von 1590 mit doppeltem Treppengiebel (Großer Griechenmarkt 37-39) sowie der **Wasserturm** (Kaygasse 2). Dieser wurde 1868-72 nach dem Entwurf von J. Moore für die erste zentrale Wasserversorgung des Rheinlands errichtet. Die ›kölsche Engelsburg‹ erhielt beim denkmalpflegerischen Umbau zu einem Hotel 1987-89 das oberste Geschoß mit der Zwerggalerie zurück, hinter der sich früher der große Flachboden-Wasserbehälter befand (von dort hervorragende Rundsicht auf Köln!). Architekten: K. L. Heinrich und A. Putman.

Rundum gute Sicht vom Wasserturm

61 St. Pantaleon

Am Pantaleonsberg 6
U-Bahn Poststraße oder
Barbarossaplatz

Idyllisch gelegenes Hauptwerk ottonischer Architektur – Grabstätte für Erzbischof Bruno und Kaiserin Theophanu.

Die vorstädtische Hügellage der ehem. Benediktiner-Abtei ist noch heute zu erkennen: im Nordwesten durch die ab 1950 geschaffene Grünanlage entlang des ›Rothgerberbachs‹, im Süden und Osten durch die Mauerzüge entlang der tieferliegenden Straßenzüge von ›Waisenhausgasse‹ und ›Am Pantaleonsberg‹. Der römischen ›villa suburbana‹ folgte ab 957 ein **Benediktinerkonvent**, der bis 1802/03 Bestand haben sollte. Sein Gründer, Erzbischof Bruno I. (reg. 953-965), ließ hier über älteren Fundamenten eine große neue Kirche zu Ehren des griechischen Märtyrers St. Pantaleon errichten, einen monumentalen Saalbau mit östl. Querannexen, einem Westwerk und einem vorgelagerten Zentralbau (im Vorplatzpflaster kenntlich gemacht). Der 980 geweihte, unvollendet (?) gebliebene Bau wurde 984-996 nach Westen erweitert und mit einem neuen Westwerk abgeschlossen. Bauherrin war jetzt Kaiserin Theophanu, byzantinische Prinzessin und Frau Kaiser Ottos II. Gestorben 991, erhielt sie wie Bruno ihr Grab in der Kirche.
Die äußere Gestalt des **Westwerks** wurde schon 1890-92 nach alten Ansichten, doch mit verkürztem Westflügel rekonstruiert. Sein an 3 Seiten von doppelgeschossigen Flankenbauten umgebener Zentralbau überragt deren Satteldächer mit Glockengeschoß und Pyramidendach. Die westl. Treppentürme zeigen Viereck-,

Achteck- und Zylinderpartien; Kegeldächer bilden den Abschluß. Im **Innern** des imperialen Bauwerks öffnen sich zum schachtartigen Zentralraum mit dem Deckenbild von G. Kadow (›Himmlisches Jerusalem‹, 1965) im Norden und Süden die kapellenartigen Nebenräume in je 2geschossigen Doppelarkaden, während die Westempore über der Vorhalle durch eine Dreierarkade ausgezeichnet ist. Die Ornamentierung einiger Buntsandsteinquader weist auf ihre Zweitverwendung hin. Fußbodenmosaik 1965 von E. Hillebrand, Leuchter 1967 von R. Bendgens, Glasfenster 1984-87 von D. Hartmann. Das freskierte Tympanon stammt vom Nordportal (13. Jh.), die Türflügel schuf T. Heiermann 1967.
Der monumentale Rundbogen stellt seit 1957 wieder die Verbindung zum ehem. saalförmigen **Langhaus** der Mönchskirche her. Eine 7teilige Blendbogenreihe (über den Arkaden des 12. Jh. freigelegt) gliederte in flachem Relief die unteren Wandzonen; darüber lagen schmale Rundbogenfenster. Außen wurden sie in den Blendbogenduktus mit aufgenommen. Das Vorbild der Trierer Palastaula Kaiser Konstantins (4. Jh.) ist deutlich. Das heutige Innenraumbild von Langhaus und Chor ist nur durch die Baugeschichte erklärlich: Mitte des 12. Jh. erweiterte man die Saalkirche zu einer

Imperialer Glanz: das ottonische Westwerk von St. Pantaleon

Pfeilerbasilika mit gewölbten Seitenschiffen. Der südl. Querannex erhielt im frühen 13. Jh. eine spätstaufische Neufassung, die nach dem Krieg nur vereinfacht wiederhergestellt wurde. 1619-22 spannte C. Wamser, Architekt der Jesuitenkirche St. Mariä Himmelfahrt [Nr. 46], zwischen die mit Spitzbogenfenstern erneuerten Obergadenwände ein gotisierendes Netzgewölbe, das im Osten durch das 3seitige Polygon der gleichfalls erneuerten Apsis aufgefangen wurde (nur dort mit den zugehörigen Farbfenstern erhalten). Das Westwerk wurde damals abgemauert, der 1503 gestiftete Lettner dorthin versetzt, um die große Barockorgel (Prospekt von 1652) aufzunehmen. Der Altarraum bekam um 1750 seine bis heute erhaltene Rokokoausstattung. (Auch der Außenbau wurde damals verändert. Die Türme des Westwerks erhielten barocke Hauben. Von 1819 bis 1922 diente die säkularisierte Abteikirche als ev. Garnisonskirche. 1833-90 befand sich auf dem Hauptturm eine optische Telegraphenstation.)

Nach dem Krieg entfernte man die Reste der Mittelschiffswölbung. Ziel der Wiederherstellung unter W. Hartmann und W. Weyres wurde die möglichst weitgehende Rückgewinnung der ottonischen und romanischen Bauperioden. Die neue Kassettendecke liegt mit Rücksicht auf Obergaden und Apsis des 17. Jh. etwa 1 m höher als die mittelalterliche Deckenkonstruktion (Ausmalung 1990-93 durch D. Hartmann – ›Wurzel Jesse‹). Die Wiedereröffnung des Westwerks erforderte die Rückversetzung des *Lettners* nach Osten. Der barocke Chorraum erhielt so den Charakter einer abgeschlossenen Kapelle. Unter dem Lettnerbaldachin mit seinen qualitätvollen Skulpturen Altar von E. Hillebrand, 1965; auf der Empore neue Orgel mit Teilen des Prospekts von 1652. Im *rechten Querarm* Sarkophag der Kaiserin Theophanu (S. Hürten, 1965), abgenommene Wandbilder aus der Krypta (13. Jh.) und Grabmäler der Grafen von Moers (15. Jh.). Die rekonstruierte **Krypta** mit Brunosarkophag und Resten der römischen Villa nur bei Führungen zugänglich; das gleiche gilt für die spätstaufische **Schatzkammer** im Norden der Kirche über einem Rest des Kreuzgangs. Dort der Maurinus- (1170) und der Albinusschrein (1186), beide hier in St. Pantaleon geschaffen, sowie Fragmente der steinernen Monumentalskulptur des West-

Das Westwerk von St. Pantaleon verrät seine Stifterin durch imperiales Gepräge

werks, um 1000. Im Ostflügel des heute zu kirchlich-karitativen Zwecken genutzten, wiederaufgebauten Abteibereichs eine 6teilige Arkadenreihe vom **Kreuzgang** des 10. Jh. (Zugang durch das gotische Hofportal nördl. der Kirche).

Öffnungszeiten S. 181

Reizvoller Kontrast: Flammende Spätgotik und behäbiger Barock

Am Rheinauhafen

Kölns einziger erhaltener romanischer Profanbau, das erste eigenständige evangelische Kirchengebäude, Kölns besterhaltene Kirchenausmalung des Mittelalters – über diese Stationen führt der Weg zum 100 Jahre alten Rheinauhafen, dessen Zukunft 1992 mit einem vielbeachteten städtebaulichen Ideenwettbewerb und 1993 mit der Eröffnung des Imhoff-Stollwerck-Schokoladenmuseums begann ...
Die romanische Kirche St. Georg lädt zu Besinnung und Kunstgenuß ein.

62 Overstolzenhaus

Rheingasse 8
U-Bahn Heumarkt

So repräsentierten Kölner Kaufleute im 13. Jh. ...

Einziges erhaltenes **Patrizierhaus** Kölns aus der spätstaufischen Phase der Romanik. Erbaut 1225-30, im 19. und 20. Jh. in

Die reiche Fassade des Overstolzenhauses (13. Jahrhundert)

großen Teilen erneuert. Mit seiner reichen Fassadengliederung und dem Stufengiebel konkurrierte dieses bürgerliche Anwesen mit der bischöflichen Hofhaltung im Süden des Doms und mit den zahlreichen Stifts- und Klosterbauten. Das Bauwerk diente vornehmlich dem Handel und der Repräsentation der durch Weingeschäfte reich gewordenen Kaufmannsfamilie Overstolz. Im Hauptgeschoß des nach dem Krieg für Museumszwecke wiederaufgebauten Hauses Reste von Wandmalerei (Turnierszenen). Seit 1990 ist hier die Hochschule für Medien zu Gast.

63 Ev. Trinitatiskirche

Filzengraben 6
U-Bahn Heumarkt

Ein königlich-preußischer protestantischer Dom.

Der erste eigenständige ev. **Kirchenbau** Kölns entstand 1857-60 durch Munifizenz des preußischen Königshauses auf dem Gelände des ehem. Klosters St. Lucia. Architekt der nach römischem Vorbild in Formen des Berliner Spätklassizismus errichteten Emporenbasilika mit mächtigem Campanile war F. A. Stüler, einer der treuesten Schüler K. F. Schinkels. Der Hauptfassade ist eine zierliche Arkadenloggia vorgeblendet. Ähnliche Säulenarkaturen finden sich im *Innern*, das nach Kriegszerstörung bis 1965 in den historischen Formen wiedererstand. Stuckdecke von K. W. v. Borries.
Am rheinseitigen Ende des **Filzengrabens** hat sich mit Nr. 43 das letzte der barocken Laubenhäuser Kölns erhalten, einst ›Haus zur gelben Lilie‹, später ›Weinhaus Duhr‹ genannt. Am Rheinufer, neben dem Stadtmauerrest mit der *Schlupfpforte*, eine malerische Häusergruppe: ›Auf Rheinberg‹ Nr. 4 aus dem 18. Jh., Nr. 5 in neugotischen Formen aus der Mitte des 19. Jh.

Gewölbefresken in St. Maria Lyskirchen ▷

64 St. Maria Lyskirchen

An Lyskirchen 8
U-Bahn Heumarkt

Kleinod farbenprächtiger spätromanischer Architektur.

Die Pfarrkirche des einstigen Vorortes Noithusen entstand um 1210-20 unmittelbar hinter der rheinseitigen Stadtmauer, die dem Küsterhaus am Chor der Kirche noch immer als Sockel dient. Die **Emporenbasilika** sollte urspr. eine dop-

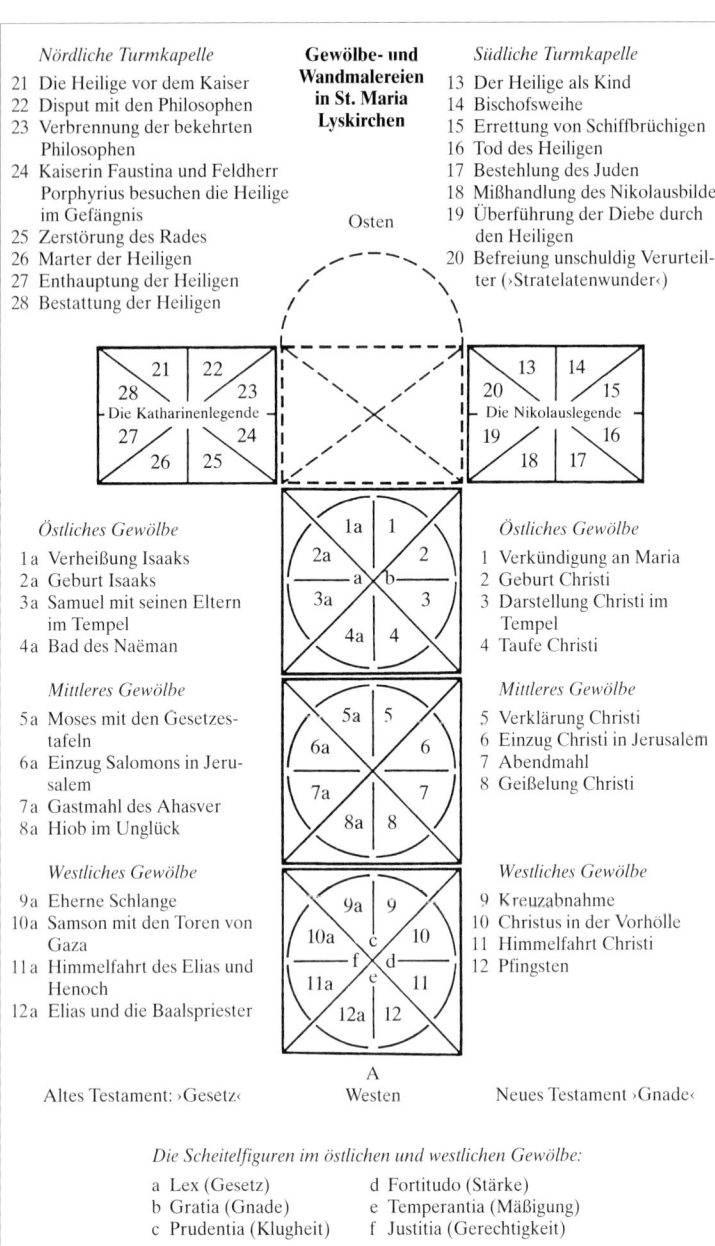

Nördliche Turmkapelle

21 Die Heilige vor dem Kaiser
22 Disput mit den Philosophen
23 Verbrennung der bekehrten Philosophen
24 Kaiserin Faustina und Feldherr Porphyrius besuchen die Heilige im Gefängnis
25 Zerstörung des Rades
26 Marter der Heiligen
27 Enthauptung der Heiligen
28 Bestattung der Heiligen

Gewölbe- und Wandmalereien in St. Maria Lyskirchen

Osten

Südliche Turmkapelle

13 Der Heilige als Kind
14 Bischofsweihe
15 Errettung von Schiffbrüchigen
16 Tod des Heiligen
17 Bestehlung des Juden
18 Mißhandlung des Nikolausbildes
19 Überführung der Diebe durch den Heiligen
20 Befreiung unschuldig Verurteilter (›Stratelatenwunder‹)

21 | 22
28 | 23
— Die Katharinenlegende —
27 | 24
26 | 25

13 | 14
20 | 15
— Die Nikolauslegende —
19 | 16
18 | 17

Östliches Gewölbe

1a Verheißung Isaaks
2a Geburt Isaaks
3a Samuel mit seinen Eltern im Tempel
4a Bad des Naëman

1a | 1
2a | 2
a / b
3a | 3
4a | 4

Östliches Gewölbe

1 Verkündigung an Maria
2 Geburt Christi
3 Darstellung Christi im Tempel
4 Taufe Christi

Mittleres Gewölbe

5a Moses mit den Gesetzestafeln
6a Einzug Salomons in Jerusalem
7a Gastmahl des Ahasver
8a Hiob im Unglück

5a | 5
6a | 6
7a | 7
8a | 8

Mittleres Gewölbe

5 Verklärung Christi
6 Einzug Christi in Jerusalem
7 Abendmahl
8 Geißelung Christi

Westliches Gewölbe

9a Eherne Schlange
10a Samson mit den Toren von Gaza
11a Himmelfahrt des Elias und Henoch
12a Elias und die Baalspriester

9a | 9
10a | c | 10
f / d
11a | e | 11
12a | 12

Westliches Gewölbe

9 Kreuzabnahme
10 Christus in der Vorhölle
11 Himmelfahrt Christi
12 Pfingsten

A

Altes Testament: ›Gesetz‹   Westen   Neues Testament ›Gnade‹

Die Scheitelfiguren im östlichen und westlichen Gewölbe:

a Lex (Gesetz)   d Fortitudo (Stärke)
b Gratia (Gnade)   e Temperantia (Mäßigung)
c Prudentia (Klugheit) f Justitia (Gerechtigkeit)

Bogenfeld über dem Westportal (innen):

A Die Anbetung der Heiligen Drei Könige

peltürmige Ostpartie erhalten, vergleichbar der Rheinfassade von St. Kunibert. Ausgebaut wurde jedoch nur der Nordturm, der über seinen 4 Giebeln einen Rautenhelm nach dem Vorbild des Westturms von St. Aposteln erhielt. Die zunächst niedrige Apsis wurde im 17. Jh. in barock-gotischen Formen umgebaut.

Bei der jüngsten Außenrestaurierung von 1985-89 stellte man die nachgewiesene originale staufische Farbskala bei den Türmen wieder her. Die später überformten Bauteile der Kirche erhielten eine angepaßte Tönung. In ähnlich leuchtender Farbigkeit muß man sich auch die übrigen romanischen Kirchen der Stadt vorstellen. In der **Westfassade** ein säulenflankiertes Portal mit Girlandenarchivolte und Fächerbogen im Tympanon. Daneben Hochwassermarken der letzten beiden Jahrhunderte. Größter Schatz des **Innern** sind die Gewölbe- und Wandmalereizyklen aus dem 13. Jh. Sie wurden unter der barocken Tünche um 1880 entdeckt, damals restauriert, 1934 erneut gesichert und blieben auch im 2. Weltkrieg erhalten. Jüngste Instandsetzung war 1973-77.

In den 3 Jochen des Mittelschiffs sind jeweils *4 Szenen des Alten Testaments* (auf der ›Nachtseite‹ im Norden) *4 Szenen des Neuen Testaments* (auf der ›Tagseite‹ im Süden) in gegenseitigem Bezug (sog. Typologie) gegenübergestellt. Die Rippengliederung und die gemalten bildtrennenden Säulchen lassen in jedem Joch eine rosettenartige Ornamentstruktur entstehen. In den Zwickeln sind jeweils weitere ›Bezugspersonen‹ dargestellt (Propheten, Sibyllen etc.). Dieser Hauptzyklus kann in die Mitte 13. Jh. datiert werden, das innere Bogenfeld über dem Westportal um 1230, die Legendenzyklen in den Turmkapellen um 1270-80. Die einzelnen Bildthemen finden sich in nebenstehendem Schema dargestellt.

Im Nordseitenschiff die sog. *Schiffermadonna* (um 1420). Über dem Hochaltar eine *Muttergottes* des 14. Jh. – *Farbfenster* aus dem 16. Jh. in den Seitenschiffen und von 1987 im Chor (H. Lünenborg).

Öffnungszeiten S. 181

65 Rheinauhafen mit Schokoladenmuseum und Severinsbrücke

Rheinauhalbinsel/Am Leystapel/
Holzmarkt/Bayenstraße
U-Bahn Heumarkt

Kühn spannt sich die Zügelgurtbrücke über Hafen und Strom.

Bis zum Anfang des 19. Jh. lag hier in echter Insellage das ›Werthchen‹, ein idyllisches Eiland, das der Erholung der Kölner Bürger diente. 1892-98 entstand nach Schließung der südl. Flußpassage ein neuer **Hafen** nach den Plänen von H. J. Stübben. Im Norden stellt eine Drehbrücke die Verbindung zum linksrheinischen Ufer her. Die zugehörige Technik ist im schon 1855 erbauten, zur preußi-

Wie ein Schiffsbug: das Imhoff-Stollwerck-Schokoladenmuseum auf der Spitze der Rheinauhalbinsel

Blick aus dem Westchor in Langhaus und Ostchor von St. Georg

schen Uferbefestigung gehörenden *Malakoffturm* untergebracht. Daneben, am ›Holzmarkt‹, die Muschelkalk-Skulptur des *Tauziehers*, 1908 von N. Friedrich geschaffen, 1911 hier aufgestellt. Auf der Halbinsel Verwaltungs- und Lagergebäude in späthistorischen Formen, z.T. bewußt kölnische Architekturmotive aufgreifend [südl. Fortsetzung Nr. 75]. 1993 wurde im ehem. Zollgebäude das **Schokoladenmuseum Imhoff-Stollwerck** eröffnet (Architekt: Fritz Eller).

Die **Severinsbrücke** entstand 1956-59 als seilverspannte Balkenkonstruktion mit einem asymmetrisch gesetzten, die Fahrbahn portalartig einfassenden Pylon nach Plänen von G. Lohmer und F. Leonhardt. Die eigenwillige Form war die Antwort auf Forderungen der Schiffahrtsbehörde nach hindernisfreier Durchfahrt. Hauptspannweiten: 302 m und 150 m.

Öffnungszeiten Schokoladenmuseum **S. 180**

66 St. Georg

Georgsplatz 1/Waidmarkt
Bus 132, 133/Waidmarkt

Kölns einzige Säulenbasilika der Romanik birgt den wichtigsten Glasfensterzyklus der Klassischen Moderne.

Das Bauwerk über Mauerresten aus römischer und merowingischer Zeit ist eine Gründung des Kölner Erzbischofs Anno II., der 1059 in vorstädtischem Gelände ein Chorherrenstift ansiedelte, dessen Kirche 1067 geweiht wurde. Von diesem Urbau sind wesentliche Teile bis heute erhalten. Mitte des 12. Jh. wurden alle bisher flachgedeckten Räume mit Gratgewölben versehen. Eine mächtige Pfeilerstellung durchbricht seither die Reihe der Säulenarkaden des Langhauses. Vor 1188 entstand der *Westchor* vollständig neu. Das **Äußere** ist ein gewaltiger Quader aus Trachyt, dessen turmartige Bekrönung nie vollendet wurde; das heutige Dach stammt von 1949/1989. Das **Innere** zeigt sich als überkuppelter Einraum von ausgewogener Proportionierung und Gliederung. Die halbkreisförmigen Schildbögen bilden mit den zugehörigen Eckpfeilern die vorderste Schicht der raffinierten Wandstufung. Die Kämpfer der Eckpfeiler sind in das Horizontalgesims eingebunden, das die Wände in 2 nahezu gleich hohe Stockwerke teilt. Die Tiefe der Umfassungswände wird unten durch die Rundbogennischen, oben durch den Laufgang veranschaulicht. 34 Säulen unterschiedlicher Größe und mit stets wechselnder Kapitellskulptur tragen zur weiteren Bereicherung der Wandgestaltung bei.
Die im 19./20. Jh. baufällig gewordene Kirche wurde zwischen 1927 und 1930 grundlegend restauriert. Für die architektonische Ausgestaltung gewann man damals den österreichischen Architekten C. Holzmeister (1886-1983), für die Farbfenster den Niederländer J. Thorn

St. Georg: Chorgruppe von Osten

Prikker (1868-1932). Nach den starken Kriegszerstörungen bestimmen die Fenster wieder wesentlich das jetzt akademischer wirkende Raumbild der in etwa rekonstruierten Baufassung der 30er Jahre. Im Ostchor die Kopie des 1067 geschaffenen *Triumph-Kruzifixus* (das Original im Schnütgen-Museum), außerdem ein *Triptychon* aus der Schule B. Bruyns von 1558. Im nördl. Nebenchor ein *Madonnenmosaik* von J. Thorn Prikker, 1913. Im Westchor *Taufstein*, um 1240, und *Gabelkruzifixus*, 14. Jh.
Die Renaissance-Vorhalle vermittelte einst zur abgebrochenen Pfarrkirche St. Jakob; im kleinen Kreuzgang von 1930 Mosaikbilder von J. Thorn Prikker und M. Schmitz-Steinkrüger.
Im Norden der Kirche, auf dem **Waidmarkt** (einst Ort des Waidhandels für die Blaufärber am ›Blaubach‹), der *Hermann-Josef-Brunnen*, 1894 von W. Albermann. Gegenüber das Polizeipräsidium, 1953-60 von E. Blanck. Südlich, Severinstr. 241, das 1957 erbaute Friedrich-Wilhelm-Gymnasium mit Bronzeplastik des *Ikarus*, von K. W. v. Borries, 1957. Daneben ruinöser Portikus vom ehem. preußischen Wachgebäude, erbaut 1840/41, mit Giebelrelief zweier ruhender Krieger. Gegenüber, Severinstr. 222/228, das **Historische Archiv der Stadt Köln**, erbaut 1970/71 von Borger.

Öffnungszeiten St. Georg **S. 181**

Die Südstadt –
Vringsveedel und Szenetreff

An der Severinstraße liegen romanische Kirchen (St. Johann Baptist, St. Severin) und barocke Bürgerhäuser (Haus Balchem), etwas abseits Klöster beschaulicher Orden (Kartäuserkirche, St. Maria vom Frieden), umgebaute Reste der mittelalterlichen Stadtbefestigung (Severinstorburg, Bottmühle, Bayenturm, Ulrepforte), Kirchen der Stadterweiterung (St. Maternus und St. Paul) und Kathedralen der Technik (Wasser- und Elektrizitätswerke). Mit erholsamen Parks (Römerpark, Friedenspark, Volksgarten) und einer modernen Wohnanlage auf altem Industriegelände (Siedlung Stollwerck) rundet sich das Bild. Severinsviertel und Südstadt haben ihren Charme und Charakter bewahrt, hier leben der Rocksänger Wolfgang Niedecken (BAP) und der Schriftsteller Dieter Wellershoff ebenso wie Yuppies oder ein klassisch kölsches ›Hungsmadämche‹.

67 St. Johann Baptist/Elendskirche St. Gregor

Severinstraße/An Zint Jan/
An St. Katharinen 5
U-Bahn Severinstraße

Einst Mittelpunkt eines lebendigen Altstadtviertels – heute Inseln der Stille oberhalb einer lauten Verkehrsschneise.

Der moderne Turm und die zeitgleiche Umbauung von K. Band (1960-63) beziehen die stehengebliebenen 4 Joche des staufischen Mittelschiffs mit seiner gotischen Wölbung in den **Neubau** des traditionsreichen Gotteshauses – im Mittelalter Kirche der Weberzunft – mit ein. Im Innern dieser reizvollen Kombination von Alt und Neu sind die geretteten hervorragenden **Ausstattungsstücke** wieder

Karl Berbuer dirigiert seine Narren

aufgestellt worden: *Antoniaschrein*, Holz, gefaßt, 14. Jh.; *Sitzmadonna*, 1320; *Kreuzigungsfenster*, um 1500, mit neuer Umrahmung von W. Strauss; *Messingtaufe*, um 1500. An der Spielmannsgasse an historisierendem Giebelbau spätgotische *Bildnische mit Kruzifix*, um 1460-70. Den Verkehr auf der Brückenzufahrt segnet der *hl. Severin*, eine 1964 von E. Hillebrand geschaffene Marmorskulptur.

Auf dem Kirchenvorplatz der **Arnold-von-Siegen-Brunnen**, 1962 von E. Baumeister-Bühler zur Erinnerung an den gleichnamigen Tuchkaufmann und Mäzen der Pfarrkirche (1484-1569) geschaffen. Motive des Familienwappens und ›Weberschiffchen‹ inspirierten die Formgebung.

Südwestl. der **Karl-Berbuer-Brunnen** auf dem gleichnamigen Platz – ein Narrenschiff mit beweglichen Figuren des Kölner Karnevals zu Ehren eines der beliebtesten Dichter und Komponisten karnevalistischer Lieder, K. B. (1900-77), geschaffen 1987 von B. Stirnberg.

Richtung Osten, ›An St. Katharinen‹ 5, der umfriedete Bezirk der spätbarocken **Elendskirche St. Gregor** – ehemals Friedhofskirche für die ›Elenden‹, die Ausländer und Heimatlosen in reichsstädtischer Zeit. Das einschiffige Bauwerk, nach Kriegszerstörung außen und innen weitgehend originalgetreu wiederaufgebaut, eine Stiftung der Familie von Groote und noch heute in deren Besitz, wurde 1765-71 von H. N. Krakamp nach Entwurf von B. Spaeth errichtet. Über dem Westportal eine reliefierte Allegorie auf den Triumph des Todes. Zugang ins Innere über die benachbarte Niederlassung der Schönstatt-Schwestern.

In der wehrhaften Severinstorburg wird heute gefeiert

68 Severinstraße/Chlodwigplatz
U-Bahn Chlodwigplatz

Hier flanieren Schickimickis und Hungsmadämche.

Von den Römern als Hauptverbindungsstraße mit ihrer jenseits der Alpen liegenden Hauptstadt Rom angelegt, ist die **Severinstraße** seit dem Bau der mittelalterlichen Mauer (ab 1180) die wichtigste Straße des ›Vringsveedels‹ oder Severinsviertels, die bis vor wenigen Jahren Verkehrsachse und Einkaufsstraße zugleich war. Dementsprechend reihen sich Geschäfte und Kneipen fast ohne Unterbrechung aneinander, die jedoch einem

109

in den letzten Jahren zunehmenden Wandel unterworfen sind. Denn die Entdeckung dieses Viertels durch mehr oder weniger kaufkräftige junge Leute wie auch die mit der Umsiedlung der Schokoladenfabrik Stollwerck einhergehende Sanierung verdrängten die für das Viertel typische Arbeiterschicht, die im ›Hungsmadämche‹, also der Frau, die mit Hund und Henkeltasche ihren Kappes (Weißkohl) einkaufen ging, personifiziert war. Diesen ›Ureinwohnern‹ begegnet man noch am ehesten in den kölschen Wirtschaften, wie etwa dem ›Schmitze Lang‹ (Severinstr. 62) oder dem ›Früh im Veedel‹ (Chlodwigplatz 28) unmittelbar neben der **Severinstorburg**. Diese entstand kurz nach 1200 im Zuge der Stadtbefestigung als eindrucksvoller Einzelturm, den an der Außenseite seit dem 15. Jh. Geschützkammern aus Ziegelmauerwerk bereichern. Südl. davon erweitert sich die Straße auf dem Gelände des ehem. Zwingers zum **Chlodwigplatz** mit weiterer Verdichtung von Verkehr und Handel. An seiner Südseite erstrahlen die Gründerzeitfassaden der Neustadt in neuem Glanz.

69 St. Severin

Severinskirchplatz
U-Bahn Chlodwigplatz

Vom antiken Gräberfeld zur romanischen Kirche sind es hier nur einige Stufen.

Wie üblich, bestatteten die Römer ihre Toten außerhalb der Stadtmauern, auch entlang der Straße nach Süden. Von der Bedeutung des Gräberfelds schon zu ›heidnischer‹ Zeit zeugt heute am ehesten das Pobliciusgrabmal im Römisch-Germanischen Museum, doch vermittelt auch die zugängliche **Ausgrabung** unter dem Langhaus der **Kirche** einen Eindruck von der Dichte der Bestattungen. In ihrer Mitte fand man die Reste einer nach Westen ausgerichteten Kapelle, die vermutlich im 4. Jh. errichtet und in der folgenden Zeit mehrfach erweitert wurde. Im 10. Jh. entstand hier ein Neubau, von dem die Kryptateile um das Grab des hl. Severin am besten erhalten sind und dem im 11. Jh. ein Chor angefügt wurde, von dem sich die anschließende Krypta erhalten hat. Kurz nach 1200 wurde der Chor spätromanisch umgestaltet mit reicher Verzierung der Apsis, die 1237 geweiht wurde, zwischen den schlichten Sockeln der flankierenden

Türme. Gegen 1300 setzte der Umbau des Langhauses in gotischen Formen ein, der freilich erst nach 1500 mit der Vollendung der Gewölbe seinen Abschluß fand. Vollendung des Westturms 1526. Bei der Kirche hat sich wohl schon im 8. Jh. ein Stift gebildet; seit dessen Auflösung 1802 dient die Kirche als Pfarrkirche.

Im **Äußeren** zeigt nur der Chor noch romanische Formen: Sechsspaßfenster und Bogenfries, große Rundbogenfenster und (teils spitzbogige) Blendarkaden, abschließend eine schlichte Zwerggalerie. Die übrigen Bauteile tragen typisch gotisches Gepräge, wobei insbesondere der Westturm einem niederrheinischen Typ entspricht; doch ist es auffallend, daß St. Severin mit seiner Dreiturmgruppe das mittelalterliche Kölner Stadtpanorama genauso nach Süden abschließt, wie dies St. Kunibert nach Norden tut. Auf

Chorfassade von St. Severin – einst Kölns erster Gruß an die rheinabwärts fahrenden Schiffer

Spätromanische Schmuckfreude im Chor von St. Severin

der Nordseite ist noch ein eindrucksvoller Teil des spätgotischen Kreuzgangs aus der 1. Hälfte des 15. Jh. erhalten. Auch im **Innern** überwiegt der gotische Eindruck, zumal der romanische Chor recht lebhaft vom Spitzbogen Gebrauch macht. Im Chorbereich sind wesentliche **Ausstattungsstücke** vereint: Im Fußboden finden wir *Reste eines geometrischen Musters* vom Ende des 11. Jh. (sog. Opus alexandrinum), während die *Wandbilder* des 19. Jh. solche des 14. Jh. nachahmen,

Prunkvoller Barock: Haus Balchem

einem Aufbau von 1237 hinter dem Hochaltar. Links daneben der *Severinusstab* vom Ende des 15. Jh. und das *Corneliushorn* (2. Hälfte 14. Jh.), ein Reliquienbehälter, der im Mittelpunkt der ›Hörnchensmesse‹ an jedem Montag steht. Über dem Altar befindet sich ein *Gabelkruzifix* von etwa 1330. An den Wänden im 1. Chorjoch 20 hervorragende *Tafelbilder* des Meisters von St. Severin [vgl. Nr. 5] mit Szenen aus dem Leben des Kirchenpatrons und frühen Kölner Bischofs (um 1500). Einige vorzügliche *Grabdenkmäler* (aus der Renaissance- und Barockzeit) von Stiftsherren von St. Severin ergänzen die sehenswerte Einrichtung.

Auf dem Platz vor der Kirche der **Brunnen** mit ›Schokoladenmädchen‹ von S. Hürten, 1990, eine Erinnerung an den das Viertel bestimmenden Wirtschaftszweig.

Öffnungszeiten St. Severin ***S. 181***

70 Haus Balchem

Severinstraße 15
U-Bahn Chlodwigplatz

Prächtiges barockes Brauhaus – heute bietet es geistige Genüsse.

1676 ließ sich der Bierbrauer und Ratsherr Heinrich Deutz diesen markanten Bau wohl nicht nur zum Ruhme Gottes (wie die Inschrift der Maueranker glauben macht) errichten; seinen Namen verdankt es den letzten Besitzern, die hier bis vor wenigen Jahren eine kölsche Wirtschaft betrieben. Zwischen seinen jüngeren Nachbarn, die freilich die mittelalterlichen Hausbreiten einhalten, nimmt sich die breite und mit einem doppelten Volutengiebel schwungvoll ausklingende Fassade um so prunkvoller aus, zumal auch der reichverzierte Erker über dem Eingang eine wohltuende Abwechslung zu den sonst in die Straße ragenden Leuchtreklamen bietet. Typisch für Kölner Häuser dieser Zeit war die Einfügung eines halben Geschosses in das überhohe Erdgeschoß; die 3 Giebelgeschosse dienten urspr. als Lagerräume. Das **Innere** ist nach dem Kriege als kölsche Wirtschaft wiederhergestellt worden; heute hier eine Zweigstelle der Stadtbücherei. Hier ist eine einst für Köln typische Balkendecke mit runder Ausformung der schmalen Zwischenräume wiederhergestellt worden. Die Wendeltreppe mit Davidfigur von 1663 zierte den 1911 abgebrochenen Rinkenhof.

bei denen in die Öffnungen der von Engeln geblasenen Tuben mittelalterliche Gefäße zur Verbesserung der Akustik eingemauert sind. Das *Chorgestühl* entstand Ende 13. Jh. In der Apsis ersetzt ein 1936 ergänzter *Schrein* von 1819 den kurz vor 1100 entstandenen Severinusschrein, der in der Franzosenzeit eingeschmolzen werden mußte und von dem sich nur eine Goldemailscheibe im Diözesanmuseum erhalten hat; er steht in

71 Bottmühle

An der Bottmühle/Severinswall
U-Bahn Chlodwigplatz oder
Ubierring

*Malerischer Rest der mittelalterlichen
Stadtmauer mit späteren Ergänzungen als
Mittelpunkt eines Neustadtplatzes.*

1550-52 hatte A. Pasqualini die Stadtmauer auf halber Strecke zwischen Severinstorburg und Bayenturm mit einer
großen Verteidigungsplattform verstärkt. Auch als diese militärisch über-
holt zu sein schien, wurde auf ihr 1677/78
eine Windmühle errichtet, wie es bereits
im 15. Jh. auf den Rundtürmen in der
Nähe der Ulrepforte und bei St. Gereon
geschehen war. Beim Abriß der übrigen
Stadtmauer ab 1881 baute der private
Besitzer sie wieder in einen romantisch
verklärten mittelalterlichen Turm um.
An der Südseite zum Ubierring errichtete W. Riphahn 1921/22 das *Verkehrswis-
senschaftliche Institut* für die damals nahe
gelegene Universität, das sich mit seinen
Ecktürmen, dem geböschten Sockel und
den Fensterbögen in modernen Formen
anzupassen sucht.

Burgenromantik mit Efeu: die Bottmühle

*Stumpf des Schornsteins vor der zu Wohn-
zwecken umgestalteten ehem. Schokoladenfabrik*

72 Siedlung Stollwerck

Severinswall/Bayenstraße/
Dreikönigenstraße/Annostraße
U-Bahn Ubierring

*Eine Schokoladenseite zum Rhein anstelle
einer Schokoladenfabrik.*

Die Siedlung ist das umfangreichste Ergebnis der Sanierung des Severinsviertels, die die Stadt 1977 in Angriff nahm.
Der Schokoladenfabrik Stollwerck war
das Viertel, dessen Geschicke sie seit
1839 wesentlich mitbestimmt hatte, zu
eng geworden; die Stadt unterstützte den
Auszug ins rechtsrheinische Porz. Eine
friedliche Besetzung im Sommer 1980 er-
regte bundesweites Aufsehen; sie führte
vor, daß mit dem Umbau der bestehenden Fabrikgebäude noch günstigere Mie-
ten zu erreichen seien, konnte aber den
fast völligen Abriß nicht verhindern. Die
Planungsgruppe ›dt8‹ faßte das Gelände
an den Begrenzungsstraßen mit durchge-
henden Baublöcken ein, die durch Giebel und eine gewisse Abwechslung Ein-
zelbauten ähneln. Im **Blockinnern** sind
Quertrakte von einer mittleren, gewun-
denen Fußgängerstraße erschlossen, zu
der auch 2 Spielplätze gehören. Das
Bemühen um Differenzierung ist anzuer-
kennen, auch wenn manches, wie beispielsweise der Umbau des letzten erhal-

tenen Fabriktraktes ›Annoriegel‹ im Westen für Wohnzwecke und der dort neu angefügte Flügel mit Einkaufsarkaden, der Rundung der Bottmühle folgend, nicht ganz überzeugt. Dahinter Maschinenreste und der Stumpf des Fabrikschornsteins. In der Dreikönigenstraße dient ein ehem. Proviantamt im festungsartig verstärkten preußischen Rasterstil heute als *Bürgerzentrum*. Von der ehem. *Stollwerck-Verwaltung* (um 1880/90) an der Severinsmühlengasse konnte ein großer Teil zu Wohnungen umgebaut werden.

73 Bayenturm
Am Bayenturm
U-Bahn Ubierring

Südlicher Eckturm der mittelalterlichen Stadtmauer.

Seiner städtebaulichen und strategischen Bedeutung als südl. Eckpunkt zwischen der Ufermauer und der Mauer zur Landseite wurde der **Turm** einst durch seine

1994 vollendet: der Bayenturm – jetzt ›Turm der Frauen‹

den Stadttoren entsprechende Höhe und sorgfältige Ausformung mit 2 achteckigen Geschossen über hohem quadratischem Sockel gerecht, wie alte Stadtansichten erweisen. Gemäß den Auflagen der preußischen Regierung durfte er nicht mit der übrigen Stadtmauer 1881-86 abgebrochen werden und nahm nach einer Renovierung 1907 die städtischen Sammlungen zur Vor- und Frühgeschichte auf. Diese gingen wie der Turm im Kriege fast vollständig im Bombenhagel zugrunde; während die mageren Sammlungsreste inzwischen im Römisch-Germanischen Museum eine neue Heimstatt fanden, konnte der Turm als letztes Stück der mittelalterlichen Stadtbefestigung (die seit 1180 entstand, vgl. Nr. 68, 71) bis 1994 äußerlich getreu wiederhergestellt werden. Im Innern schafft eine leichte Stahlarchitektur (Entwurf D. Gatermann) viel Raum für das **Feministische Archiv und Dokumentationszentrum**.

74 Ubierring
U-Bahn Ubierring

Hochherrschaftliche Fassaden und eine Grünfläche als Beginn der Ringstraße.

Nach der Anlage im Zuge der Stadterweiterung 1883 und Benennung nach dem von den Römern im Kölner Raum angesiedelten germanischen Volksstamm wurde zunächst nur der Teil in der Nähe des Chlodwigplatzes bebaut (Haus 6-8). Der östl. Teil, der sich zur Grünanlage weitet, entstand erst 1900; seine sehr einheitlich wirkende **Bebauung** aus den Jahren bis zum 1. Weltkrieg ist mit Veränderungen fast vollständig erhalten und gibt damit heute den besten Eindruck vom früheren Charakter der Ringstraße [Nr. 39].
Öffentliche Bauten: *Maschinenbauschule* (Nr. 48, 1902-04 von H. Schilling, heute Fachhochschule) und Rautenstrauch-Joest-Museum.
Das **Rautenstrauch-Joest-Museum für Völkerkunde** (Ubierring 45) gründet sich vor allem auf die Sammlung des Völkerkundlers W. Joest, dessen Schwester A. Rautenstrauch den 1906 von E. Crones fertiggestellten Museumsbau stiftete. Die aus mangelhafter Beseitigung der Kriegsschäden wie auch der seit 1949 andauernden provisorischen Unterbringung der Kammerspiele resultierende Raumnot gestattet nur die Präsentation kleinster Sammlungsausschnitte.

Straßenpracht mit Jugendstilanklängen am Ubierring

Dennoch ist ein Besuch lohnend, da die geschickte Aufstellung und sorgfältige Erläuterung die ästhetischen Qualitäten ebenso vor Augen führen wie die völkerkundlichen Aspekte verdeutlichen. Die Inszenierung der Ausstellungsstücke hat sich dabei von einer reinen Kunstausstellung zu einer Darstellung des Lebens und der Riten gewandelt.

Im *Tiefparterre* gibt ein einheitlich gestalteter Raum einen winzigen Einblick in die Südsee-Abteilung, die mit 24 000 Objekten fast die Hälfte des Museumsbesitzes ausmacht. Neben den Räumen für Sonderausstellungen finden wir hier auch Gold und Keramik aus den alten Hochkulturen Südamerikas und Costa Ricas. Die Abteilung über die Indianer Nordamerikas im *Hochparterre* rechts verbindet – in einer besonders Jugendliche ansprechenden Weise – Gebrauchsgegenstände des urspr. Lebens mit Wandbildern und Fotos von der heutigen Lebenswelt der Indianer. Demgegenüber stehen die religiösen Bildwerke der Khmer und Thai (Slg. Siegel) im linken Flügel des *Hochparterre* in einer fast tempelhaften Atmosphäre. Vorbei an Skulpturen aus Mittelamerika und Indien gelangt man zu einer konzentrierten

Bronzekopf einer Königinmutter aus Benin, wohl 18. Jh., Rautenstrauch-Joest-Museum

Darstellung des Lebens der Ainu (Ureinwohner Japans, im Erfrischungsraum im *1. Stock*) und einer sorgfältigen Darstellung der Kulturen Indonesiens im *2. Obergeschoß*. Eine erlesene Sammlung ägyptischer Kostbarkeiten schmückt den Vorraum der Verwaltung.

Öffnungszeiten S. 180

75 Lagergebäude, Alte Universität, Römerpark, Friedenspark

Agrippina-Ufer/Claudiusstraße/
Oberländer Wall
U-Bahn Ubierring

Lager, Bildung, Grün als Vermittlung vom Strom zur Stadt.

Für den Rheinauhafen errichtete H. Verbeek 1908/09 an der ›Agrippinawerft‹ (Rheinseite des ›Agrippina-Ufers‹) das **Lagergebäude**, dem die liebevolle Differenzierung den Spitznamen ›Siebengebirge‹ eintrug (zum Rhein sind es übrigens 9 Giebel). Neben dem Geschick, mit dem das gewaltige Bauvolumen in erträgliche Massen aufgeteilt wurde, war auch die Konstruktion bemerkenswert, denn im Gegensatz zu den teilweise gewölbten Lagerhallen des nördl. Hafenbereichs [Nr. 65] ist hier erstmals für Köln in großem Umfang ein Stahlbetonskelett zur Anwendung gekommen. Gerade auch im Kontrast zu den südl. an schließenden neueren Ergänzungen wird die gestalterische Qualität dieses Baues sichtbar.

An die gegenüberliegenden Wohnbauten von J. Koerfer (1914/15) schließt sich die seit dem Wiederaufbau nach Kriegszerstörung wenig überzeugende Rückfront der **ehem. Handelshochschule (›Alte Universität‹)** an. Die Hauptfassade zur Claudiusstraße gibt einen besseren Eindruck des am Schloßbau orientierten Entwurfs von E. Vetterlein (1905-07), doch vermißt man auch hier die für seine Wirkung wesentlichen urspr. Dachlandschaft. Die Fassade benutzt geschickt verschiedene Abstraktionsgrade klassischer Formen zur Bewertung der Gebäudeteile. Die Handelshochschule wurde zur Keimzelle der 1919 wiedereröffneten Universität, die schon wenige Jahre später aus Platzmangel nach Lindenthal umzog. Nach unrühmlichem Zwischenspiel als Sitz der Gauleitung der NSDAP wurde hier die Lufthansa neu begründet; seit 1970 nutzen Abteilungen der *Fachhochschule Köln* den im Innern hervorragend restaurierten Bau. Gegenüber dieser Fassade nimmt der **Römerpark** ein Straßendreieck ein; er wurde 1895-98 als Ersatz für Grünflächen, die dem Hafenbau auf der Rheinauinsel [Nr. 65] zum Opfer fielen, angelegt und 1912 verändert. Besser erhalten ist der nach Süden anschließende **Friedenspark** (ehem. Hindenburgpark), den Gartendirektor F. Encke 1914-16 durch Umwandlung eines preußischen Forts aus den 1830er Jahren schuf. Dabei benutzte er Wall und Graben zur Anlage von architektonisch durchgestalteten Zierpflanzungen, während er das umgebende Gelände als Spielwiese locker mit

Rautenstrauch-Joest-Museum: Federmantel aus Polynesien

Die Giebel der Lagergebäude am Rhein erinnern an das mittelalterliche Köln

Bäumen bepflanzte. Das eigentliche Fort wurde 1926 zum *Kriegerdenkmal* umgestaltet. Preußische Festungsarchitektur und dem geometrischen Jugendstil verpflichtete Gartengestaltung bilden eine eigenwillige Synthese.

76 Südbrücke
Agrippina-Ufer/
Gustav-Heinemann-Ufer
U-Bahn Schönhauser Straße

Mit Jugendstil-Eleganz über den Rhein.

Gleichzeitig mit der Hohenzollernbrücke [Nr. 4] errichtete die Eisenbahndirektion Köln 1906 bis 1910 die dem Güterzugverkehr vorbehaltene Südbrücke. Obwohl die Stützweiten hier kaum geringer sind als bei dem Schwesterbau (101,5 m/165 m/101,5 m), ist alles getan, um den Eindruck schwungvoller Leichtigkeit zu vermitteln: Die drei Bögen sind zu einem einzigen Träger zusammengefaßt, dessen Abstützungen auf den beiden Strompfeilern bis weit unter die Brückentafel geführt sind und damit die Konstruktion luftiger erscheinen las-

Kriegerdenkmal im zum ›Friedenspark‹ umgestalteten preußischen Fort

sen; ähnlich wirken auch die im Bogen geführten Querverstrebungen. Diesen Eindruck verstärkten einst noch die von F. Schwechten wie Stadttore gestalteten Widerlager der Strombrücke und der rechtsrheinischen Flutbrücke, die nach dem Kriege als zu wuchtig erschienen und ›gestutzt‹ wurden (während die Brückenkonstruktion originalgetreu wiederhergestellt wurde).

77 St. Maternus

Maternuskirchplatz 2
U-Bahn Rolandstraße

Der letzte Kirchenbau des Historismus in Köln.

S. Mattar errichtete 1913-16 die kath. Pfarrkirche für den südlichsten Teil der Neustadt. Obwohl sie als Zielpunkt des bei der Stadterweiterung begradigten Stücks der Alteburger Straße dient, ist sie als einzige Kirche der Neustadt nicht auf den Ring hin ausgerichtet, sondern paßt sich der schrägen Fortsetzung der Alteburger Straße an. Die so geschaffene Stellung übereck hätte bei Fertigstellung des Turmes, zu der es leider nie kam, zu einer reizvollen Baugruppe geführt, während sich heute ein Bild von einer etwas klobigen Nüchternheit ergibt. Dazu tragen neben der Komprimierung von Stilformen von der frühchristlichen bis zur spätromanischen Kirchenbaukunst mit Anklängen an den Burgenbau (Mauerwerk) leider auch die Ergänzungen bei, die die Architekten G. Görler und J. Schürmann beim Wiederaufbau nach schwerer Kriegsbeschädigung bis 1963 anbringen konnten, weil der künstlerische Wert der Anlage noch nicht erkannt war.

Auch im **Innern** versuchte S. Mattar mit einer Synthese romanischer Elemente (Arkaden zu den Seitenschiffen) und frühchristlicher Breite des Mittelschiffes (die er mit einer der frühesten Stahlbetondecken für eine Kirche überspannte) den Kirchenbau aus den Geleisen des Historismus zu neuer Konsequenz zu führen. Die zu diesem Konzept passende **Ausstattung** ging größtenteils im Krieg verloren; den heutigen Eindruck bestimmen neben der zu massigen Orgelempore die recht geschickt eingesetzten Ausstattungsstücke von R. Peer und die *Vie-*

Filigrane Leichtigkeit auf der Südbrücke

Im Sommer lockt der Volksgarten zu Ruderpartien

rungsausmalung von G. Kadow (1964);
die *Farbfenster* schuf M. Wagner in den
8oer Jahren.
Die gleichzeitig und ebenfalls von Mattar
entworfenen Pfarrgebäude konnten erst
1926 bezogen werden.

78 Städtische Wasser- und Elektrizitäts-Werke

Zugweg 7
U-Bahn Rolandstraße

›Kirchen‹ und Paläste der Technik.

Das seit 1872 betriebene **Wasserwerk**
konnte schon 10 Jahre später trotz Ver-
dreifachung seiner Fördermenge den Be-
darf nicht mehr decken, weil nicht nur
durch die Stadterweiterung (Neustadt),
sondern auch durch die behördliche
Schließung der meisten Privatbrunnen
bei einer Choleraepidemie 1884 die Zahl
der Verbraucher rasch zugenommen hatte [vgl. Nr. 60]. 1883-85 errichtete daher
die Stadt ein 2. Wasserwerk am Zugweg
nach einem palastartigen Entwurf von H.
Deutz, der den damals auch kulturellen
Anspruch hygienischer Wasserversorgung verdeutlicht. Später wurden auf
dem geräumigen Gelände noch ein un-
terirdischer Trinkwasserbehälter (1900),

das Wasserwerk Severin II (1901) und
das städtische **Elektrizitätswerk** (1907,
heute Heizkraftwerk) angesiedelt. Die
kirchenartigen Backsteinbauten erfüllen
nach Beseitigung der Kriegsschäden (dabei das Dach des Wasserwerks Severin II
etwas lieblos vereinfacht) mit neuen
Maschinen bedeutend erhöhter Lei-
stungsfähigkeit noch immer ihre alten
Funktionen. Reizvoll der wie ein Stadt-
tor geformte Pavillon am Ende der Was-
serzuleitung von den außerhalb der Stadt
liegenden Grundwasserbrunnen.

79 Volksgarten

Vorgebirgsstraße/Volksgarten-
straße/Eifelplatz/Eifelstraße/
Vorgebirgswall
Straßenbahn Eifelplatz

Grüne Lunge der südlichen Neustadt.

Als der Grunderwerb für einen 2. inner-
städtischen Park [vgl. Nr. 40] nicht gelang, kaufte der Stadtverordnete W. Kae-
sen privat Parzellen zusammen, auf
denen Gartendirektor A. Kowallek
1887-89 den Volksgarten gestaltete. Geschickt nutzte er die vorhandenen Hö-
henunterschiede zur Anlage eines Tei-
ches und einer Aussichtsterrasse; ein

preußisches Fort von etwa 1830 wurde durch Aufstockung der Türme einer Burgruine ähnlich, und verschlungene Wege verbanden die mit Büschen und Bäumen aufgelockerten Wiesen mit einigen einst sehr sorgfältig gepflegten Schmuckbeeten zu einem eindrucksvollen Ganzen. Verschwunden sind das Restaurant mit Konzerthalle, die Reitbahn und ein Pavillon für Schlittschuhläufer. An seiner Stelle steht das neue *Volksgartenrestaurant* mit seinem beliebten Biergarten.

80 St. Paul

An der Pauluskirche
U-Bahn Ulrepforte

Antipreußische Demonstration am Ring, romantisch hinter Bäumen versteckt.

Das Grundstück, das sich durch die symmetrische Anbindung der Vorgebirgsstraße an den Ring bildete, war seit 1887 als Kirchenbauplatz vorgesehen, doch kam es erst 1904-08 zur Ausführung durch S. Mattar. Der Name wurde angeblich in Erinnerung an die seit der Säkularisation aufgelassene Pfarrkirche bei St. Andreas gewählt, doch fühlte sich jeder Katholik an Erzbischof Paulus Melchers erinnert, den die preußische Regierung 1876 auf dem Höhepunkt des sog. Kulturkampfs seines Amtes enthoben hatte und dessen Bestattung in der neuen Kirche geplant war. Die Kirche wirkt inmitten der Bäume sehr malerisch, die spätgotischen Einzelformen lassen erst bei genauerem Hinsehen erkennen, daß der stark durchgliederte **Außenbau** wie auch der weite Innenraum ganz aus modernem Empfinden gestaltet sind.

Das sehr breite Mittelschiff (15 m, die Gewölbe nach Kriegszerstörung erneuert) wird durch ein hallenartiges Querhaus noch erweitert und belichtet, während der Chor mit seinem (erst nach dem Kriege geöffneten) Umgang in feierlichem Dämmer liegt. Eine Schutzmantelmadonna (aus dem Marienaltar, links unten Kardinal Melchers) und Holzreliefs aus dem ehem. Hochaltar (P. Simon, 1929) sind magere Reste der einstigen **Ausstattung**, die 1988 durch

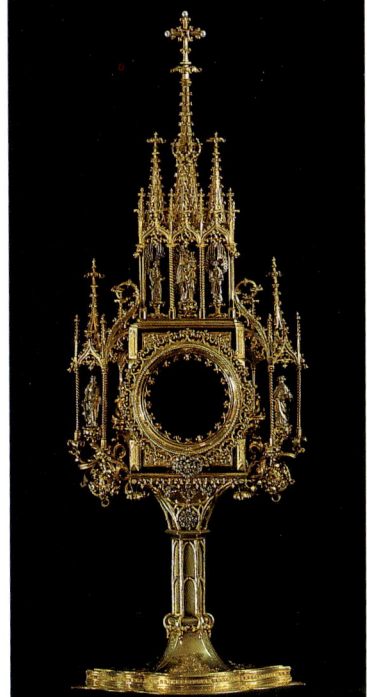

Die Monstranz in St. Paul zeigt, wie die Turmspitze der Kirche einst aussah

St. Paul ohne ursprüngliche Turmbekrönung

◁ *Dem Grün des Volksgartens antworten an diesen um 1905 entstandenen Häusern die floralen Jugendstilmotive der Fassaden*

Die Ulrepforte mit romantischem Wehrgang

nach 1400 wurde wohl das Tor aufgege-
ben und ein Mühlenturm mit umlaufen-
dem Mühlengang innen an den nördl.
Torturm angebaut. Er beherrscht heute
mit einer V. Statz 1886 aufgesetzten
Haube die Anlage; auf der Stadtseite ist
links daneben an einem großen Fenster
der 2. Torturm zu erkennen. Der Bau
dient heute einschließlich eines späteren
flachen Anbaus zum Ring als Haupt-
quartier der ›Roten Funken‹, einer Karnevalsgesellschaft, die die Traditionen
der reichsstädtischen Stadtsoldaten kar-
nevalistisch fortführt.

Etwas weiter nördl., jenseits der heute
sehr verkehrsreichen Ulrichgasse (=
Nord-Süd-Fahrt), blieb ein längeres
Mauerstück erhalten, in dessen Turm
übrigens die ›Blauen Funken‹ ihr Quartier aufgeschlagen haben. Bemerkenswert ist das gegen 1360 entstandene **Ge-
denkrelief** der ›Schlacht an der Ulrepforte‹, dessen (1886 im unteren Teil
vollständig von P. Fuchs erneuertes) Original sich im Stadtmuseum befindet. Es
zeigt, wie sich die Kölner Bürger 1268
nur durch Fürbitten der Stadtheiligen
Gereon und Ursula und durch tatkräftige
Hilfe von Engeln gegen die Verbündeten
des Erzbischofs verteidigen konnten, die
durch ein Loch in der Stadtmauer an
dieser Stelle eingedrungen waren. Das
älteste profane Denkmal Deutschlands
zeugt von dem bisweilen wenig zimper-

Barockportal des Kartäuserklosters

›neue‹ Chorfenster, in Bristol erworben,
ergänzt wurde. Wieviel reicher der markante Chorturm mit seiner 3fachen
Spitzhaube vor dem Kriege wirkte, läßt
sich zur Zeit leider nur an einer *Monstranz* im Kirchenschatz erahnen, die seine Form im kleinen wiederholt.

81 Ulrepforte und Stadtmauer am Sachsenring

Sachsenring, Ecke Ulrichgasse
U-Bahn Ulrepforte

*Zwei malerische Reste der Stadtmauer und
ein bemerkenswertes Denkmal.*

Beim Bau der mittelalterlichen **Stadtmauer** um 1200 gab es hier wohl keine
Straße, die ein Tor erfordert hätte, denn
die spätere Ansiedlung der Kartäuser
und der Töpfer (die der Straßenname belegt) deuten auf einen eher schwach be-
siedelten Teil der Stadt. Bereits kurz

Ein reiches Netzgewölbe überspannt die Marienkapelle der Kartäuserkirche

lichen Umgang der Kölner mit den Obrigkeiten, zeigt es doch als Verbündeten der Angreifer und damit des Erzbischofs die Fratze des Teufels.

82 Ehem. Kartäuserkloster

Kartäusergasse 7-9
U-Bahn Ulrepforte

Einst Stätte mönchischer Gelehrsamkeit, heute ein Zentrum des evangelischen Köln.

1334 kamen auf Bitte des Erzbischofs die ersten Kartäuser nach Köln und fanden die für ihren Orden typische Weltabgeschiedenheit in dem damals weitgehend unbesiedelten Gelände an der Stadtmauer. 1365-93 errichteten sie ihre Kirche St.

Barbara, die 1427 durch die Marienkapelle und 1510/11 durch eine Sakristei nach Norden ergänzt wurde. Kapitelhaus (wiederaufgebaut bis 1984), Priorat und geringe Kreuzgangreste geben keinen Eindruck mehr von der weiträumigen Anlage, in der etwa 25 Mönche in Einsiedlerzellen rings um einen großen Kreuzgang mit Friedhof dem Gebet und der Forschung lebten. Die sie versorgenden Laienbrüder wohnten außerhalb der Klausur, zuletzt in dem 3flügeligen Barockbau (1741) westl. der Kirche. Nach der Aufhebung der Kirche und des Klosters 1794 und anschließender militärischer Nutzung wurden die baufälligen Reste der ehemals imposanten Anlage der ev. Gemeinde übergeben, die sie

Barocke Schmuckfülle an St. Maria vom Frieden

1923-30 und nach schwerer Kriegszerstörung 1944/45 ein 2. Mal aufbaute.
Die **Kirche** ist gemäß der strengen Ordensregel ein schlichter einschiffiger Bau mit einfachem Dachreiter. Im **Innern** hat der Krieg die barocke Gestaltung bis auf ein Wandbild mit der Enthauptung des Paulus (1747) zerstört; die ev. Kargheit des Wiederaufbaus unter G. Eberlein kommt somit dem mittelalterlichen Kartäuserideal nahe und wird nur durch *Fenster* von C. Crodel (1954-56) sowie *Taufbecken* und *Altargerät* von G. Marcks etwas aufgelockert. Die einst zur Kirche abgeschlossene Marienkapelle (wohl für die Laienbrüder) zieren prächtige *Figurenkonsolen*, während die (früher ebenfalls in sich geschlossene) Neue Sakristei mit einem *Sterngewölbe* prunkt. Von der einst reichen Ausstattung ist nichts in die Kirche zurückgekommen; den eindrucksvollen *Christus in der Rast* (Münster, 1520) brachte erst die ev. Gemeinde hierher, das alte Orgelgehäuse stammt aus Frechen, einem der Zufluchtsorte der Protestanten in reichsstädtischer Zeit.

Von den **übrigen Gebäuden** der Kartause sind (nach Wiederaufbau) das *Kapitelhaus* von 1455 als Jugendzentrum, Teile der beiden *Kreuzgänge* als Gemeindesaal, das *Priorat* als Pfarrhaus und die *Dreiflügelanlage* mit dem *Hofportal* als Verwaltung der Kirchenkreise Köln erhalten und genutzt. Von der Größe der einstigen Anlage gibt die erhaltene *Umfassungsmauer* mit den drei barocken *Bildnischen* einen Eindruck. Im Innern des Geländes heute außerdem als gemeindeübergreifende Einrichtungen ein *Altenheim* und die *Melanchthon-Akademie für Erwachsenenbildung*.

83 St. Maria vom Frieden

(auch: ›in der Schnurgasse‹)
Vor den Siebenburgen 6-10
U-Bahn Ulrepforte

Barockes Kleinod abseits der großen Straßen.

1637 kamen Karmelitessen aus dem heutigen Belgien nach Köln; nach Errichtung ihres Klosters bis 1649 zog sich die Vollendung der Kirche über die Weihe 1692 bis zur Fertigstellung der Fassade 1716 hin. Von 1819 bis 1922 wurde der Bau als Pfarrkirche genutzt und seitlich erweitert. 1942 ausgebrannt, ist die Kirche heute wieder Karmelitessen-Klosterkirche.
Hinter einem Gitter und einem Vorhof ragt die neben der Ursulinenkirche bedeutendste barocke **Kirchenfassade** Kölns auf; ihre 3geschossige Gliederung und die Figurennischen gehen auf belgische Vorbilder zurück. Die Farbfassung stammt von 1988. Das **Innere** (zumeist nur durch das schöne Gitter von etwa 1700 unter der Orgelempore zu betrachten) ist ein kurzer 1schiffiger Barockraum und leitet auf die Vierung mit Kuppel und Querhaus sowie den Chor als Zentrum der Kirche hin. Der aus der Steiermark erworbene Hauptaltar ersetzt das verbrannte Original. Die Raumfassung des Inneren wurde 1993 sorgfältig nach Befund erneuert. Ein Kruzifix von etwa 1345 (Kreuz neu) und eine Pietà von etwa 1410 sind die wichtigsten Ausstattungsstücke; in der ehem. Schwesterngruft erinnert eine Gedenktafel an Edith Stein (1942 in Auschwitz ermordet), die 1933-38 dem Kölner Karmel angehörte, ehe sie als Flüchtling Mitglied im Karmel zu Echt/Holland wurde.

Nach Norden – Von Kunibert zu Engelbert

Vom Hauptbahnhof oder vom Rheinufer aus kann St. Kunibert mit seinem lebendigen Umfeld erreicht werden. Reste altstädtischen kölschen Lebens mit einem Schuß Levante sind rings um den Eigelstein und seine romanische Torburg auf Schritt und Tritt zu erleben. Hansaring und der neue Mediapark setzen da ganz andere Akzente. Die Neustadtstraßen mit St. Agnes, Gerichtsviertel, Bastei, aber auch Riehl mit Zoo und Flora bieten überraschende Möglichkeiten, menschliches und tierisches Verhalten zu studieren ...

84 St. Kunibert

Kunibertskloster 6
U- und S-Bahn Breslauer Platz/
Hauptbahnhof

Die jüngste der staufischen Stiftskirchen besitzt den ältesten an Ort und Stelle erhaltenen Glasfensterzyklus des Rheinlands.

Auf alten Stadtansichten bildet die 3türmige **Kirche** das nördl. Gegenstück zu den 3 Türmen von St. Severin im Süden. Nach langen Diskussionen wurde mit dem Aufbau des kriegszerstörten Westturms über dem Westquerhaus 1982 begonnen. 1993 konnte er vollendet wer-

den. Ursprung der ehem. Herrenstiftskirche am Rheinufer ist vielleicht das vorchristliche Brunnenheiligtum, das als ›Kunibertspütz‹ (von lat. *puteus* Brunnenschacht) unter der Krypta der Ostapsis erhalten ist. Hier kamen nach dem Glauben des Volkes die kölschen Kinder her ... Sinnvollerweise ist der erste Patron des Wasserheiligtums der hl. Papst Clemens, der durch Ertränken zu Tode kam. Die 1. Kirche wurde im 7. Jh. durch den Kölner Bischof Kunibert gegründet, der 663 hier seine Ruhestätte fand und dessen Verehrung den Namen Clemens in den Hintergrund treten ließ. Die *heutige*

St. Kunibert: Kölns späteste Romanik, seit 1993 wieder komplett

Kirche wurde von Ost nach West ab etwa 1210/15 errichtet (Weihe 1247, Vollendung wohl 1261). Auf T-förmigem Grundriß erhebt sich die einheitlichste Kölner Kirchenanlage der Spätromanik, wobei von Ost nach West eine Veränderung der Detailformen festgestellt werden kann.

Der *Chor* im Osten ist eine 3teilige Gruppierung aus einer Apsis über Halbkreisgrundriß, einer querrechteckigen Vierung und 2 Querflügeln. Im **Innern** sind deren Wände unten mit Nischen und im oberen Geschoß mit Laufgängen ausgestattet. Die Apsis zeigt in beiden Geschossen Laufgänge hinter Säulenbündeln. Im Erdgeschoß 5 kleine, im Obergeschoß 5 große Rundbogenfenster (davon 3 mit Glasfenstern von 1226). Die Apsiskalotte ist ungegliedert und war urspr. bemalt. In der Vierung 4teiliges, in den Querflügeln jeweils 5teiliges Rip-

St. Kunibert: Chor mit Verkündigungsgruppe und romanischem Fensterzyklus

pengewölbe. **Außen** zeigt die Apsis eine 3geschossige Gliederung ähnlich den Choranlagen von Groß St. Martin und St. Aposteln. Es fehlt der Plattenfries. Über den Querflügeln die beiden *Chortürme* mit je 2 Freigeschossen. Die Pyramidendächer von 1955; aus spätmittelalterlichen Bildquellen sind gotische Helme überliefert, nach deren Vorbild waren die 1944 verbrannten historistischen Turmhelme gestaltet.

Inspirationsquelle für den Chorbau waren die Westchorhallen im weiteren Rhein-Maas-Gebiet: Maastricht, Lüttich, Xanten. – Das *Langhaus* ist basilikal gestuft und besitzt 3 Joche im gebundenen System mit 6teiligen Rippengewölben im Mittelschiff. Das 3jochige *Westquerhaus* ist 1schiffig, die Umfassungswände sind 2geschossig gegliedert. Im Mittelalter diente es als Pfarrkirche. Der *Westturm* über seinem Mitteljoch war wohl immer zu schwer für den Unterbau. Einstürze im 14. Jh. und 1830 waren die Folge. Der 3. Turmbau ging 1944 zugrunde. Um den Neubau der Gegenwart vor diesem Schicksal zu bewahren, wurden erhebliche Verstärkungen in die Pfeilerbauten und Fundamente eingebracht (Statik: O. Schwab; Architektur: L. Hugo/H. Queck).

Die hochrangige **Ausstattung** des Ostteils: große Chorfenster von 1226: Wurzel Jesse (Mitte), Clemens- (links) und Kunibertslegende (rechts); kleine Ganzfigurenfenster in den unteren Zonen; Altarmensa, Fußbodenbelag, Wandmalereien in den seitlichen Nischen (1220-60); Verkündigungsgruppe in der Ostvierung, 1439 von Dombaumeister K. Kuyn; Bronzeleuchter mit Gekreuzigtem, Ende 15. Jh.

Öffnungszeiten S. 181

85 Ursulinenkirche St. Corpus Christi

Machabäerstraße 75
U- und S-Bahn Breslauer Platz/
Hauptbahnhof

Barocke Pracht in einer heute eher bescheidenen Wohnstraße.

Ein Hauptwerk kölnischer Barockarchitektur hat hier in wesentlichen Zügen überlebt: Die in die Häuserzeile integrierte **Kirchenfassade** mit den 4 ionischen Pilastern und dem Segmentbogengiebel (Farbfassung modern) wird von 2 Türmen, deren Laternenhauben ins

Barocke Ursulinenkirche und Neurenaissancefassade in der Machabäerstraße

Achteck übergeführt sind, flankiert. Das Fronleichnams-Patrozinium ist ›sprechend‹ inszeniert: Kelch und Hostie über dem Mittelportal sind Zentrum der Verehrung durch die beiden Engel.

Die Ursulinen, die bis heute Kirche und Gymnasium (ehem. mit Mädchenpensionat) betreuen, waren 1639 aus Lüttich nach Köln gekommen, wo sie 1673-76 ihr Kloster und 1709-12 die Kirche errichteten, ein Werk des kurfürstlich-pfälzischen Oberbaudirektors M. Alberti. Der in Düsseldorf residierende Dienstherr des Venezianers, Johann Wilhelm (Jan Wellem), trug großzügig zum Bau der Kirche bei. Im **Innern** blieb von der einst reichen Ausstattung der Saalkirche nur noch das Stuckrelief am Triumphbogen erhalten; die übrige Ausstattung ist modern.

Der Name der Straße bewahrt die Erinnerung an das **Machabäerkloster**, das vom 12. Jh. bis zur Säkularisation 1802/03 hier bestand. Gerettete Ausstattungsstücke der damals abgebrochenen Kirche heute in St. Andreas und St. Maria in der Kupfergasse [Nr. 28, 32]. Das *Haus Nr. 56* ist eines der besterhaltenen Dreifensterhäuser der Altstadt, 1869 wohl von H. Pflaume im Stil der italienischen Renaissance erbaut, mit Fassadenmalereien und reliefierten Tondi.

86 Staatliche Hochschule für Musik

Dagobertstraße 38
U- und S-Bahn Breslauer Platz/
Hauptbahnhof

Béton-brut und leuchtendes Rot: Ein bunter ›Bunker‹ für die sensibelste aller Künste, die Musik.

Inmitten eines dichtbebauten Altstadtquartiers entstand 1973-76 der seinen komplizierten Funktionsansprüchen optimal genügende **Hochschulbau** nach Plänen des Architekten-Teams ›Werkgruppe 7‹ und ›Bauturm‹. Die beiden der Öffentlichkeit zugänglichen *Säle* unterschiedlicher Größe sind beliebter Treffpunkt der Musik-Fans. Junge Talente proben hier oft ihren 1. Auftritt: Start in eine manchmal steile Konzert- oder Opernkarriere.

87 Eigelstein

U-Bahn Ebertplatz;
U- und S-Bahn Hansaring

Kölsche Straßen und Kölsches Viertel auf römischer und mittelalterlicher Grundlage – mit einem kräftigen Schuß türkischen Lebens von heute.

Der **Eigelstein** ist eine der großen Kölner Torstraßen; er setzt den römischen Cardo maximus (die heutige Hohe Straße) in Richtung Neuss fort. Seit 1106 in die erste mittelalterliche Stadterweiterung (bis zur heutigen Eintrachtstraße/Unter Krahnenbäumen) einbezogen, folgte ab 1180 der nördl. Bereich bis zur mächtigen **Eigelsteintorburg**. Dieses zur Feldseite mit 2 Halbrundtürmen wie das Hahnentor [Nr. 55] gesicherte Bauwerk überstand den Abbruch der staufischen Mauer ab 1881. Es wurde unter H. J. Stübben 1889-92 restauriert und dem Ebertplatz als beherrschende Architektur zugeordnet. Stadtseitig links neben der Durchfahrt das Relief des ›Kölschen Boor‹ (›Kölner Bauer‹), 1885 von C.

Die Eigelsteintorburg von der Feldseite mit Durchblick zum Eigelstein

Das Cinedom im Mediapark mit 13 Kinos unter einem Dach

Mohr geschaffen (Kopie; Original in der Piazzetta des Rathauses). Diese auch aus dem Karneval als Mitglied des ›Dreigestirns‹ (Prinz, Bauer, Jungfrau) bekannte allegorische Gestalt stand sowohl für die Reichsfreiheit der Stadt als auch für den durch Köln repräsentierten Stand der Bauern im Alten Reich.

Charakteristische altstädtische Straßenzüge des 19. Jh.: Weidengasse, Eintrachtstraße, Im Stavenhof. Dagegen haben die rings um die staufische Torburg ab 1883 angelegten Neustadtstraßen viel vom bürgerlichen Repräsentationsbedürfnis der letzten Jahrhundertwende bewahren können: Lübecker Straße, Greesbergstraße, Thürmchenswall. Das kölnisch-levantinische Milieu kontrastiert hier neuerdings mit Szene-Geglitzer.

88 Hansa-Gymnasium, Hansa-Hochhaus und Media-Park

Hansaring 54-58 und 95-105, Maybachstraße/Erftstraße
U- und S-Bahn Hansaring

Neugotik und Expressionismus in direktem vis-à-vis.

Hier, in Nähe des S- und U-Bahnhofs ›Hansaring‹, stehen sich die Vertreter zweier Architekturepochen der letzten 100 Jahre in spannungsreichem Kontrast gegenüber:

Damals Europas höchstes Haus: Das Hansa-Hochhaus von 1924/25. Heute ein Mekka aller Audio-Video-Fans

1. Das in gotischen Stilformen 1898/99 von F. C. Heimann als Handels-Hochschule erbaute **Hansa-Gymnasium** gehört zum Kranz öffentlicher Bauten, welche die Folge bürgerlicher Wohn- und Geschäftshäuser an den ›Ringen‹ immer wieder an städtebaulich wichtigen Stellen unterbrachen. Die Standfiguren mit Konsolen und Baldachinen repräsentieren Männer, die sich um die Entwicklung des Handels in Köln besonders verdient gemacht haben.

2. Das **Hansa-Hochhaus** entstand 1924/25 nach Plänen von J. Koerfer als Stahlbeton-Skelettbau mit Klinkerverblendung. Der 17geschossige *Turm* hielt mit seinen 65 m Höhe damals für kurze Zeit den europäischen Hochhaus-Rekord. Der 7geschossige Anbau paßte sich durch seine oberen Staffelgeschosse gut in das gründerzeitliche Ensemble ein. Schlanke Keramik-Figuren zieren heute wieder in nobler Weise die Fassade.

Auf dem Gelände des ehem. Güterbahnhofs entlang von Maybach- und Erftstraße entsteht seit 1987 das ehrgeizige Projekt des sog. **Media-Parks**, eines neuen Stadtteils mit gemischten Funktionen nach dem städtebaulichen Konzept von E. Zeidler. Einzelne Bauten: ›Cinedom‹ von E. Zeidler (1992); AGFA-Gebäude von M. Volf (1994); Fußgängerbrücke zum Herkulesberg von V. Dietrich.

An der Krefelder Str. (Nr. 45–47) **St. Gertrud**, ein kristalliner Betonbau von G. Böhm (1964/65).

Florentiner Renaissance, nachgeahmt am Hansaring

Gereonsmühlenturm mit mittelalterlichem Stadtmauerrest am Hansaring

89 Hansaring mit Hansaplatz

U- und S-Bahn Hansaring

Repräsentativer Ringstraßenabschnitt mit Stadtmauerrest.

Nordwestl. Abschnitt der ab 1881 angelegten Ringstraße zwischen Ebertplatz im Norden und Kaiser-Wilhelm-Ring im Südwesten. Der Name erinnert an die bedeutende Rolle Kölns als Vormacht der mittelalterlichen Hanse. Die Benennung der Seitenstraßen als Hommage an die 3 norddeutschen Hansestädte gewählt. Zu beiden Seiten der in den 70er Jahren nach dem 1. Teilausbau der U-Bahn neugestalteten Ringstraße sind eine beachtliche Zahl liebevoll restaurierter, einst hochherrschaftlicher **Wohnhäuser** aus den Jahren 1887-90 erhalten. Ihre Fassaden zeigen alle Varianten der damals geschätzten Neurenaissance. Beispiele: *Nr. 11* und *Nr. 15*, integriert in eine neue Dreieck-Blockbebauung der frühen 80er Jahre (Hentrich, Petschnigg u. Partner). Ein Beispiel für selbstbewußte, doch sensible Einfügung eines Neubaus in die seinerzeit nicht sonderlich geschätzte Gründerzeitarchitektur: Haus *Nr. 25-27*, erbaut 1959 von O. M. Ungers.

Der begrünte **Hansaplatz** stellt heute den Abschnitt der staufischen *Stadtmauer* (ab 1180) frei. Dem besonders zur Altstadt hin imposant wirkenden **Gereonsmühlenturm** war bis zum 2. Weltkrieg an der nördl. Platzseite ein Museumskomplex vorgelagert (Kunstgewerbe-, Schnütgen- und Ostasiatisches Museum). In der **Parkanlage** seit 1959 als *Mahnmal* für die Opfer der Hitler-Diktatur die ›Frau mit dem toten Kind‹ von M. Andriessen. An der Stadtseite des südl. Turms das *Wohn- und Atelierhaus* des Architekten H. Schilling von 1954 (Gereonswall 110).

90 St. Agnes

Neusser Straße/Neusser Platz
U-Bahn Ebertplatz oder Lohsestraße

Städtebaulich dominierende Pfarrkirche inmitten eines lebendigen Wohnviertels.

Das lichtdurchflutete Hallen-Langhaus von St. Agnes

Die alte römische Ausfallstraße nach Norden wurde in das neustädtische Straßensystem von 1881 einbezogen. Städtebaulich bedeutend der Sichtbezug zwischen der Eigelsteintorburg im Süden [Nr. 87] über den Ebertplatz hinweg zur kath. Pfarrkirche **St. Agnes** im Norden inmitten des Neusser Platzes.

Diese nach dem Dom flächenmäßig größte Kölner Kirche entstand in neugotischen Formen 1896-1902 nach Plänen von C. Rüdell und R. Odenthal. Das Geld steuerte der Bürger P. J. Roeckerath bei, der durch Spekulationsgeschäfte bei der Anlage und Erschließung der Neustadt gut verdient hatte. Agnes hieß seine 1. Ehefrau; die Statue ihrer himmlischen Matronin findet sich ebenso im Ensemble der zahlreichen Heiligenstatuen wie die Namenspatrone aller übrigen Roekkerath-Familienmitglieder. Der Turm endete übrigens immer ohne eigentliche Spitze mit dem Kranz der Fabelwesen; Dächer und Gewölbe der Schiffe wurden – nach dem Intermezzo der Nachkriegsfassung – in der urspr. Form nach einem

Brand 1980 bis 1987 wiederhergestellt (K. J. Ernst und K. Bong). Die von allen Seiten auf den Platz zuführenden Straßen haben weitgehend die gründerzeitliche Bebauung mit qualitätvollen Fassaden bewahrt.

91 Oberlandesgericht
Reichenspergerplatz
U-Bahn Reichenspergerplatz

Schloßartiger Justizbau inmitten großbürgerlicher Wohnstraßen.

Der kreisförmige Platz öffnet sich nach Südosten zur Riehler Straße und bildet gleichsam die Cour d'honneur der Hauptfassade des schloßartigen **Oberlandesgerichts**, das 1907-11 von F. Ahrens nach Plänen von P. Thömer im Auftrag des Preußischen Ministeriums für Öffentliche Arbeiten in Berlin errichtet wurde. Der Sandsteinbau mit seinem reichen neubarocken Bauschmuck hat zwar die originale gestufte Dachlandschaft mit Mittelturm nach dem Krieg nicht zurückerhalten; bewahrt blieb jedoch das monumentale Treppenhaus.

92 Theodor-Heuss-Ring
U-Bahn Ebertplatz

Festlicher Ausklang der Ringstraße.

Städtebaulich das **Gegenstück zum Ubierring** im Süden [Nr. 74], war der urspr. ›Deutscher Ring‹ genannte Abschnitt deutlicher Hinweis auf das ›Ziel‹ deutscher Geschichte, deren einzelne Stationen man beim Passieren der Ringstraßen-Teilstücke als gleichsam säkularisierte Liturgie nachvollziehen konnte ... Die Grünanlage bewahrt in dem organisch gestalteten Bassin die Erinnerung an den hier an napoleonischer Zeit angelegten Sicherheitshafen. Die Südseite war urspr. mit 4geschossigen Wohnhäusern bebaut; erhalten die *Häuser Nr. 10, 20, 32* und *34* mit ihren Vorgärten. Die Nordseite zeigte offene Bebauung als Teil des hier anschließenden Villenviertels. Ein besonders schönes Beispiel blieb in der **Villa K. Deichmann**, Nr. 9, erhalten. Das vom Wiener Sezessionsstil geprägte Gebäude entstand 1903/04 vermutlich nach einem Plan von J. M. Olbrich (ausführender Architekt: Weh-

Neubarocke Treppenpracht im Oberlandesgericht

ling). Seit den 60er Jahren Annex der über gekurvtem Grundriß errichteten *Galerie Baukunst* des Gerling-Konzerns; aus diesem Atelier ›Baukunst‹ stammt auch das *Wohn- und Bürohochhaus* über Sechseck-Grundriß an der Ecke zur Riehler Straße. In Richtung Rhein eine Reihe gutgestalteter Verwaltungsbauten der 50er Jahre.

93 Konrad-Adenauer-Ufer
U-Bahn Ebertplatz

Repräsentative Uferpromenade in der nördlichen Alt- und Neustadt.

Dieser 1967 nach dem Kölner Oberbürgermeister (1917-33; 1945) und 1. Bundeskanzler (1949-63) benannte Abschnitt des **Rheinufers** (zuvor ›Kaiser-Friedrich-Ufer‹) zwischen Hohenzollernbrücke im Süden und Zoobrücke im Norden eignet sich mit seinen *Promenaden* besonders gut zu einem ausgedehnten Spaziergang vom Rheingarten in Richtung Zoo und Flora. Dem ehem. Sicherheitshafen zugeordnet war die preußische Bastion, die 1924 von W. Riphahn zu einem Restaurant, gen. **Die Bastei**, mit überwältigend schönem Rundblick auf die Kölner Stromlandschaft ausgebaut wurde. 1927 und 1958 vom selben Architekten umgebaut und erneuert, ist sie mit ihrer 8 m breiten Auskragung (Stahlskelett) und dem Spitzdach ein Hauptwerk expressionistischer Architektur in Köln geblieben. Nr. 69a: **Ehem. Wehrturm mit Wohnhaus-Anbau**, Rest des Vorwerks des staufischen Kunibertsturms, einer burgartigen Anlage aus dem 12./13. Jh., die das Rheinufer im Norden der Stadt sicherte [vgl. das südl. Gegenstück, Nr. 73]. Dieses ›Türmchen‹, wohl aus dem 14. Jh. stammend, führt seit dem frühen 19. Jh. den Namen *Weckschnapp*. Die (fälschliche) Namensübertragung soll an ein – eher sagenhaftes – Gefängnis innerhalb des genannten Vorwerks erinnern, das mit dem Rhein in Verbindung stand. Wenn die Gefangenen, vom Hunger gepeinigt, nach einem ›Weck‹ (Brotlaib) schnappten, stürzten sie auf grausige Weise in den Strom. Nr. 55–61: Ehemaliges Verwaltungsgebäude der *Rheinischen Braunkohle AG,* 1922/23 von H. Müller-Erkelenz. Seit 1980 Alten-Wohnheim mit angeglichenen Neubautrakten im Süden (Architekt: W. v. Lom). Jenseits von St. Kunibert das Gebäude der *Bundesbahndirektion Köln,* Nr. 3, erbaut 1912/13 als Kgl. Preußische Eisenbahndirektion mit Präsidentenvilla von K. Bieker, A. Kayser und M. Kießling.

94 Riehl: Zoologischer Garten

Riehler Straße 173/Lennéstraße
U-Bahn Zoo/Flora

Neben den Tieren verdienen auch einige Gebäude liebevolle Beachtung.

1859 wurde eine private Aktiengesellschaft gegründet, die am 22. Juli 1860 den Kölner Zoo als 8. auf dem Kontinent eröffnen konnte. Über die Kriegszerstörung und die mit einer mehrfachen

◁ *Blick zur Bastei am Rheinufer – im Hintergrund St. Kunibert vor dem Dom*

In indischen Formen ist das Elefantenhaus gehalten

Ein prächtiges Blumenparterre führt zum ehem. Wintergarten der Flora

Vergrößerung des Geländes einhergehende Verwirklichung neuerer zoologischer Konzepte hinweg haben sich einige der urspr. **Gebäude** erhalten.

Die *Direktorvilla* (1859/60), das *Antilopen- und Elefantenhaus* (1863, Dach vereinfacht) und das *ehem. Vogelhaus* (1898/99, heute sind hier Affen untergebracht) vertreten mit ihrer Gestaltung in europäischen Renaissanceformen, indischem Tempeldekor und russischer Tür-

Zoologischer Garten – wie ein Geweih verrät der Rüssel über der Tür die Bewohner ...

mezier die zeittypische Auffassung, die weltumspannende Herkunft der Tiere auch in den Stilformen der Gebäude zu verdeutlichen, in denen sie untergebracht waren. Beim Vergleich des *Seelöwenfelsens* von 1882, einer steinverkleideten Sprungrampe, mit dem *Affenfelsen* von 1911/12 wird deutlich, daß man sich inzwischen um eine artgerechte Gestaltung der Tierumgebung bemühte, ein Konzept, das – um Aspekte der Verhaltensforschung ergänzt – auch heute noch gültig ist und die neueren Bauten entsprechend beeinflußt hat. **Öffnungszeiten**: 9-17/18, Aquarium 9.30-18 Uhr.

95 Riehl: Flora und Botanischer Garten

Alter Stammheimer Weg/
Am Botanischen Garten
U-Bahn Zoo/Flora

Festliche Parkgestaltung und botanische Belehrung.

Weil der alte Botanische Garten beim Jesuitenkolleg [Nr. 46] 1857 dem Bahnhofsbau zum Opfer fiel, ließ eine Aktiengesellschaft ›Flora‹ den Berliner Gartendirektor P. J. Lenné 1862 die Pläne für einen Nachfolger auf einem Gelände neben dem Zoo entwerfen, nach denen bis 1864 ein locker gruppierter **Park** mit liebevoll gestalteten Parterres, einem Palmenhaus und Statuenschmuck ausgeführt wurde. Den Mittelpunkt bildete der auch als Festsaal benutzte *Wintergarten*, dem der Kriegsverlust seiner prächtigen Stahl-Glas-Wölbung viel von seiner Großartigkeit genommen hat. Dahinter duckt sich unter Bäumen der frühere *Frauen-Rosenhof*, den J. M. Olbrich 1906 in strengen Jugendstilformen errichtete (Wiederaufbau 1955/56 zum ›Haus des Rheinischen Gartens‹ durch W. Riphahn).

1912-14 fügten F. Encke und P. Esser auf einem etwa gleich großen Gelände den **Botanischen Garten** hinzu, bei dem der belehrende Aspekt stärker im Vordergrund steht. Doch wird die liebevolle Präsentation darüber nicht vernachlässigt, wie Teich und künstlicher Felsen für den Alpengarten beweisen, während der Mittelteil und die großen Gewächshäuser nach Kriegszerstörung in modernen, sachlichen Formen neu geschaffen wurden. Gleichzeitig mit dieser Erweiterung wurde auch das umgebende *Villenviertel* angelegt, dessen sanft geschwungene Straßen den gleichen Stilwillen verraten. Die qualitätvolle Bebauung stammt zumeist aus den 20er Jahren [vgl. auch Nr. 117].
Öffnungszeiten: 8-21, Gewächshäuser 10-18 Uhr; Mo-Fr 12-13 Uhr geschl.

96 Riehl: St. Engelbert

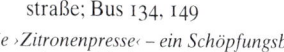

Riehler Gürtel 12
U-Bahn Boltenstern-
straße; Bus 134, 149

Die ›Zitronenpresse‹ – ein Schöpfungsbau der modernen Kirchenarchitektur.

D. Böhm siegte 1930 in einem Wettbewerb mit einem Entwurf, der Formstrenge und Linienschwung, Volumenfügung und sakrale Feierlichkeit auf das glücklichste vereint. Von weitem schon grüßt der schlanke, freistehende Kirchturm, im Näherkommen bildet die breite Freitreppe den Sockel, auf dem sich der ernste Kreis der parabelförmigen Ziegelwände erhebt, eingebunden und gesteigert durch das fast sinnlich gerundete Bleidach.

Der steil emporsteigende Stern der 8 Gewölberippen beherrscht das **Innere**, nur langsam geben sich die Wände als kreisförmige ›Umhegung‹ zu erkennen. Ihre hochliegenden Fenster (A. Wendling, 1955) belassen den Gemeinde-Raum in höhlenhaftem Dämmer – im Gegensatz zum bühnenhaft beleuchteten und erhöhten Chorraum. Kaum je gelang mit modernster Konstruktion (ein reiner Stahlbetonbau, die Ziegel nur Verblendung) und klaren, nicht aus der Geschichte entnommenen Bauformen ein Raum von solch sakraler Würde. Vergleichbar ist der gleichzeitige Längsraum der Krankenhauskirche St. Elisabeth in Hohenlind [Nr. 104].

Die wichtigsten Ausstattungsstücke schuf II. Domizlaff nach 1967. Von der schwungvoll vorspringenden Kanzel aus erklärte übrigens Kardinal Frings an Silvester 1946, daß Diebstahl des Lebensnotwendigsten keine Sünde sei, wofür sich daher bald der Begriff ›fringsen‹ einbürgerte.

St. Engelbert – expressives Volumen

»Schäl Sick« (scheele, blinde Seite) nennen die Kölner etwas hochmütig ihr erst 1888 eingemeindetes Gegenüber. Für die Stadtplaner liegt hier Kölns größtes Entwicklungspotential. Die Abteikirche St. Heribert ›arbeitet‹ seit 1994 wieder. Die ›Deutzer Freiheit‹ hat sich zu einer ansehnlichen Geschäftsstraße entwickelt. Die Uferpromenaden mit Hotel, Messebauten, Rheinpark und Rheinseilbahn sind für jeden Köln-Besucher ein absolutes ›Muß‹: Nirgendwo gibt's schönere Blicke auf Köln!

97 Deutz: Alt St. Heribert und Kennedy-Ufer (südl. Teil)
U-Bahn Deutzer Freiheit

Traditionsreiche Uferpromenade mit Blick auf Kölns weltberühmtes Panorama.

Über die Hohenzollernbrücke oder über die Deutzer Brücke gelangt man zur **Deutzer Uferpromenade** mit dem klassischen Blick auf Kölns Altstadt-Panorama. Von hier wird deutlich, daß nach dem 2. Weltkrieg die Giebelhausreihen der rheinnahen Gassen mit Groß St.

Der Chorbereich von Alt St. Heribert mit Ausstattung der griechisch-orthodoxen Gemeinde

Martin und Stapelhaus wiederaufgebaut werden *mußten*, um die Identität der Stadt wenigstens als ›Bild‹ zu bewahren. Wenn auch der Museumskomplex zu Füßen des Domes vielleicht zu hoch geraten ist, so nimmt die Reihung der Sheddächer die Formation der Giebel in sinnvoller Weise auf, ohne sich hier ›tümelnd‹ anzubiedern.

Im Schatten des überdimensionierten *Lufthansa-Verwaltungsgebäudes* (1966-70) mit kleinem Wohntrakt (1975-80) fristen die freigelegten Reste des Osttors des konstantinischen **Kastells Divitia/Deutz** (Anfang 4. Jh.) ein eher kümmerliches Dasein. Pflastermusterungen deuten die Lage der römischen Straßen und Häuserblocks an. Dem Osttor entsprach im Westen am Rheinufer eine vergleichbare Toranlage mit dem Brückenkopf – Widerlager der 1. historischen Rheinbrücke. Die Nordostecke des Kastells nimmt seit 1002 eine **Benediktinerabtei** ein, die durch Schenkung Kaiser Ottos III. an seinen Freund, Erzbischof Heribert, entstand. Die zunächst Maria geweihte Kirche, ein architekturhistorisch bedeutender, außen teilweise runder, innen 8eckiger, überwölbter Zentralbau mit Westwerk, wurde ab 1074 wie das Kloster nach dem heiliggesprochenen Gründer *St. Heribert* benannt. Westl. stand bis ins späte 18. Jh. die Pfarrkirche St. Urban für die rasch wachsende bürgerliche Ansiedlung. Kloster und Stadt (Stadtsiegel 1230, später nur mehr ›Freiheit‹) wurden immer wieder in kriegerische Auseinandersetzungen zwischen der Stadt Köln, dem Erzbischof und den übrigen Territorialherren (bes. den Grafen bzw. Herzögen von Berg) hineingezogen und zerstört. St. Heribert entstand Ende 14. Jh. als gotischer Zentralbau neu. Nach dessen Zerstörung 1583 wurde die heutige **Kirche** 1659-63 in nachgotisch-barocken Formen auf den alten Fundamenten neu errichtet; die polygonal ausbuchtenden Seitenschif-

Blick vom Deutzer Rheinufer über Alt St. Heribert zur Altstadt mit dem Dom

fe überliefern den Zentralbaugrundriß. Nach dem 2. Weltkrieg im Äußeren bis 1977 wiederhergestellt, wurde das bis 1994 rekonstruierte Innere der griechisch-orthodoxen Gemeinde übergeben. Das vereinfacht wiederhergestellte Klostergeviert dient als Altenheim.

Wie das 1802/03 säkularisierte Kloster diente auch das nördl. anschließende Gelände bis zum 1. Weltkrieg den Zwecken der preußischen Militärverwaltung. An diese Tradition erinnert das 1928 errichtete *Kürassier-Denkmal* von A. Abel und P. Wynand.

Die Ruinen der 1926-28 von A. Abel zu großzügigen Museumsbauten umgeformten Kasernen wichen dem **Landeshaus** des Landschaftsverbandes Rheinland, das mit seiner offenen Rasterstruktur im Stil von L. Mies van der Rohe 1957/58 von E. v. Rudloff und E. Schulze-Fielitz erbaut wurde. Jenseits der Constantinstraße erhebt sich die postmoderne Architektur des *Hotels ›Hyatt Regency‹*,

1987/88 von Novotny, Mähner, Baecker und Partner (Offenbach) sowie Kiemle, Kreidt und Partner (Düsseldorf) erbaut. Östlich schließt sich der Verwaltungsbau für den Landschaftsverband Rheinland an, 1994/95 von D. Gatermann und E. Schössig.

98 Deutz: Messebauten und Kennedy-Ufer (nördl. Teil)

U- und S-Bahn
Bahnhof Deutz/Messe

Kühle Klinkerfassaden für Kölns lebendiges Ausstellungs- und Handelszentrum.

Jenseits der Hohenzollernbrücke [Nr. 4] beherrscht der große Komplex der Kölner **Messebauten** mit seinen rhythmisierten Klinkerfassaden das Deutzer Rheinufer. Diese entstanden einschließlich des schlanken Turms (Stahl-Skelett im Innern!) 1927/28 nach Plänen von A. Abel als Ummantelungsarchitektur für die in nenliegenden Hallen, die schon 1922-24 von H. Verbeek und Pieper für die Kölner Messe errichtet worden waren. Vom Aussichtsrestaurant des 85 m hohen Turms malte O. Kokoschka 1956 seine berühmte Kölner Stadtlandschaft (im Museum Ludwig). Weiter nördl. schließt sich das zum Rhein geöffnete Halbrund des gleichfalls 1927/28 von A. Abel für die berühmte ›PRESSA‹-Ausstellung geschaffenen ›**Staatenhauses**‹ an. Neubauten der 60er bis 80er Jahre folgen im Osten unter Einbeziehung des Bahngeländes. Südöstl., mit Hauptfassade zum Ottoplatz, die doppelgeschossige **Bahnhofsanlage ›Köln-Deutz‹** mit neubarockem Empfangsgebäude von 1913 (H. Röttcher), Erbe der 3 getrennten Vorgängerbahnhöfe. Auf dem Platz das **Denkmal** für den Erfinder des Otto-Motors, Nikolaus Otto (1832-91); er legte zusammen mit Eugen Langen die Grundlage für die Weltfirma ›Klöckner-Humboldt-Deutz‹.

Das Messegelände aus der Vogelschau; ▷ *rechts vorne die Verwaltung von Klöckner-Humboldt-Deutz, dahinter der Rheinpark*

Kennedy-Ufer mit Hotel ›Hyatt Regency‹, Landeshaus und Gebäude der Lufthansa

99 Deutz: Neu St. Heribert und ev. Johanniskirche

Deutzer Freiheit 64 und
Tempelstraße 31
U-Bahn Deutzer Freiheit

Zwei markante Sakralbauten des 19. Jh.

Hauptachse der in preußischer Zeit erneut zur Festung ausgebauten, erst 1888 nach Köln eingemeindeten ehem. Militär- und Industrie-Stadt Deutz (Stadtrechte 1856) ist die ›Deutzer Freiheit‹. In ihrem Namen lebt die Erinnerung an den Rechtstitel der Siedlung in der Zeit ihrer Zugehörigkeit zum bergischen Territorialverband fort [vgl. ›Mülheimer Freiheit‹, Nr. 121]. Deutz bot wie Mülheim immer auch Protestanten und Juden Wohn- und Arbeitsmöglichkeiten – im Gegensatz zur gegenreformatorisch-kath. Freien Reichsstadt Köln.

Die kath. Pfarrkirche **St. Heribert** wurde 1891-96 nach Plänen von C. C. Pickel in staufisch-romanischen Formen erbaut. Die heute verlorene urspr. Dachlandschaft von Schiff und Türmen des ›Deutzer Doms‹ orientierte sich an den stadtkölnischen Vorbildern. Nach der Kriegszerstörung erhielt das Bauwerk, bis 1956 eine Neufassung von R. Schwarz und J. Bernard mit Chorfenstern von W. Weyres. Die zugehörige subtile Farbgebung des Innern wurde 1988 erneuert. Fenster im Langhaus und in den Querschiffen seit 1977 von W. Buschulte, Portaltympanon von H. Gernot, 1961. Kostbarster Besitz, übernommen aus Alt St. Heribert [Nr. 97], ist der *goldene Schrein* für die Gebeine des gleichnamigen Klostergründers, entstanden 1160-70, ein Hauptwerk rheinisch-maasländischer Schatzkunst.

Südöstl., Tempelstr. 31, die ev. **Johanniskirche**, einbezogen in die spätklassizistische Bebauung. Sie entstand 1859-61 wohl unter dem Patronat der Berliner Bauverwaltung (F. A. Stüler). Der Innenraum wurde 1950 von J. Eisenring mit einer Holz-Rabitz-Tonne überspannt. Die umliegenden Straßen geben ein anschauliches Bild vom Wohnen im 19. Jh. in der weitgehend vom Militär bestimmten Garnisonstadt.

*Der reichverzierte Heribertsschrein (1160-70)
in Neu St. Heribert*

Die Johanniskirche in der Tempelstraße

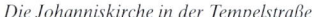

100 Deutz: Rheinpark mit Tanzbrunnen; Zoobrücke mit Rheinseilbahn

Rheinparkweg/Auenweg
U-Bahn Deutzer Freiheit; U- und
S-Bahn Bahnhof Deutz/Messe

*Freiluftbühne für Musik und Tanz, blühende
›Nierentische‹ sowie eine preiswerte Gelegenheit, Köln schwebend zu erleben.*

Das schon genannte Halbrund des ›Staatenhauses‹ gibt den architektonischen
Rahmen des **Tanzbrunnens** mit Freiluftbühne, die den Auftakt zum **Rheinpark**
bilden. Der Brunnen entstand 1950
(J. Op Gen Oorth), das Sternenwellen-
zelt 1957, die Terrassenschirme 1971, beide von Frei Otto. Das Gelände des Parks
wurde 1957 und 1971 für Bundesgarten-
schauen gestaltet. Mit seiner Detailgestaltung, der Wegeführung, den Klein-
und Gastronomie-Architekturen sowie
den zahlreichen Kunstwerken gehört der
Rheinpark zu den schönsten Schöpfun-
gen der Gartenarchitektur der Nachkriegszeit (Arbeitsgemeinschaft H.
Hammerbacher, K. Schönbohm). Aus
dem Park und von den ›Rheinterrassen‹
(hier seit 1994 die ›Rheinhalle‹ angegliedert) wechselnde Blicke auf die Nord-

hälfte des Kölner Stadtpanoramas. Über den anschließenden *Jugendpark* und die Landzunge des *Mülheimer Hafens* kann man von hier mittels einer elegant geschwungenen Fußgängerbrücke (1957) den rechtsrheinischen Stadtteil Mülheim erreichen [Nr. 121, 122]. Über die Zoobrücke oder die Rheinseilbahn wird die Verbindung zu Zoo und Flora in Riehl [Nr. 94, 95] hergestellt.

Die **Zoobrücke** entstand 1962-66 im Rahmen des geplanten, doch nicht vollendeten Ausbaus der nördl. Stadtautobahn auf der Trasse der ›Inneren Kanalstraße‹ nach Plänen von G. Lohmer. Da nur 1 Strompfeiler in der Nähe des rechten Ufers angeordnet werden durfte und auf die Erholungsflächen beiderseits des Rheins Rücksicht zu nehmen war, schuf er eine Balkenbrücke mit fast 600 m Gesamtlänge, deren Mittelöffnung mit 259 m Spannweite bei nur einer Voute einen neuen Rekord bedeutete. Geschickt ist der höchste Punkt der Fahrbahn in die Nähe des Pfeilers verschoben, um durch die Betonung der Balkenhöhe an dieser Stelle die Schlankheit der übrigen Brücke hervorzuheben. Die 1957 zur Verbindung der beiden Teile des Bundesgartenschaugeländes geschaffene **Rheinseilbahn** mußte dem

Zoobrücke und Rheinseilbahn

Bau der Brücke zunächst weichen, doch hatten Bürgerproteste den Erfolg, daß sie nach Erhöhung der Pylonen jetzt über die Brücke hinwegschwebt (aufregende Ausblicke!, Betriebszeiten: Ostern bis 31. Okt., tgl. 10.30-18 Uhr).

Das schwerelose ›Sternwellenzelt‹ über dem Tanzbrunnen im Rheinpark

Der grüne Westen Kölns

Ostasiatische Kunst vom Feinsten, Italienische Kultur, eine Parklandschaft mit Biergarten (am Aachener Weiher) und studentischem Leben (Universitätscampus), aber auch ernstes Totengedenken (Melaten- und Geusenfriedhof), gepflegte Alleestraßen, moderne und uralte Kirchen sowie ein richtiges Wasserschloß (Weißhaus) sind die Stationen der westlichen Stadtteile Lindenthal und Sülz.

101 Aachener Weiher mit Museum für Ostasiatische Kunst und Kulturinstituten

Universitätsstraße 100/
Aachener Straße
Stadtbahn Universitätsstraße

Einzigartige Synthese von fernöstlicher Kunst, Architektur und Landschaftspark.

Der **Aachener Weiher** liegt in der Mittelachse des halbkreisförmig die Neustadt auf ehem. Festungsgelände umgebenden *Inneren Grüngürtels*, der zum Konzept des 1923 von F. Schumacher im Auftrag K. Adenauers verfaßten ›Generalbebauungsplans für Köln‹ gehört. Der von Hamburg für 3 Jahre ›ausgeliehene‹ Stadtplaner hatte allerdings hier an eine Art kölnische Binnenalster gedacht, Mittelpunkt eines neuen Verkehrszentrums um den Hauptbahnhof mit Geschäfts-, Verwaltungs- und Wohnbauten, die mit großzügig bemessenen, untereinander durch Alleestraßen verbundenen Grünanlagen abwechseln sollten. Die schwierige Wirtschaftslage der Weimarer Republik vereitelte die Realisierung, so daß heute das Grün, zur Freude der Kölner, hier überwiegt. Die zahlreichen Hügel bergen übrigens den Trümmerschutt des 1942-45 zu 70% (die Altstadt zu 90%) zerstörten Köln ... Das **Museum für Ostasiatische Kunst** am Westrand des Weihers wurde 1977 eröffnet. Entwurf: K. Mayekawa/Tokio; dt. Betreuung: Berner und Jacobs/Köln sowie W. Döring/Düsseldorf. Gestaltung des japanischen Gartens im Innenhof, der Erweiterung des Sees und der Granit-Skulptur ›Fahne im Wind‹, 1980 durch M. Nagare.

Die hervorragende *Sammlung* mit Kunstwerken aus China, Korea und Japan geht auf die Stiftung des Ehepaars A. und F. Fischer von 1909 zurück. Das erste eigenständige Domizil wurde 1913 am Hansaring eröffnet [Nr. 89]. Wichtige

Das Museum für Ostasiatische Kunst und sein Teich

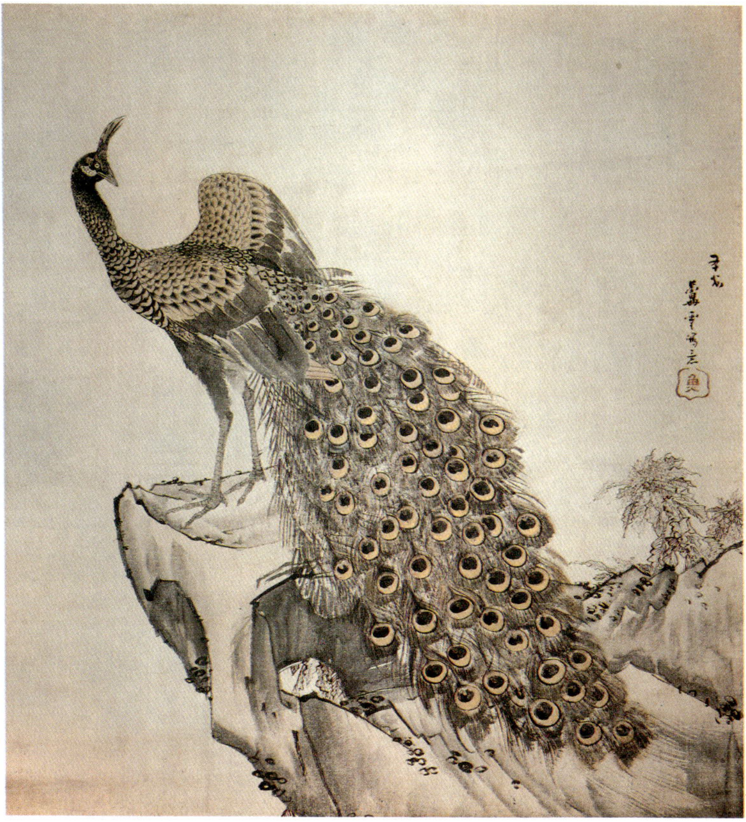

Museum für Ostasiatische Kunst: Hängerolle mit Pfau von N. Rosetsu (Japan, Edo-Zeit, kurz vor 1800)

Neuerwerbungen seit etwa 1960. Ständig wechselnde, häufig thematische Ausstellungen aus eigenen und fremden Beständen machen einen Besuch immer wieder lohnend. Cafeteria mit Terrasse zum Weiher.

Anbietplatte (China, Tang-Dynastie, 8. Jh.)

Kanne mit Seladonglasur aus Korea, 12. Jh.

In engem räumlichen und stilistischen Kontakt zum Museum steht das *Japanische Kulturinstitut*, Universitätsstr. 98, von Ohashi/Tokio, 1969. Gegenüber, Universitätsstr. 81, das *Italienische Kulturinstitut* mit Konsulat, 1954/55 von H. Koerfer errichtet.

Hier beginnt der ›*Lindenthaler Kanal*‹ (Danteweg/Clarenbachstr.), von F. Schumacher und F. Encke 1925 als Kölnische ›Königsallee‹ konzipiert. Auf der Achse die *Kirche Christi Auferstehung*, 1967-70 von G. Böhm.

Öffnungszeiten Museum für Ostasiatische Kunst *S. 180*

102 Lindenthal: Friedhof Melaten

Aachener Straße
Trauerhalle: Piusstraße
Stadtbahn Melaten

Großartiges Monument des Kampfes gegen die Endlichkeit des Menschen.

Der große, bis 1829 ausschließlich kath. genutzte **Zentralfriedhof** wurde 1810 eröffnet. Er ersetzte die mittelalterlichen Kirchhöfe der Altstadt, die laut napoleo-

Der Lindenthaler Kanal

nischem Edikt von 1805 aus hygienischen Gründen nicht mehr belegt werden durften. Im Mittelalter lag hier das Leprosenhaus, dessen im Kern aus dem 15. Jh. stammende *Kapelle St. Johann Baptist und St. Maria Magdalena* erhalten ist und bis 1994 der griechisch-orthodoxen Gemeinde diente. Im Namen ›*Melaten*‹ (von malade = krank) lebt die Erinnerung an die urspr. Bestimmung des Areals fort. Außerdem befand sich hier die Richtstätte der Freien Reichsstadt.

Der **Haupteingang** von 1810 in klassizistischen Formen trägt die (von F. F. Wallraf verfaßte) Inschrift: ›Funeribus Agrippinensium sacer locus. Have in beatius aevum seposta seges. Transi non sine votis mox noster.‹ (Für die Toten Kölns ein heiliger Ort. Gruß dir auf bessere Zukunft gesäte Saat. Geh' nicht vorüber ohne Gebete, du, bald der Unsrige.) Auf zahlreichen Gräbern des streng geometrisch gegliederten Friedhofs sind kunsthistorisch hochrangige **Monumente** aus allen Phasen des 19. und 20. Jh. erhalten.

103 Lindenthal: Stadtwald

Friedrich-Schmidt-Straße/
Fürst-Pückler-Straße/Dürener
Straße/Militärringstraße
Stadtbahn Aachener Straße/
Gürtel, Dürener Straße/Gürtel

Kölns ›Englischer Garten‹.

Über Aachener Weiher und Kanalpromenade (Danteweg/Clarenbachstr./Rautenstrauchstr.) ist der große innerstädtische **Park** mühelos auf einer ›grünen Zunge‹ vom Zentrum aus zu erreichen. Im Westen gibt es einen kaum merklichen Übergang zum ›*Äußeren Grüngürtel*‹ im Bereich der Militärringstraße, die im 19. Jh. zur Verbindung der preußischen Außenforts angelegt wurde.

Historischer Kern ist der Anfang 19. Jh. von M. F. Weyhe geschaffene Park der schloßartigen *Kitschburg* nahe der Dürener Straße (Nebenbauten erhalten). Ihn bezog Gartenbaudirektor A. Kowallek 1895-98 in das größere Stadtwaldgelände mit ein, zu dessen weiteren ›Vorgaben‹ ein alter Wasserlauf und die Böschung zwischen Nieder- und Mittelterrasse des prähistorischen Rheinverlaufs gehörten. Bestandteil dieses englischen Parks sind verschlungene Wegeführungen, bildartig komponierte Baumgruppen mit Wiesen-

Prunkende letzte Ruhestätten auf dem Friedhof Melaten

und Wasserflächen. Eine der wichtigsten Blickachsen geht vom *Hültzplatz* mit seinem exotischen Baumbestand von Nordosten nach Südwesten. Die umgebenden Straßen zeigen noch Reste der einst zugehörigen *Villenbebauung.* Nördlich des Stadtwaldes (Braunstr./Wietha-

Am Adenauer-Weiher

sestr.) die Kirche **St. Joseph**, ein Hauptwerk von R. Schwarz und J. Bernard, 1954. An der Stelle des alten seebezogenen ›Stadtwaldrestaurants‹ heute das eher abweisende *Queens-Hotel*, Dürener Straße 287, von dort Kahnfahrten auf dem See möglich. Westl. der sonntags gesperrten Kitschburger Straße kleines Tiergehege.

Lohnend ist ein weiterer Spaziergang im **Äußeren Grüngürtel** in südwestl. Richtung zum *Decksteiner Weiher* mit dem idyllisch gelegenen *Haus am See* (Restaurant und Caféterrasse), Bachemer Landstraße 420, oder, eher nach Nordwesten, zum *Adenauer-Weiher,* zur *Jahnwiese* und zum Bereich des Müngersdorfer Stadions mit Freibad zwischen Aachener und Junkersdorter Straße.

104 Lindenthal-Hohenlind: St.-Elisabeth-Krankenhaus mit Kirche; St. Thomas Morus

Werthmannstraße 1/
Decksteiner Straße 5
Stadtbahn Brahmsstraße

Zwei hervorragende Sakralbauten der ›Ersten‹ und der ›Zweiten‹ Moderne.

An der Nordseite eines kleinen Landschaftsparks der langgestreckte, mehrge-

147

Romanische Anklänge in den Fenstern von St. Elisabeth

schossige Komplex des **Krankenhauses** mit Vierflügelanlage im Westen für Internats- und Schulungszwecke, erbaut 1930-32 nach Entwürfen von H. Tietmann und K. Haake/Düsseldorf. Bauherr war der Deutsche Caritasverband. Nach Norden vorspringend die zugehörige **Kirche** von D. Böhm, sein zweites Kölner Hauptwerk neben St. Engelbert in Riehl [Nr. 96]. Das Innere ist als 3schiffige Halle mit Flachdecke über schlanken Stützen angelegt. In der Chorapsis *Fresko* von P. Hecker, 1949/50. Unter den seitlichen Krankenemporen und dem mit ihnen verbundenen Chor im Erdgeschoß kryptenartige Andachtsräume mit *Mosaiken* von L. Baur, 1934, *Schmerzensmann* von E. Mataré, 1937.
Die Pfarrkirche **St. Thomas Morus** entstand 1962/63 nach Plänen von F. Schaller. Der 2schiffige, von hohen Satteldächern überspannte Bau mit Campanile besitzt einen *Fensterzyklus* von G. Meistermann, 1965, sowie liturgiebezogene *Bildhauerarbeiten* von E. Hillebrand, T. Heiermann und K. M. Winter. Die *Thomas-Morus-Büste* stammt von R. Maklouf/England, die Turmbekrönung von W. Schürmann.

105 Lindenthal-Kriel: St. Stephanus ›Krieler Dömchen‹

Suitbert-Heimbach-Platz 1
Stadtbahn Mommsenstraße

Hier ist erhalten, was in den großen Kirchen der Stadt aus den Anfängen ergraben wird …

Das liebevoll ›**Krieler Dömchen**‹ genannte alte Dorfkirchlein ist dem hl. Stephanus geweiht. Auf karolingische Ursprünge zurückgehend, wird die später zum Stift St. Gereon gehörende Eigenkirche einer Hofanlage erstmals 1224 bezeugt. Auf den Gründungsbau des 9. Jh. verweisen die 3 eingebauten Memoriensteine. Der Saalbau (das heutige ›Mittelschiff‹) entstand um 900, der Rechteckchor im 10./11. Jh., Apsis und Westturm mit Empore kamen um 1100 hinzu (das Glockengeschoß im 18. Jh. wieder abgetragen). Im 13. Jh. wurde das nördl. Seitenschiff angefügt, auf eine offene Südhalle weisen die noch vorhandenen Konsolsteine hin. Restaurierungen des 19. und 20. Jh. haben den bedrohten Bestand immer wieder gesichert.
Die **Ausstattung** heute in der benachbarten Pfarrkirche *St. Albertus Magnus* (1950/51 von O. Bongartz, mit Wandbild an der Chorwand von P. Hecker, 1962). *Friedhof* und ehem. Schule, Freiligrathstr. 4, wahren den angestammten dörflichen Maßstab. Einheitliche Siedlung ›Am Krieler Dom‹ in der Goldenfelsstr. (1929 von C. Moritz, A. Betten, W. Felten).

106 Lindenthal: Kath. Pfarr-kirche St. Stephan

Bachemer Straße 106
Bus 146/Leiblplatz

Symbolhaftes ›High Tech‹ schafft einen kühlen, doch eindrucksvollen Sakralraum.

Die kath. Pfarrkirche des ab 1846 durch Privatinitiative entstandenen vornehmen Vorortes entstand 1886 nach Plänen von A. Lange. Das Patrozinium war demjenigen des ›Krieler Dömchens‹ verpflichtet. Das lange, originell gestaltete, zentralisierende Schiff in neugotischer Formensprache ging 1943/44 zugrunde; der erhaltene Turm wurde 1959-61 in den Neubau einbezogen, den J. Schürmann gestaltete (Statik: F. Varwick). Die **neue Kirche** gehört zusammen mit dem Schwesterbau St. Pius X. in Köln-Flittard zu den wenigen kirchlichen Stahlskelett-Bauten der Nachkriegszeit. Die moderne Konstruktionstechnik wird als Symbolträger genutzt: Die 12 vergoldeten Stützen verweisen auf die kanonische Apostelzahl; die an ihnen hängenden silbrig-

opaken Fensterflächen des ›Mittelschiffs‹ auf das ›Gläserne Meer‹ der apokalyptischen Himmelsstadt. Dem hellen Hauptraum sind dunkle Seitenräume basilikal zugeordnet. **Ausstattung**: Kruzifixus und Altarleuchter von W. Schürmann, 1964; Tabernakel von H. Domizlaff; Taufbecken von R. Peer.

107 Lindenthal: Klinikum der Universität zu Köln und kath. Klinikkirche St. Johannes der Täufer

Kerpener Straße/Joseph-Stelzmann-Straße 7-9
Stadtbahn Lindenburg; Bus 146/Leiblplatz, Geibelstraße

Eine weitläufige, durchgrünte ›Gesundheitsfabrik‹ – kombiniert mit einem stimmungsvollen Kirchenbezirk.

Keimzelle des mittlerweile auf die Dimension eines ganzen Stadtquartiers angewachsenen **Zentralklinikums** ist die mehrteilige *Pavillonanlage* von 1907/08

Das ›Krieler Dömchen‹ in seinem Friedhof; im Hintergrund die Wetterfahne der neuen Pfarrkirche

Klinikkirche (im Hintergrund) und Kloster St. Johannes der Lindenburg

der ehem. ›Krankenanstalt Lindenburg‹. Der einstige Charme ist allerdings durch langjährige Vernachlässigung etwas abhanden gekommen. Um so mehr trumpft das markante *Bettenhaus* auf, ein technisch gestylter Hochhausbau der Architekten Heinle, Wischer und Partner/ Stuttgart von 1970-74. Ihre Vollendung erfuhr diese Anlage mit verglaster Eingangshalle und Kolonnade vor den Funktionsbauten entlang der Kerpener Straße 1987-89 nach Plänen desselben Teams (zusammen mit dem Staatshochbauamt). Die benachbarte **Klinikkirche** mit angegliedertem klosterartigen Vierflügelbau mit Schwesternzimmern ist eine niedrige

Béton-brut-Bautengruppe mit Faltdach über dem Kirchenraum und südl. vorgesetztem Glockenständer. Der Architekt G. Böhm entwarf 1962-65 zugleich mit den Bauten auch die *Ausstattung* des Inneren: Altarbaldachin, Beicht-›Türme‹, Krankenempore und vor allem das umlaufende Fensterband mit einbezogenen Schmiedeeisen-Skulpturen zum Thema ›Der Kreuzweg Jesu‹.

108 Lindenthal: sog. Geusenfriedhof

Kerpener Straße, Ecke Weyertal
Stadtbahn Weyertal

Unter hohen alten Bäumen einer der heiligen Orte des evangelischen Köln.

Oase der Stille: der ›Geusenfriedhof‹

Der älteste **ev. Friedhof** Kölns, seit 1576 urkundlich nachweisbar, liegt nicht zufällig weit vor den Toren der ehem. Reichsstadt: War diese doch im Zeitalter von Reformation und Gegenreformation eine eifrige Verfechterin des alten Glaubens und äußerst intolerant allen ›Abweichlern‹ gegenüber (wie Protestanten und Juden). Der umfriedete Bezirk, dessen Name sich von den aufständischen protestantischen Niederländern gegen die kath. Spanier herleitet, bewahrt bis heute eine Reihe historisch wie kunsthistorisch bedeutender Grabplatten und -steine von 1592 (für Maria de Haes) bis zum frühen 19. Jh. – Seit 1829 konnten die ev. Bürger der Stadt auch den Zentralfriedhof Melaten nutzen; seither finden hier keine Beisetzungen mehr statt.

Blick von der Universitäts- und Stadtbibliothek auf das Hörsaalgebäude

109 Lindenthal: Kath. Pfarr-kirche St. Laurentius

An St. Laurentius 1/Eckertstraße
Bus 146/Hildegardiskrankenhaus

Ein Bauwerk äußerster architektonischer Reduktion.

Der asketisch-franziskanisch wirkende Kubus aus Ziegelmauerwerk und Sichtbeton mit vorgelagertem Atrium, niedrigen Pfarrbauten und Werktagskapelle ist ein Spätwerk von E. Steffann aus den Jahren 1961/62. Einzige Lichtquelle des Innern ist ein umlaufendes schmales Fensterband unterhalb der Flachdecke. Der Boden fällt zum Altarbereich sanft ab. Ein großer Radleuchter von K. O. Lüfkens setzt dem elementaren Kubus die ebenso elementare Form des Kreises entgegen: auch dieses ein Abbild des ›Himmlischen Jerusalem‹. Im Atrium symbolisieren Brunnen und Pflasterung die ›Vier Ströme des Paradieses‹. (Ev. Gegenstück: Auferstehungskirche in Buchforst, vgl. Nr. 123).

110 Lindenthal: Universität zu Köln

Albertus-Magnus-Platz 1
Stadtbahn Universität

Kühle Sachlichkeit der frühen 30er Jahre und plastisches Bauempfinden der 60er Jahre rahmen den zentralen Platz studentischen Lebens.

Das **Hauptgebäude** entstand 1929-35 nach Plänen von A. Abel. Der langgestreckte Riegelbau greift nach Osten zum Parkgelände des mit Allee und (einstmals gepflegten) Beeten gartenarchitektonisch einbezogenen Grüngürtels mit 6 Pavillonbauten aus. In der Mittelachse dort eine astronomische Uhr. Die Hauptfassade wird durch ein monumentales Portal betont. Durch Absenkung und Überdeckung der verkehrssicheren Universitätsstraße ist hier ein urbaner Platz entstanden, der zu den westl. vorgelagerten Bauten des *Philosophikums* (Staatshochbauamt, 1971-74) und des plastisch durchgestalteten *Hörsaalgebäudes* (1964-67, R. Gutbrod) überleitet. **Garten- und Platzanlage** von G. Kühn; Skulptur des ›*Albertus Magnus*‹ von G.

Albertus Magnus im Nachsinnen: Skulptur an der Universität (G. Marcks, 1955)

Marcks, 1955. Nach Süden schließt sich die *Universitäts- und Stadtbibliothek* an (1962-68, R. Gutbrod).

Die heute von über 50 000 Studenten besuchte Hochschule sieht sich in der Tradition der mittelalterlichen Universität, die von 1388 bis 1798 Bestand hatte. Obwohl von der Theologie und besonders anfangs dem Dominikanerorden geprägt, war sie eine städtische Institution. Im 19. Jh. wurden zahlreiche Versuche zu einer Wiederbegründung unternommen, doch kam es erst 1901 zur Bildung der ›Städt. Hochschule Cöln‹ am Hansaring, die 1907 in die südliche Neustadt umsiedelte [vgl. Nr. 75]. Erst 1919 gelang es der Stadt unter Oberbürgermeister K. Adenauer, Preußen die Zustimmung zur Neugründung einer städtischen Universität abzuringen. Damalige Schwerpunkte: Wirtschafts-Sozialwissenschaften und Medizin. Seit 1960 voll in der Trägerschaft des Landes Nordrhein-Westfalen, ist die Kölner Universität heute die drittgrößte der Bundesrepublik Deutschland (1994: 54 000 Studenten).

111 Sülz: Papst-Johannes-Burse und Kirche der Kath. Hochschulgemeinde
Berrenrather Straße 119-129
Stadtbahn Weißhausstraße

Eine begehbare, symbolistisch-expressive Betonskulptur.

1968/69 nach Plänen von J. Rikus entstanden, gehört die den Studentenwohnhäusern und den Gemeinschaftsbauten zugeordnete **Kirche** zu den phantasievollsten Sakralbauten der 2. Moderne in Köln. Die 2geschossige Anlage (Unter- und Oberkirche) kann als begehbare Skulptur aus Béton-brut und farbigem Glas bezeichnet werden. Die zur Mitte hin ansteigenden Querbinder werden von vielgliedrigen baumartigen Betonelementen scheinbar durchdrungen und umspielt, so daß Außen- und Innenraum zu einem komplexen Symbolgebilde verschmelzen, getrennt nur durch die stark farbigen Glaswände. Im **Inneren** bildet der ›Lebensbaum‹ mit Tabernakel das ideelle und formale Zentrum, dem auch der exzentrisch stehende Zelebrationsaltar gestalterisch zugeordnet ist.

112 Sülz: Schloß Weißhaus
Luxemburger Straße 201
Stadtbahn Arnulfstraße

Ein kostbar gefaßtes, leider unzugängliches Relikt aus feudaler Zeit.

Inmitten eines herrlichen Landschaftsgartens liegt die ehem. Sommerresidenz der Äbte von St. Pantaleon, deren weißer Kubus mit Mansarddach (18. Jh.), überragt vom Achteckturm mit welscher Haube (17. Jh.), sich im Wasserbecken spiegelt. Da sich die ehem. **Wasserburg** seit dem frühen 19. Jh. in Privatbesitz be-

Dreidimensionale Kreuzmotive prägen die Kirche der Katholischen Studentengemeinde

Das barocke Schloß Weißhaus mit seiner neugotischen Kapelle

findet, muß man sich hier mit dem (allerdings lohnenden!) Blick durch das neubarocke Gitter begnügen.

Der kleine neugotische *Kapellenbau* im Nordosten von V. Statz (1855-57) bewahrt einen Wandgemäldezyklus von J. A. Ramboux.

113 Sülz: Kath. Pfarrkirche St. Nikolaus

Nikolausplatz 2/Berrenrather Straße
Stadtbahn Arnulfstraße

Eine typische späthistoristische Stadtteil-Dominante.

Die Tradition der mittelalterlichen Kapelle St. Nikolaus, die in den Burgunderkriegen des 15. Jh. unterging, greift die **neuromanische Pfarrkirche** wieder auf, die 1906-09 nach Plänen von F. Statz in kölnischen Materialien (Tuff und Basalt) errichtet wurde. Im **Innern** haben sich in der Hauptapsis und in der seitlichen Kriegergedächtniskapelle die *Mosaiken* von J. Osten, 1919, erhalten, deren Stillage am besten als byzantinisierender Jugendstil bezeichnet werden kann. In den beiden Nebenapsiden *Wandbilder* von P. Hecker, 1960. Die übrige romanisierende Ausmalung von 1977/78 stimmig zur weitgehend erhaltenen ›Grundausstattung‹.

In den umliegenden **Alleestraßen**, die den Nikolausplatz tangieren, gute Wohnhausarchitektur, vornehmlich aus den Jahren 1900-14. Im Südwesten sind *Beethoven-* und *Klettenbergpark* lohnende (Fern-)Ziele.

Keinesfalls Randlagen ...

Im Süden Kölns vornehmster Villenstadtteil (Bayenthal/Marienburg), das bis 1975 selbständige Rodenkirchen mit der Autobahnbrücke, den alten Rheindörfern Weiß und Sürth sowie dem großartigen Forstbotanischen Garten. Über den Rhein hinweg im Sommer mit der Fähre ins malerische Zündorf – oder in den rechtsrheinischen Norden in die bis 1914 selbständige Stadt ›Mülheim am Rhein‹ mit ihren bedeutenden Kirchen, Barockhäusern und Industrieanlagen. Richtung Deutz liegt Buchforst, eine Wohnanlage der Klassischen Moderne. Dünnwald und Merheim berühren fast das bergische Land; hier gibt es Reste dörflicher Strukturen, bedeutende Kirchen und Herrensitze (beispielsweise Haus Haan, Gut Mielenforst, Haus Iddelsfeld) sowie alte Bachläufe mit Wassermühlen.

114 Bayenthal/Marienburg: Gustav-Heinemann-Ufer/Oberländer Ufer

Stadtbahn Schönhauser Straße oder Bayenthalgürtel

Markante Verwaltungsbauten ersetzen Villen der Gründerzeit.

Der einstige Charakter einer stimmungsvollen Promenade am Rheinufer ist dem Verkehr zum Opfer gefallen und läßt sich außer an dem in den 20er Jahren liebevoll gestalteten *Kiosk* noch an den Bauten jenseits der **Uferstraße** ablesen, die

Bayenthal: Haus der deutschen Industrie (1970)

durch die Bismarcksäule, prächtige Villen und moderne Verwaltungsbauten die einstige und jetzige Vornehmheit der Gegend zum Ausdruck bringen.

Erster Blickfang nach der Südbrücke [Nr. 76] ist das *Haus der deutschen Industrie* (Gustav-Heinemann-Ufer 84-88; G. H. u. C. Winkler, C. Bellmann, 1970/71), dessen doppelt konkaver Fassadenschwung auf die Anlage der Aufzugtürme im Innern antwortet. Ist hier durch eine große Grünfläche noch Rücksicht auf den alten Charakter der Uferstraße genommen, wie ihn die verwunschen im Grün versteckte *Gründerzeitvilla* (Nr. 94) verkörpert, nutzt der Neubau der *Landeszentralbank* das Grundstück (Nr. 96-100) so vollständig wie nur möglich aus, wobei der abweisende Fassadencharakter durch die Skulptur von J. R. Soto nicht gemildert wird. Das wegen seiner Größe im Volksmund »Palazzo Protzi« genannte ehemalige *Palais Oppenheim* (Nr. 144, Mewes und Bischoff 1906) dient heute als ›Studieninstitut für kommunale Verwaltung‹; mit seinen nur teilweise erhaltenen Nachbarbauten bildete es einen würdigen Rahmen für den *Bismarckturm* (A. Hartmann, 1902), dessen zum Rhein gewandte Wächterfigur des eisernen Kanzlers immer mehr im Efeu und dem umgebenden Platanenwäldchen verschwindet.

An der **Altenburer Straße**, die von hier aus zur Stadt zurückführt und mit ihrem Namen auf die Lage des römischen Flottenkastells verweist, hatte über 100 Jahre die Bayenthaler Maschinenfabrik ihren Sitz (sie fertigte neben zahlreichen Industrieanlagen auch den Dachstuhl und Dachreiter des Domes) und trug zum Gepräge des Industrievorortes **Bayenthal** bei; 1972-78 entstand auf ihrem Gelände ein *Wohnpark* mit mehr als 800

Die Villa ›Marienburg‹ gab dem vornehmen Stadtteil ihren Namen

Wohnungen, teilweise in Hochhäusern (Fischer, Krüder und Rathay). Architektonisch gelungener sind freilich das Bettenhaus des *St.-Antonius-Krankenhauses* (Schillerstr. 23, im Altbau eine Kapelle in Jugendstilformen von P. Gaertner, 1906-08) und die *Schule für Krankenpflege* (Bernhardstr. 12), die H. P. Tabeling 1972 und 1974 erbaute.

115 Marienburg

Bayenthalgürtel/Oberländer Ufer/
Militärringstraße/Bonner Straße
Stadtbahn Marienburg

Vornehmstes Villenviertel Kölns.

1869 plante der Fabrikant und Spekulant Ernst Leybold auf dem Gelände des Hofgutes Marienburg eine Villenkolonie nach englischem Vorbild. Erst nachdem er das Herrenhaus zum Ausflugslokal umgebaut und damit Anlaß zu einer Pferdebahnverbindung und einer Schiffsanlegestelle gegeben hatte, fand er allmählich Käufer für seine der Exklusivität wegen besondes großen Grundstücke. Auch wenn die Gefahr des Ersatzes der Villen durch maßstabsbrechende Neubauten noch keineswegs gebannt ist, hat das Viertel insgesamt seinen Charakter lockerer, durchgrünter Bebauung an Alleestraßen weitgehen bewahren können. Namensgebender Ausgangspunkt war die **Marienburg** (Parkstr. 55), die sich

heute freilich systematisch hinter Grün versteckt. Eine der prächtigsten der erhaltenen Villen, die hier aufzuführen nicht möglich ist, schuf P. Pott 1913/14 in der *Parkstr. 1-5;* ihre Größe ermißt man am ehesten im Vergleich mit der Professorensiedlung für die Kölner Universität aus den 20er Jahren an der hier anschließenden Wolfgang-Müller-Straße.

Da die Protestanten in Marienburg mit über 40% der Einwohner ungewöhnlich stark vertreten waren, errichtete O. March schon 1903-05 die **Reformationskirche** an der Goethestr. 25/Ecke Mehlemer Str. Beim Wiederaufbau 1951-61 drehte H. O. Vogel die Ausrichtung von Osten nach Süden und gab dem ernsten Bau durch das 3 Seiten des Altarraums umfassende Beton-Glas-Mosaikfenster mit Christus als Weltenrichter einen dramatischen Höhepunkt.

Für die Katholiken entstand erst 1953/54 am Südende der Goethestr. (Nr. 84) **St. Maria Königin** als letzter Bau D. Böhms. Über entkörperlicht wirkenden Wänden und der ganz in Fenster (mit den 14 Symbolen der lauretanischen Litanei) aufgelösten Südseite schwingt die Decke leise empor und bildet mit roten Stahlstützen einen sinnfälligen Ausdruck für das biblische ›Zelt Gottes auf Erden‹. Statt früherer Dramatik [vgl. Nr. 96] lenkt nur eine flache Nische mit einer Madonna des 15. Jh. unsere Aufmerk-

Expressiver Altarraum der Reformationskirche in Marienburg

116 Rodenkirchen
Stadtbahn Rodenkirchen

Aus einem malerischen Fischerdorf wuchs ein lebendiges Geschäftszentrum und ein beliebtes Wohnviertel.

Markant schiebt sich auf einem Sockel aus Basaltsäulen die **Maternuskapelle** in den Strom vor; eine Erwähnung 989 betrifft wohl einen Vorgängerbau, dessen Ersatz aus dem 11.Jh. im 15. und 17.Jh. um Seitenschiff und wuchtigen Turm erweitert wurde. In den umgebenden Gassen hat sich mit schmalen Ziegel- und Fachwerkhäuschen der Charakter des einstigen Fischerdorfes recht gut erhalten, während die Pfarrkirche **Neu St. Maternus** (Hauptstr. 19, V. Statz, 1863-67) und neuere, teilweise maßstabsprengende Wohnanlagen die zunehmende Verstädterung im 19. und 20.Jh. belegen.

Über den Leinpfad gelangt man zum sog. **Künstlerviertel** (Uferstr./Walther-Rathenau-Str./Im Park), einer Gruppe von Villen im kompromißlosen Stil des ›Neuen Bauens‹ inmitten eines alten Baumbestandes. Seinen Namen verdankt das Viertel den Häusern für die Professoren der Kölner Werkschulen Seewald (Uferstr. 11, Th. Merrill, 1927) und Hußmann (Im Park 2, H. Schumacher, 1928), doch wohnten auch Kaufleute hier. Die der ganz schmucklosen Gestaltung im modernen Material des Stahlbetons entsprechende, weitgehende Auflösung des Kellergeschosses dient freilich auch dem Hochwasserschutz.

Nördl. des Ortskerns schwingt sich die Rodenkirchener **Autobahnbrücke** über den Rhein, die bei ihrer Eröffnung 1941 mit einer Mittelstützweite von 378 m Europas weitestgespannte Hängebrücke war. Umfangreiche Versuche ermöglichten bedeutende Fortschritte der Brückentechnik, die Architekt P. Bonatz und Statiker F. Leonhardt zur überzeugenden ästhetischen Gestaltung und Verdeutlichung der statischen Gegebenheiten (etwa in der Pylonform und der Nietenanordnung) nutzten. Der Wiederaufbau 1952-54 hielt im wesentlichen die alten Proportionen ein (die Pylonen waren unzerstört geblieben), störte aber die Linienklarheit empfindlich durch die Ausbuchtung des Gehsteiges. Die 1994 vollendete Verdoppelung der Breite durch Anfügung eines weiteren Portalständers veränderte die Proportionen des Bauwerks empfindlich, war jedoch durch die gestiegenen Verkehrsströme erforderlich.

samkeit auf den Altar; fast unbemerkt führt eine Tür der Fensterwand in die in time runde Taufkapelle hinab. An die niedrigere Beichtkapelle ihr gegenüber schließen sich Vorraum und Totengedächtniskapelle von G. Böhm (1959/60, Fenster von L. Gies) an. Tabernakel, Altarkreuz und Taufsteindeckel schuf H. Rheindorf mit ansprechenden Emails, L. E. Ronig entwarf das Fensterband über dem östl. Haupteingang 1948/49 für die zuvor benutzte Notkirche.

1951/52 baute R. Schwarz für die britischen Besatzungstruppen die **Allerheiligenkirche** (Bonner Str. 549), wobei sein siegreicher Wettbewerbsentwurf den Militärvorschriften fast völlig zum Opfer fiel. Neben dem strengen Materialverständnis der Ziegelwände und des offenen Dachstuhls als nahezu einzigen Charakteristika für die Architektursprache von Schwarz ist der Passionszyklus des Schweizers W. Fries von 1935-45 bemerkenswert.

117 Rodenkirchen: Forstbotanischer Garten

Am Neuen Forst/Schillingsrotter
Straße/Friedrich-Ebert-Straße
Stadtbahn Siegstraße

*Geschmackvolle Grünanlage mit ›leiser‹
Belehrung.*

Die mit 25 ha außerordentlich geräumige
Anlage (1964) gestattet im Gegensatz
zum älteren Botanischen Garten in Riehl
[Nr. 95] die Vorführung von rund 4000
seltenen Pflanzenarten nicht nur in Einzelstücken, sondern in größeren Beständen. Die Gestaltung geht dabei fast un-
merklich von parkartiger Strenge zu wal-
diger Lockerung über (Jan., Feb., Nov.
und Dez. 9-16; März, Sept., Okt. 9-18;
April-Aug. 9-20 Uhr). Im Süden bildet
das ›Friedenswäldchen‹ eine Fortsetzung, in dem alle Länder der Erde mit für
sie charakteristischen Bäumen vertreten
sind; eine große Liegewiese mit Sand-
spielflächen ist darin eingebettet.

118 Weiß: St. Georg

Kirchplatz/Georgstraße
Bus 131,135/Weißer Hauptstraße

Bemerkenswerte, moderne Schifferkirche.

Trotz zahlreicher moderner Wohnhäuser
läßt sich der einstige Charakter des Ortes
als Fischer- und Bauerndorf noch gut
erkennen. Ihm hat J. Bernard bei der
Gestaltung der **Pfarrkirche St. Georg**
(1953/54) geschickt Rechnung getragen,
indem er mit einem weithin sichtbaren,
überdachten Außenaltar zum Strom und
einem intimen Kirchplatz die Gläubigen
zum Gebet einlädt. Das **Äußere** wirkt in
seinen ruhigen Formen und der Verwendung von Ziegeln und Schiefer zeitlos, im
Innern sind es vor allem die Proportionen, die dem schlichten Raum mit hochliegenden Fenstern und offenem Dachstuhl seine sakrale Feierlichkeit verleihen. Eine Erweiterung der Orgel 1988
nahm die Gemeinde zum Anlaß, mit einem prunkenden Orgelgehäuse (E. Hillebrand) die zurückhaltende Ausstattung
(Skulpturen H. Gernot, Fenster P. Weigmann) zu ergänzen. Ein Rundfenster-
chen über dem Hauptaltar läßt nachts das
Ewige Licht auch nach draußen dringen.
Für das Ortsbild charakteristisch ist neben der alten **Kapelle St. Georg** (Weißer
Hauptstr./Georgstr.; wohl 18. Jh., Ausstattung E. Hillebrand und Th. Heiermann) der Leinpfad am Rheinufer; der

*Beliebtes Ausflugsziel: das ›Treppchen‹ in
Rodenkirchen*

Strom ist weit zu überblicken und wirkt
durch die gegenüberliegende Zündorfer
›Groov‹ überraschend malerisch (Fährverbindung in den Sommermonaten).

119 Sürth: St. Remigius

Sürther Hauptstraße 128
Stadtbahn Sürth; Bus 131, 135/
Sürth, Kölnstraße

Klassizistische Kirche zwischen alten Höfen.

Das Bild des schon von den Römern be-
siedelten und erstmals 1059 erwähnten
Ortes prägen neben einem Industriebe-
trieb mit seinen Wohnsiedlungen immer
noch zahlreiche Höfe. Der prächtigste
unter ihnen ist der **Mönchshof** gegenüber
der Kirche, dessen Bauten aus dem
19. Jh. die mittelalterlichen Ursprünge
noch erahnen lassen.
Einer privaten Stiftung verdankte der
Kölner Domzimmermeister J. J. Baude-
win den Auftrag zur Neuerrichtung der
Pfarrkirche 1828-30. Während im Äußeren, vor allem der Turmhaube, noch barocke Formen anklingen, prägt das
3schiffige Innere der Gegensatz zwischen
klassizistischen Säulen und gotisch wir-

Zündorf: Blick von der ›Groov‹ auf die Kirchen St. Michael (vorne) und St. Mariä Geburt

kenden Holzgewölben. Mit Ausnahme des Hochaltars konnte die Ausstattung aus der 1829 abgebrochenen Kölner Kirche St. Johannes Evangelist (an der Südseite des Domes) übernommen werden und stimmt mit den Barockformen des 18. Jh. in das eigenwillige Stilkonzert ein.

120 Porz-Zündorf
Stadtbahn Zündorf

Vollständig wie ein Freilichtmuseum, aber nach behutsamen Ergänzungen auch modernen Wohnansprüchen gewachsen.

Die 1009 erstmals erwähnte **Ortschaft** verdankt ihren relativen Reichtum vom 13. bis 18. Jh. dem Kölner Stapelrecht, da zur Umgehung dieser lästigen Pflicht viele Waren von hier auf dem Landwege bis Mülheim gebracht wurden; ab dem 15. Jh. erhoben die Herzöge von Berg hier ihren Rheinzoll. Der so erworbene Reichtum der vielfach ev. und jüdischen Kaufleute schlug sich in für damalige Verhältnisse relativ großzügigen Wohnbauten nieder, die dank weitgehender Erhaltung dem Ortsbild eine geschlossene Wirkung verleihen.

Das urspr. mehr landwirtschaftlich orientierte (typisch der *Mellerhof*, Hauptstr. 117-119) und am südl. Teil der Hauptstraße gelegene **Oberzündorf** und das mehr dem Handel zugewandte, um Marktstraße und Enggasse zusammengeschlossene **Niederzündorf** wurden mit ihren selbständigen Pfarreien erst 1835 vereinigt. So haben sich auf engem Raum 3 Kirchen erhalten: F. Langenberg errichtete 1895-97 die heutige Pfarrkirche **St. Mariä Geburt** (Hauptstr. 141) als neugotische Hallenkirche (Reste der neugotischen Ausstattung erhalten); jenseits des Friedhofes steht die alte Niederzündorfer Pfarrkirche **St. Michael** (Burgweg), deren schlichtes Kirchenschiff des 11. Jh. gegen 1170 um den reichverzierten Turm mit Rhombenhelm und Chor-, Kapellen- und Sakristeianbau 1692 ergänzt wurde (neben dem Südeingang Rankenrelief des 7. Jh.).

Die ebenfalls romanische Oberzündorfer Pfarrkirche **St. Martin** (Hauptstr. 43-47) wurde mit Ausnahme des Turms um 1780 auf alten Fundamenten wieder neu errichtet; heute umfängt sie an zwei Seiten ein *Altenwohnheim* von H. P. Tabeling (1971-74). Ein weiteres Beispiel einer gelungenen Einpassung moderner Architektur ist die *Einfamilienhaussiedlung* G. Böhms (1979-86, zwischen Enggasse und Gütergasse), während die Reste des **Turmhofes** erfolgreich neuen Zwecken nutzbar gemacht werden konnten; der bereits 1380 bestehende *Wohnturm* beherbergt heute eine Außenstelle des Kölnischen Stadtmuseums, das *Herrenhaus* von 1771 ein Restaurant. Aus einer ehem. Insel hat sich das grüne Freizeitgelände ›Groov‹ vor der Rheinfront von Niederzündorf entwickelt. Von hier in den Sommermonaten Fährverbindung nach Weiß [Nr. 118].

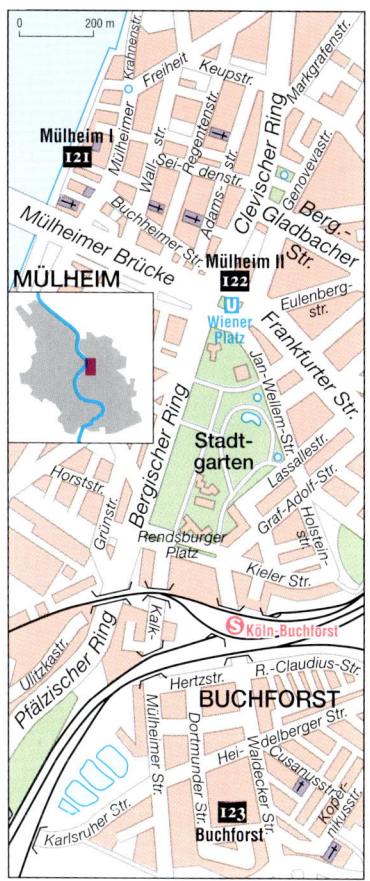

121 **Mülheim I**

U-Bahn Wiener Platz

Reste der barocken Altstadt im Schatten der Hängebrücke.

Die bis 1914 selbständige Stadt wird erstmals 1098 als ›Mulenheym‹ genannt. Namengebend waren die Wassermühlen an der Mündung des Strunder Bachs in den Rhein. 1322 erhielt die Ansiedlung durch die Grafen von Berg Freiheitsrechte (›Mülheimer Freiheit‹). Die von den Landesherrn errichteten Festungsanlagen wurden immer wieder durch die Kölner zerstört, zuletzt 1614/15 die schon begonnene Stadterweiterung der Neustadt. Die 1714 mit der Ausweisung der Protestanten aus Köln und deren Ansiedlung im toleranten bergischen Mülheim beginnende Blütezeit wurde 1784 durch

eine Hochwasserkatastrophe zunächst beendet. In preußischer Zeit folgte dann eine stürmische Industrialisierung, die durch die Ausbildung der Stadt zum Eisenbahnknotenpunkt gefördert wurde (Werksanlagen und Arbeitersiedlungen im Norden und Osten). Mit dem Versprechen, die alte Schiffsbrücke durch eine moderne feste **Rheinbrücke** zu ersetzen, erreichte Köln nach langen Verhandlungen 1914 die Zustimmung zur Eingemeindung. Durch Krieg und Nachkriegsmisere kam es jedoch erst 1927/28 zur Einlösung. Ein von Oberbürgermeister K. Adenauer offen manipulierter 2stufiger Wettbewerb führte schließlich zum Bau einer versteiften Kabelhängebrücke (Architekt: A. Abel), deren Mittelöffnung mit 315 m damals die größte Spannweite dieses Brückentyps in Europa besaß. 1944 zerstört, erbrachte der Wiederaufbau 1950/51 auf den alten Strompfeilern (allerdings jetzt als erd-

Maßstabssprung in Mülheim: Die Schifferkirche St. Clemens mit den umgebenden Barock-häusern neben der Mülheimer Brücke

verankerte Kabelhängebrücke) infolge des Fortschritts der Technik eine Reduzierung des Stahlbedarfs um die Hälfte (5780 t statt 13 200 t; vgl. die Autobahnbrücke Rodenkirchen, Nr. 116).

Die Anlage der Brücke bedeutete einen brutalen Einschnitt in die Altstadtstruktur Mülheims, dessen Folgen städtebaulich auch heute noch nicht bewältigt sind. Der Südteil um die Herz-Jesu-Kirche wurde vom Nordteil abgetrennt. Hier im Nordteil liegt am Rheinufer, umgeben von wiederaufgebauten Häusern des 18. Jh., die kleine **Schifferkirche St. Clemens**. Gegr. im 12. Jh. als romanische Saalkirche, wurde sie 1692 und 1720 zur 3schiffigen Halle erweitert. Giebelzier und Turmhaube in barocken Formen. Nach Wiederaufbau im Innern mit flachen Decken ausgestattet, dient sie heute als Nebenkirche von Liebfrauen [Nr. 122]. Hier ist Ausgangs- und Endpunkt der Schiffsprozession am Fronleichnamstag, der ›Mülheimer Gottestracht‹. Südl., Uferstr. 1, das ehem. *Pohlsche Haus*, 1773. Östl. an der ›Mülheimer Freiheit‹, die als Pendants 1752/56 errichteten Barockhäuser (Nr. 31 *Altes Pfarrhaus*, Nr. 33 *Haus*

zum Pelikan). Der nach Nordosten weiterführende Straßenzug der ›Mülheimer Freiheit‹ besitzt eine Reihe guter Bürgerhäuser des 18. und 19. Jh. (Nr. 102, 113, 119, 121). An der Ecke zur Krahnenstr. der **Mülheimia-Brunnen**, 1884 von W. Albermann mit allegorischem Bezug zu Geschichte und Selbstverständnis der Stadt geschaffen. Daneben, Krahnenstr. 1, die 1880-85 erbaute **ehem. Pferdebahnstation** (heute August-Bebel-Haus). Krahnenstr. 11: altes Fischerhäuschen aus dem 19. Jh.

122 Mülheim II
U-Bahn Wiener Platz

Bauten des 18.-20. Jh. und eine überraschende Vielfalt schöner Brunnen.

Der Bereich ›Mülheimer Freiheit‹, Keup-, Wall- und Regentenstraße war in den 80er Jahren Schwerpunkt von Stadterneuerungsmaßnahmen. In der Regentenstraße, neben Nr. 40, der **Turm der Lutherkirche**, Rest des einst großartigen Gotteshauses der prosperierenden ev. Gemeinde der Stadt. Erbaut 1893-95 nach Plänen von E. Schreiterer und B. Below, wurde der Turm nach dem Krieg zum Jugendzentrum ausgebaut und mehrfach restauriert. Im Osten der alten Anlage, zugänglich von der Adamsstr. 49-51, die **Luther-Notkirche**, einer von 48 Typenbauten in ganz Deutschland aus der Notzeit nach dem 2. Weltkrieg, entworfen 1948 von O. Bartning. Auch die kath. Hauptpfarrkirche Mülheims, **Liebfrauen**, Regentenstr. 4, wurde im Krieg schwer beschädigt. Der neugotische Bau, 1857-64 von Dombaumeister E. F. Zwirner erbaut, erhielt 1953-55 ein neues lichtes Chorhaus nach Plänen von R. Schwarz. Die Fensterbänder schuf A. Wendling 1958. 1965 entwarf M. Schwarz die neue steile Turmspitze mit der Marienkrone. In der Buchheimer Str. 29 hat sich das schönste Bürgerhaus des 18. Jh. erhalten, der **Bärenhof** von 1780. In der Wallstraße, der historischen Grenze zwischen Alt- und Neustadt, im Süden, neben der Brückenrampe, Nr. 56, das *Haus zum Pavillon* von 1775. Wallstr. 70: Die spätbarocke ev. **Friedenskirche**, ein ehem. reich ausgestatteter Zentralbau über Kreis- und Kreuzgrundriß, erbaut 1784-86 von W. Hellwig. Der Turm von 1845-48 noch mit Notdach.

Die evangelische Auferstehungskirche in Buchforst

Südöstl. des verkehrsreichen, 1993-95 neugestalteten Wiener Platzes mit dem *Bull-Hochhaus* von 1959/60 (K. Hell) der **Stadtgarten** mit einem Teil des 1913 von H. Wildermann geschaffenen ehem. *Schiffahrtsbrunnens* und, in der Achse der Sonderburger Straße, dem *Märchenbrunnen*, einem Werk von W. Albermann von 1914. Ein weiterer Brunnen von 1914, Ausdruck der wirtschaftlichen und kulturellen Blüte der Stadt vor dem 1. Weltkrieg, ist der **Genoveva-Brunnen** in der kleinen Grünanlage am Clevischen Ring.

123 Buchforst

Stadtbahn Waldecker Straße;
S-Bahn Köln-Buchforst

Bedeutender Siedlungskomplex des ›Neuen Bauens‹.

Der durch das Bevölkerungswachstum während der Gründerzeit und die unzureichende Bautätigkeit im und nach dem 1. Weltkrieg entstandenen Wohnungsnot versuchte man in den 20er Jahren mit großen Siedlungsprojekten Herr zu werden. Während diese durch die Zerstückelung des Grundbesitzes oft erschwert waren, wurde mit der Eingemeindung Mülheims nach Köln 1914 ein Gelände verkehrsmäßig erschlossen, in dem noch eine großräumige Planung möglich war. W. Riphahn und C. M.

Mülheimer Turmkonzert, dominiert von der barocken Haube der Schifferkirche St. Clemens und dem steilen Helm der Liebfrauenkirche

Neben der Stufung geben auch kleine Zutaten der Bewohner den langen Häuserzeilen der ›Weißen Stadt‹ Abwechslung

delberger Str.) verlegten sie einen im urspr. Bebauungsplan ausgesparten Platz in das Innere des großen Wohnblocks, den sie zur Kasseler Straße weit öffneten, so daß der Innenhof auch den Anwohnern benachbarter Straßen als Grünanlage zur Verfügung steht (einst liebevoll gepflegt). Der Name spielt auf den Himmel an, den die ebenfalls blau gestrichenen Loggien (Farbkonzept von H. Hoerle) und die großen Fenster in die Wohnungen hineinholen.

Erst 1929-32 konnte die ›Weiße Stadt‹ (zwischen Heidelberger Str., Waldecker Str., Kopernikusstr.) ausgeführt werden, deren fortschrittliche Zeilenbauweise damals dem konservativeren Kölner Architekturgeschmack nicht behagte. Die leichte Versetzung der paarweise zusammengefaßten Wohnungen lockert die geradlinige Strenge der langen Baublöcke auf; Loggien und Fenster nach beiden Seiten des Hauses dienen mit den breiten Grünflächen zwischen den Häusern der optimalen Besonnung und Belüftung der Wohnungen. Die niedrigen Ladenpavillons an der Heidelberger Straße binden die Schrägzeilen städtebaulich ein.

An der Cusanusstraße ist die kath. **Kirche St. Petrus Canisius** mit ihren Bauformen in die Siedlung einbezogen; auch sie wurde 1930/31 von Riphahn und Grod errichtet. Dem lebhaften Rhythmus der Wohnbauten antwortet sie mit lagernder Schwere. Ihre Anlage mit niedriger Bo-

Grod planten 1926 den ›Blauen Hof‹ mit 427 Wohnungen und die ›Weiße Stadt‹ mit 578 Wohnungen. Bei dem bis 1927 ausgeführten ›**Blauen Hof**‹ (Dortmunder Str., Hertzstr., Waldecker Str., Hei-

Dünnwald: Ausschnitt aus dem Apostelzyklus in der Sakristei der Klosterkirche St. Nikolaus

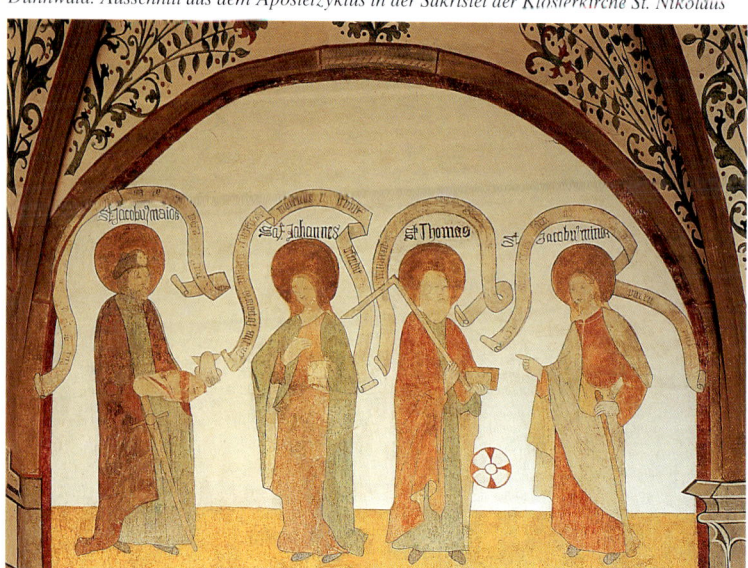

genvorhalle, äußerer Basilikaform und hohem Turm erinnert an mittelalterliche, besonders italienische Bauten, doch ist die Einzelgestaltung in die Formen des Neuen Bauens übersetzt: So sind etwa die Fenster zu einer regelmäßigen und asymmetrisch angebrachten Rasterung verwandelt und das Innere stützenfrei überspannt. Hinter der Kirche wird die Rasterung durch Querstraßen der Cusanusstraße unterbrochen, an denen sich Einfamilienhäuser in rechtwinkliger Stellung zu den großen Baublöcken befinden.

Die von G. Rasch und W. Wolsky 1968 fertiggestellte ev. **Auferstehungskirche** (Kopernikusstr. 34-36) faßt Kirche und Gemeindebauten durch strenge Formung und schlichte Materialien (rauher Sichtbeton und Bretterverschalung) zu einem Hof zusammen; der Kirchenraum, ein Tetraeder über Dreieck-Grundriß, wirkt sehr expressiv.

Haus ›Em Ahle Kohberg‹ in Merheim

124 Dünnwald: Ehem. Prämonstratenserinnen-Klosterkirche St. Nikolaus

Prämonstratenserstraße 55
Stadtbahn Leuchterstraße;
Bus 154, 155/Klosterhof

Eine Schatzkammer rheinischer Wandmalerei inmitten bäuerlicher Idylle.

In teilweise noch ländlicher Abgeschiedenheit liegen Kirche, ehem. Friedhof und, östl. des Chores, das ›Gut Klosterhof‹. Das Frauenkloster hatte von 1143 (in Nachfolge eines Augustinerstifts) bis 1803 Bestand; seither dient die Kirche der östl. um die Berliner Straße liegenden, 1276 erstmals erwähnten Ortschaft als Pfarrkirche. Der Gründungsbau des 12. Jh. war eine querschifflose, flach gedeckte Pfeilerbasilika, die nach Westen um die Doppelturmanlage (nur der nördl. Turm ausgeführt) und eine Nonnenempore erweitert wurde. Mitte des 14. Jh. erfolgte die hallenartige Erhöhung des Nordseitenschiffs mit Einwölbung, 1640 seine Barockisierung. Aus dieser Zeit die Quergiebeldächer und die geschweifte Haube über der Nordost-Apsis. Das Südseitenschiff wurde 1875 neuromanisch erneuert; hier war jahrhundertelang der Kreuzgang angefügt. Im Kirchenschiff und in der spätgotischen Sakristei im Südosten beachtliche *Pfeiler- und Wandmalereien* des 15. Jh.: Gnadenstuhl; Apostelzyklus; Hl. Sippe; Verkündigung. Übrige Ausstattung aus den 50er und 60er Jahren.

125 Merheim: Dorfkern mit St. Gereon

Von-Eltz-Platz/Broichstraße/
Ostmerheimer Straße
Stadtbahn Merheim; Bus 157/
Ostmerheimer Straße

Geschlossener Dorfkern in bedrohter landschaftlicher Idylle.

Gegen 1274 wird die für weite Teile des rechtsrheinischen Gebietes zuständige **Pfarrkirche** das 1. Mal erwähnt; die jetzige Kirche schuf nach Einsturz des Vorgängerbaues J. P. Weyer 1820. Die strengen, klassizistischen Formen des Äußeren umschlossen urspr. einen breitgelagerten Saalraum, den H. Renard 1907 zu einer 3schiffigen, romanisierenden Anlage umbaute, die ihrerseits 1956/57 durch Reduktion der Einzelformen dem klassizistischen Äußeren angepaßt wurde. Die Ausstattung konnte 1820 zumeist aus Kölner Kirchen erworben werden, einen Kruzifixus schuf W. J. Imhoff 1835.

An den umgebenden ehem. Friedhof schließen das *Pfarrhaus* (1834) und der *Fronhof* (1775) an, während in der Nähe die Gastwirtschaft ›*Em Ahle Kohberg*‹ von 1665 (Ostmerheimer Str. 455) mit 2 schieferverkleideten, bergischen Häusern (1790 und 1820) und einem *Wegkreuz* von 1764 inmitten einer Baumgruppe ein malerisches Ensemble bildet.

Abseits der Hauptrouten

Siedlungen

Dünnwald, Am Kunstfeld: **Kunstfeld**. Die älteste erhaltene Arbeitersiedlung des Rheinlandes (um 1820) einer chemischen Fabrik (daher der Name).

Porz, Bahnhofstraße: **Germania Siedlung**. Bei einer Glasfabrik entstanden bis 1903 120 Häuser für Arbeiter (Glasstr.), Meister (Germaniastr.) und Angestellte, Direktorenvilla (Concordiaplatz), Verwaltungs- und Kantinenbau.

Weidenpesch: **Pallenberg-Siedlung**. Liebevoll detaillierte Häuser um eine Grünanlage (F. Encke). Aus Stiftung des Möbelfabrikanten J. Pallenberg 1905-07 von H. Verbeek und H. Schilling errichtet.

Nördlich der Venloer Straße: **Bickendorf**. Ein 1. Abschnitt im Sinne der Gartenstadtidee (Entwurf: C. M. Grod & L. Kaminski, 1913) von W. Riphahn 1918-20 mit Veränderungen vollendet. Er entwarf 1922 zusammen mit C. M. Grod auch den 2. Abschnitt aus 3- und 4geschossigen Bauten, die durch Vorsprünge und Fensterverteilung expressiv wirken. **Hl. Dreikönige** (1928/29, H. P. Fischer, H. Forthmann; *Fenster* J. Thorn Prikker, W. Schmitz-Steinkrüger). Nach Nordwesten die 1920-26 von F. A. Breuhaus u. a. errichtete Gartensiedlung, ein Musterbeispiel genossenschaftlichen Bauens.

Gremberghoven, Gotenstraße/Teutonenstraße/Rather Straße/Talweg: M. Kießling betonte die Gemeinschaft der hier wohnenden Eisenbahner durch eine ovale Anordnung der Häuser (1919-22).

Holweide, Märchenstraße: **Märchensiedlung**. Zwei Typen von Einfamilienhäusern (M. Faber, 1922-29) großzügigen Zuschnitts in abwechslungsreichen Gruppen nach dem Gedanken der Gartenstadt. Nur die Nordhälfte des Bebauungsplans (F. H. Kreis, 1920) ausgeführt.

Zwischen Vorgebirgsstraße/Gottesweg/Zollstockgürtel: **Zollstock**. Inmitten einer Randbebauung in traditionellen Formen (Satteldach; E. Mewes, Th. Merrill, M. Faber, F. Seuffert) errichteten W. Riphahn und C. M. Grod 1927-30 Zeilenbauten in kubischer Gestaltung. Ebenfalls bemerkenswert die Schule (H. Wirminghaus) und die Melanchthonkirche (Th. Merrill, 1929/30, Chor verändert, Portal L. Schmithausen, 1932).

Chorweiler: Schon 1922/23 geplant, wurde die ›Neue Stadt‹ 1957 entworfen und seit 1961 in drei großen Bauabschnitten ausgeführt. Während in Heimersdorf und Seeberg die Eigenheime vorherrschen, dominieren in Chorweiler die Hochbauten, von denen nur G. Böhms Baugruppe aus Hochhaus und niedrigen Trakten mit Altenwohnungen (1974, Riphahnstr./Mataréweg) um einen menschlichen Maßstab bemüht ist.

Bocklemünd-Mengenich: H. Busch gestaltete diese Siedlung 1965-70 als einheitlichen plastischen Körper. Hochbauten bilden die Einfassung und betonen die zentrale Fußgängerzone; Eigenheime und ein Altenwohnheim wirken der Ghettobildung der ca. 3000 Wohneinheiten entgegen.

Mittelalterliche Dorfkirchen

St. Martin, Esch, Kirchgasse. Seit dem 11. Jh. nachweisbar und aus einer kleinen Saalkirche bis 1520 zu einer unregelmäßigen Staffelhalle ›herangewachsen‹. Ausstattung z. T. in der neuen Kirche St. Marien, Martinusstraße 22.

St. Amandus, Merkenich-Rheinkassel, Amandusstraße 4. Schönste der Kölner Dorfkirchen in landschaftlich reizvoller Lage. Wiederholte Umbauten zwischen dem 11. und dem 17. Jh. – Reizvolle *Chorpartie* von 1230 in der Nachfolge von St. Gereon [Nr. 37], wozu die Pfarre St. Amandus einst gehörte. Die Farbfassung von 1980 folgt dem Originalbefund.

Alt St. Katharina, Niehl, Sebastianstraße 231: ›Niehler Dömchen‹. Die Anfänge gehen in das 12. Jh. (Turm) zurück. Das romanische Schiff ist im 13. und 15. Jh. gotisch überformt worden. Die Ausstattung heute teils in Neu St. Katharina (1892, Th. Kremer; Sebastinusstraße 122).

Kirchen des 19. und 20. Jh.

Friedenskirche, Ehrenfeld, Rothehausstraße. Die 1876/77 von C. Coerper errichtete Backsteinkirche repräsentiert die Berliner Schinkelschule in diesem typischen Kölner Vorort, der 1845 gegründet wurde. *Chormosaik* von 1922 (Huber-Feldkirch).

St. Heinrich und Kunigund, Nippes, Mauenheimer Straße 25. 1856 von V. Statz als Musterbau für neue Vorortgemeinden errichtet. Neugotische Ausstattung aus einer Kölner und einer Eupener Kirche. Ähnlich **St. Mariä Himmelfahrt,** Ehrenfeld, Geisselstraße 1/Venloer Straße (V. Statz, 1860).

Lutherkirche, Nippes, Merheimer Straße 112. 1886-89 im Stil der hannoverschen Neugotik von A. Albes gebaute Hallenkirche mit zeitgenössischer *Ausstattung.*

St. Hubertus, Flittard, Hubertusstraße 5. Elegante neuromanische Staffelhalle (Th. Kremer 1896/97, Turm 18. Jh.). *Ausmalung* 1976/77 H. Gottfried.

St. Mechern, Ehrenfeld, Mechternstraße 4-6. Am Ort des Martyriums der Thebäischen Legion errichtete R. Schwarz 1954 einen markanten Neubau unter Einbezug des Turmstumpfes des kriegszerstörten neuromanischen Vorgängers. Dort *Fresken* von P. Hecker, 1956.

St. Anna, Neu-Ehrenfeld, Ottostraße 50. Chorturm von 1907/08, Hallenbau 1956 (D. und G. Böhm). Großes *Glasfenster* von G. Böhm und H. Bienefeld; *Malereien* im Altarbezirk von E. Hillebrand u. a.

St. Christophorus, Niehl, Allensteiner Straße 5 (R. Schwarz, 1958/59; *Fenster und Wandbilder* G. Meistermann). Asketischer Stahlbeton-Skelettbau.

St. Bonifatius, Nippes, Gneisenaustr. 5. 1913/14 (A. Nöcker). Vom Jugendstil geprägte *Ausstattung* in seltener Vollständigkeit.

Lukaskirche, Porz, Mühlenstraße 2. Saalbau in Formen des geometrischen Jugendstils (M. Benirschke, 1914). *Ausmalung* und *Ausstattung* von 1927 (K. Derckum).

St. Engelbert, Humboldt-Gremberg, Gremberger Straße 34 (1926/27 H. Renard, van Geisten). Expressionistischer Klinkerbau mit markantem Hauptturm.

St. Joseph, Kalk, Bertramstraße 9/Höfestraße. 1899-1902 H. Renard, durch D. und G. Böhm 1951/52 umgestaltet.

St. Marien und **Gnadenkapelle,** Kalk, Kalker Hauptstraße 228. 1863-66 von V. Statz erbaut. Wiederaufbau durch R. Schwarz. *Fensterzyklus* von G. Meistermann (1965/66).

Zum göttlichen Erlöser, Rath-Heumar, Erlöserkirchstraße (1953/54 F. Schaller). Stimmungsvoller Kirchenraum.

St. Bruder Klaus, Mülheim, Bruder-Klaus-Platz (1956/57, F. Schaller), *Beton-Maßwerk-Fenster* G. Meistermann.

Grünanlagen

Köln verfügte zu Beginn des 19. Jh. nur über einige baumbestandene Plätze. Die preußischen Festungsanlagen gestatteten kaum Ausgleich im Stadtgarten und außerhalb in Flora und Zoologischem Garten. Bei der Stadterweiterung ab 1881 kamen Ringstraße, Volksgarten und Stadtwald hinzu. Adenauer nutzte die Entfestigung Kölns 1919 zur Anlage der Grüngürtel auf den als Schußfeld freigebliebenen Flächen. Die städtebauliche Gesamtplanung F. Schumachers (1920-23) wurde von F. Encke (bis 1926) und Th. Nußbaum (bis 1945) in Grünanlagen umgesetzt.

Der **Innere Grüngürtel** verbindet das Gelände der Universität mit Zoo und Flora am Rheinufer. Schumachers Planung sah dichte Bebauung vor, auf die in der Inflationszeit verzichtet wurde. Die geometrischen Architekturformen fanden in Baumreihen ihre gestalterische Fortsetzung. Nach dem 2. Weltkrieg wurden Grünflächen dem Verkehr und Neubauten geopfert. Der urspr. Charakter ist am ehesten bei der Universität, am Aachener Weiher sowie in der sog. ›Alhambra‹ (Ecke Innere Kanalstr./Merheimer Str.) zu erkennen. Die übrigen Teile nach Anschüttung von Trümmerschutt zu unregelmäßigen Fügungen aus Wegen, Freiflächen und Gehölzgruppen umgestaltet.

Unter den 1929 vollendeten Teilen des **Äußeren Grüngürtels** zwischen Aachener Str. und Rodenkirchen (11 km lang, 500-800 m breit) hat der Bereich um den *Decksteiner Weiher* seine geometrischen Formen bewahren können. Als radiale Verbindung der beiden Grüngürtel kamen der Lindenthaler Kanal, der **Grünzug Süd** an der Vorgebirgsstr. und der **Grünzug Nord** von Fort x zur Pferderennbahn Weidenpesch zur Ausführung. Der **Klettenbergpark** nutzt den Abstieg in eine ehem. Kiesgrube zu natürlich wirkender geologischer Belehrung mit einem künstlichen Basaltbruch (F. Encke, 1906/07; Luxemburger Str./Siebengebirgsallee). Im **Volkspark** bestimmen architektonische Akzente das Bild (F. Encke, 1923/24; Sinziger Str.); **Beethovenpark** (F. Encke, 1924/26; Neuenhöfer Allee) und **Blücherpark** (F. Encke, 1910/13; Parkgürtel) sind geometrisch bestimmt. Natürlicher wirken die Grünflächen am Rheinufer, v. a. am Weißer Bogen zwischen Sürth und Rodenkirchen und von der Zoobrücke zum Niehler Hafen, während der **Worringer Bruch** (ein alter Rheinarm) fast ein Urwald ist. Im Rechtsrheinischen verlockt der **Königsforst** zu ausgedehnten Spaziergängen.

Köln aktuell

Vor Reiseantritt

Verkehrsamt der Stadt Köln, Unter Fettenhennen 19, 50667 Köln, Tel. 02 21/2 21-33 45, Fax 2 21-33 20. Touristische Stadtinformation und Zimmervermittlung für denselben Tag.

Hotelzimmer-Vorvermittlung von mehr als 17 000 Hotelbetten aller Kategorien: Tel. 02 21/2 21-33 30

Landesfremdenverkehrsverband Rheinland, Postfach 20 08 61, 53138 Bonn, Tel. 02 28/36 29 21

Allgemeine Informationen

Vorwahl Köln: 02 21

Tourismusämter

Verkehrsamt der Stadt Köln, Unter Fettenhennen 19 (gegenüber dem Domportal), Tel. 2 21-33 45, geöffnet Mo–Sa 8–21, So 9.30–19 Uhr
Vermittlung von *Fremdenführern* für alle Sehenswürdigkeiten in und um Köln, auch in Fremdsprachen, Tel. 2 21-33 32/36 54
Programmberatung für *Reisegruppen*, Tel. 2 21-33 88/33 97
Busvermittlung, Tel. 2 21-33 32/36 54
Hotelzimmer-Vorvermittlung, Tel. 2 21-33 30
Kongresse – Tagungen – Seminare, Beratung und Unterstützung, Tel. 2 21-33 26/33 25/33 33
Presse + Informationsamt der Stadt Köln, Laurenzplatz 4, Tel. 2 21-64 84. Öffnungszeiten des Bürgerladens Mo–Do 8–16.15 und Fr 8–12.15 Uhr

Notrufnummern und Adressen

Notruf 110
Feuerwehr 112
Arztrufzentrale 72 07 72
Ärztlicher Bereitschaftsdienst (nur Tier- und Zahnärzte) 1 15 00
Krankentransporte 74 54 54
Apotheken (Auskunft über Nacht- und Sonntagsdienst) 1 15 00
ADAC Info-Service, Tel. 0 18 05-10 11 12, Fax 0 81 05-30 29 28
ADAC-Pannenhilfe, Tel. 0 18 02-22 22 22
ADAC-Pannenhilfe in allen Mobilfunk-Netzen, Tel. 22 22 22

Autobahn-Notrufsäule ADAC-Hilfe verlangen
ADAC-Rettungshubschrauber, Tel. 1 10 oder 1 12

ADAC-Geschäftsstellen
Neusser Straße 63 (Neustadt-Nord)
Luxemburger Straße 169 (Sülz)
Alteburger Straße 375 (Bayenthal)
Frankfurter Straße 72 (Mülheim)

Diplomatische Vertretung

Österreich, Honorarkonsulat, Glockengasse 1, Tel. 2 57 88 50

Anreise

Auto

Man erreicht Köln über die **rechtsrheinischen Autobahnen** A 3 und A 59 (von Norden kommend), A 4 (von Osten, aus Richtung Olpe kommend), A 59, A 3 (von Süden kommend). Die **linksrheinischen Autobahnen,** die nach Köln führen, sind die A 4 (von Westen, aus Richtung Aachen kommend), die A 57 (von Nordwesten, aus Richtung Neuss/Krefeld kommend) sowie die A 1 (von Süden, aus Richtung Koblenz/Trier kommend) und die A 555 (von Süden, aus Richtung Bonn kommend).
A 4, A 57 und A 559 münden mitten im Stadtgebiet. Ein Autobahnring umschließt die Stadt. Hier gilt durchweg Tempo 100!

Parkmöglichkeiten

Autofahrer sollten sich an das ausgeklügelte **Parkleitsystem** der Stadt Köln halten, das laufend die Zahl der freien

Plätze anzeigt. Der Innenstadtbereich ist in 3 Quartiere unterteilt: **Rotes Quartier ›Dom/Rhein‹** mit 10 Parkhäusern, u. a. Dom, Groß St. Martin, Breslauer Platz, Hohe Straße, Gürzenich.
Blaues Quartier ›Neumarkt‹ mit 11 Parkhäusern, u. a. Brückenstraße, Oper, Apostelnstraße.
Grünes Quartier ›Ringe‹ mit 8 Parkhäusern, darunter Hohenzollernring, Kaiser-Wilhelm-Ring, Rudolfplatz, Von-Werth-Straße, Mediapark. Die Parkhäuser sind in der Regel 24 Stunden geöffnet.
Gut kommt man auch mit der Bahn in die City. Mehr als 30 **Park + Ride-Parkplätze**, davon einige außerhalb der Stadtgrenze, bieten die Möglichkeit, auf öffentliche Verkehrsmittel umzusteigen.

Bus

Der Busbahnhof liegt an der Rückseite des Hauptbahnhofs (Breslauer Platz).

Eisenbahn

Der Kölner Hauptbahnhof liegt im Zentrum der Stadt, direkt beim Dom. Alle weiteren Bahnhöfe (Süd- und Westbahnhof sowie die Bahnhöfe Deutz, Mülheim, Lövenich und Ehrenfeld) werden von Nahverkehrszügen vom oder zum Hauptbahnhof jeweils als Station angefahren.
Von allen genannten Bahnhöfen gibt es gute Verbindungen zu S- und U-Bahn. Mülheim und Deutz sind gleichzeitig S-Bahn-Stationen.
Auskünfte über Fahrpläne und Tarife erteilen die Fahrkartenausgaben und Verkaufsagenturen der Deutschen Bahn AG sowie alle DER-Reisebüros. Ein Reisezentrum befindet sich im Hauptbahnhof.
Zentrale Reiseauskunft im Hauptbahnhof
Fahrplan- und Tarifauskunft, Buchung und Reservierungen, Tel. 1 94 19, Mo–So 6–23 Uhr
Touristikschalter (Bahnpauschalreisen, Gruppenreisen, Autoreisezug), Tel. 1 41-26 68
Kundenbetreuung, Tel. 1 41-28 09
Autoreisezug, Tel. 1 41-26 66 oder 1 41-21 66
Gepäckservice, IC-Kurierdienst, Tel. 1 41-25 63
Fahrplanhinweise auch über den Telefon-Ansagedienst unter Tel. 1 15 31-37

Flugzeug

Der **Flughafen Köln/Bonn** (Auskünfte: Flughafen-Information unter Tel. 0 22 03/40 01-02) liegt im Südosten der Stadt, 17 km vom Zentrum entfernt. **Autofahrer** kommen über die A 59 auf die Ringautobahn mit ihren jeweiligen Abfahrten Richtung Zentrum. Parkhäuser sind ausgeschildert, ein Verkehrsleitsystem informiert über freie Parkplätze. **Zubringerbusse** (Linie 170) verkehren viertelstündlich (abends und morgens alle 30 Minuten) zu den Bahnhöfen Deutz/Messe und Hauptbahnhof – Fahrzeit 30 Minuten. Eine **Taxifahrt** Flughafen–Innenstadt kostet ein Mehrfaches, Fahrzeit rund 15 Minuten.

Bank und Post

Bank

Die deutschen Großbanken haben Filialen in Bahnhofsnähe (2 Gehminuten entfernt, An den Dominikanern bzw. Unter Sachsenhausen); im Hbf. befindet sich eine Filiale der Deutschen Verkehrsbank. Im Flughafen Köln/Bonn unterhält die Stadtsparkasse Köln eine Filiale.

Post

Schalterstunden der Kölner Postämter Mo–Fr 8–18, Sa 8–13 Uhr, **Hauptpost** (An den Dominikanern) Mo–Fr 7–21, Sa, So u. feiertags 11–20 Uhr. Das **Postamt im Hbf.** ist derzeit wegen des Bahnhofumbaus geschlossen.

Einkaufen

Köln bietet alle Einkaufsmöglichkeiten einer modernen Großstadt. Die klassische **Einkaufsmeile** der City erstreckt sich vom **Neumarkt** über die **Schildergasse** und **Hohe Straße** bis zum Dom. Dies ist die pulsierende Schlagader der Domstadt, ein Fußgängerparadies, das weit über die Stadtgrenzen hinaus bekannt ist. Hier liegen die großen Kaufhäuser, deren äußeres Erscheinungsbild in den letzten Jahren durch Um- oder Neubauten optisch aufgewertet wurde. Auch renommierte Einzelhandelsgeschäfte – beispielsweise für Schmuck, Juwelen, Pelze, Textilien, Schuhe, Lederwaren, Porzellan, Kosmetika – sind hier angesiedelt. Daneben finden sich natürlich auch diverse, allerdings oft wechselnde Geschäfte mit Billigangeboten, und selbstverständlich fehlen auch die Etablisse-

Hohe Straße – ›Trampelpfad des Kommerzes‹ unter Leuchtreklame und Lichtskulptur

teln exklusive Geschäfte im Wechsel mit Kunstgalerien ein luxuriöses Flair. An der Nordseite des Neumarkts bilden *Neumarkt-Passage, Richmodis-Passage* und dahinter der *Olivandenhof* eine komplett überdachte kleine Einkaufsstadt, in der auch bei schlechtem Wetter Einkaufsbummel zum Vergnügen werden.

Shopping im Freien empfiehlt sich im Viertel rund um Mittelstraße, Ehrenstraße, Pfeilstraße und Benesisstraße. Hier nämlich finden Er und Sie ein überzeugendes Mode-Angebot, insbesondere im ›*Boulevard Mittelstraße*‹ sind fast alle internationalen Modedesigner mit neuesten Trends vertreten. In den Seitenstraßen liegen Boutiquen mit witziger Mode zu gemäßigten Preisen, aber auch Antiquitätengeschäfte locken mit interessanten Angeboten.

Souvenirs (absolutes ›Muß‹!: 4711 Echt Kölnisch Wasser) in der Glockengasse 1, Tel. 9 25 04 50. Weitere Souvenirläden gibt es rund um den Dom, am nördl. Domplateau, an der Komödienstraße oder Am Hof zwischen Heinzelmännchenbrunnen und Alter Markt.

Festartikel Schmitt, Johannisstr. 67, bietet auf 5000 m² ganzjährig ›**Alles für den Karneval**‹.

Öffnungszeiten der Kölner Geschäfte: Mo–Fr 9.30–18, 19, 20; Sa 9.30–13, erster Sa im Monat 9–17 Uhr.

ments der bekannten Fast-food-Ketten nicht. Diese merkantile Mischung übt nach wie vor einen großen Reiz auf die auswärtigen Besucher aus; aber auch die Kölner selbst schlendern hier gern entlang. Fliegende Händler, Straßenmusikanten und Pflastermaler sorgen für zusätzliche Unterhaltung.

Von der Hohe Straße erreicht man über die Minoritenstraße die an der Breite Straße gelegene, in den 60er Jahren gebaute Einkaufspassage – die sog. *Kölner Ladenstadt*. Sie bietet ein vielfältiges Waren- und Gastronomieangebot.

Weitere **Shopping-Passagen** entstanden in jüngerer Zeit: Den Anfang bildet der optisch von grün und weiß gestrichener Stahlkonstruktion dominierte ›*Bazaar de Cologne*‹ an der Mittelstraße, direkt gegenüber der romanischen Kirche St. Aposteln.

In der *Kreishausgalerie*, zwischen Albertusstraße und St.-Apern-Straße, vermit-

Antiquariate

Akademische Buchhandlung Neubner-Potthoff, Zülpicher Str. 16
Antiquariat Buchholz, Neven-DuMont-Str. 17
Büchermarkt (Modernes Antiquariat), Ehrenstr. 4
Antiquariat Gundel Gelbert, St.-Apern-Str. 4
Antiquariat Heybutzki, Pfeilstr. 8
Antiquariat Post, Auf dem Berlich 26
Antiquariat am Neumarkt, Hahnenstr. 2
Venator, Cäcilienstr. 48

Antiquitäten, Raritäten

›**blaue Galerie**‹ **Köln,** D. Theisen (antiker Schmuck), Auf dem Berlich 13, Tel. 2 57 80 10
Fidow-Fiddickow (altes Silber), Herzogstr. 32, Tel. 2 57 56 48
Dr. Hampel Antiquitäten (Biedermeier, Art déco), Neumarktpassage, Tel. 25 57 25

H. G. Klein, St.-Apern-Str. 2,
Tel. 2 57 61 33
Benedikt Korth, St.-Apern-Str. 7,
Tel. 2 57 48 38
A. Krings, Richmodisstr. 27,
Tel. 2 57 72 86
Peter Pütz (antike Juwelen), Kreis-
hausgalerie, St.-Apern-Str. 17–21,
Tel. 2 57 49 95
Rotmann Ikonen (alte Juwelen),
St.-Apern-Str. 11, Tel. 2 57 48 27

Bücher

Bahnhofsbuchhandlung Ludwig, Hbf.
Buchhandlung Gonski, Neumarkt 18a
Bücherstube am Dom (jetzt am Neu-
markt), Zeppelinstr. 2
Mayersche Buchhandlung, Hohe Str. 68
Kunstbuchhandlung König, Ehrenstr. 4,
Tel. 2 05 96-0. Hervorragendes Sorti-
ment, die Titelkataloge sind für Sach-
kundige Pflichtlektüre.
Frauenbuchladen, Moltkestr. 66
Krimi-Buchhandlung Alibi, Engelbert-
str. 11

Märkte

Flohmärkte

Während des ganzen Jahres finden in
den Stadtteilen Trödelmärkte und Basa-
re statt, die genauen Termine (mit Da-
tumsangabe) sind der Tagespresse (insbesondere der Freitagsbeilage ›Tips und
Termine‹ des Kölner Stadt-Anzeigers)
sowie den regelmäßig erscheinenden
Flohmarkt- und Trödel-Magazinen zu
entnehmen.
Altstadt-Flohmarkt: März–November
jeden dritten Sa im Monat rund um
Groß St. Martin. Kölner Ladenstadt:
(neben der Oper) jeden zweiten So im
Monat.
Südstadt-Flohmarkt: März–Oktober jeden ersten So im Monat auf dem Parkplatz der Sportanlage Süd.

Wochenmärkte

In allen Kölner Stadtteilen werden Wo-
chenmärkte mit großem Angebot an Le-
bensmitteln und Kleidern abgehalten.
Marktzeiten jeweils 7–13 Uhr.
Auskunft: Marktamt der Stadt Köln
(Raderberg), Marktstr. 10,
Tel. 2 21-44 75
Wochenmärkte im Stadtzentrum: Alter
Markt – Fr, Apostelnkloster – Di und Fr,
Sudermannplatz – Di und Fr

Mode

Exklusive Mode

Das Pariser Fenster (Damenmode),
Mittelstr. 19, Tel. 2 57 01 34,
Escada (Damenmode), Brückenstr. 17,
Tel. 2 58 01 01. Mode auf höchstem
Niveau.
Hermes, Domkloster 2a, Tel. 2 57 68 12
La Donna (Damenmode), Hohenstau-
fenring 57a, Tel. 21 99 47
Franz Sauer, Minoritenstr. 13,
Tel. 9 25 79 70. Hier werden Kreationen
interessanter Createure verkauft.

Mode und Klamotten

Individuelle Mode aus den Ateliers Köl-
ner Modemacherinnen:
Gesine Moritz, Lindenstr. 22,
Tel. 21 65 28, und Große Brinkgasse 74,
Tel. 2 57 37 31
Brigitte Nieswand, Friesenwall 72,
Tel. 21 37 63
Caren Pfleger, Apostelnstr. 50,
Tel. 2 57 13 21. Raffinierte Finesse an
klassischen Schnitten – die Preise edel
wie die Stoffe.
Ilse Stammberger, Große Brinkgasse 31,
Tel. 2 57 36 84

Outfit & Fashion

Cittá di Bologna, Flandrische Str. 23,
Tel. 25 29 93 (Damen- und Herrenmode:
Yamamoto, Helmut Lang, Romeo Gigli,
Armani, Dolce e Gabbana, J. P. Gaul-
tier, Viviane Westwood). Vorwiegend
junge, sehr modebewußte Kundschaft;
Designer-Outfits.
John Crocket, Albertusstr. 50,
Tel. 25 50 50. Englische Damen- und
Herrenmode.
MEC Underwear (Calvin Klein, Joop),
Ehrenstr. 23, Tel. 94 05 55-25. Unter-
wäsche vom Klassiker bis zum letzten
Schrei.
Mister Walker (Herrenmoden), Mittel-
str. 12–14, Tel. 25 66 81. Edle Tuche,
avantgardistische Schnitte – für Männer
mit besonderen Ansprüchen. Stobern
im Swimmingpool mit Wasserleiche
(natürlich imaginär).

Schuhe

Brooker, Benesisstr. 51, Tel. 2 57 06 66
Schuhhaus Herkenrath, Minoriten-
str. 11, Tel. 2 57 66 61
Spath & Tochter (Spezialgrößen für
Schuhe), Auf dem Berlich 18,
Tel. 2 57 62 92
Walter Steiger, Pfeilstr. 11, Tel. 2 57 32 32

Essen und Trinken

Kölsche Atmosphäre

In einem echten kölschen Brauhaus heißt der Kellner ›Köbes‹, die mundartliche Form von Jakob. Nennt man ihn Ober oder Kellner, handelt man sich eine abschätzige, humorige Bemerkung ein. Der Köbes – unschwer zu erkennen an einer Schürze aus blauem Leinen, über der eine lederne Geldtasche hängt – bringt dem Gast unaufgefordert ein Kölsch. Dieses obergärige Bier wird in hohen, zylinderförmigen Gläsern serviert, den ›Kölschstangen‹. Jedes ausgetrunkene Glas wird – ohne nochmalige Bestellung – vom Köbes durch ein frisch gezapftes Kölsch aus seinem Kölschkranz ersetzt.

In den meisten Kneipen gibt es auch eine Auswahl von kölschen Speisen – natürlich mit typisch mundartlichen Namen: Der ›halve Hahn‹ ist ein halbes Roggenbrötchen mit mittelaltem Holländer Käse. Zugereiste (in Köln ›Imis‹ genannt) werden gern mit dieser irreführenden Bezeichnung genarrt. ›Kölscher Kaviar‹ heißt ein Roggenbrötchen mit Blutwurst, das Eisbein nennt sich hier ›Hämche‹, ›Rievkooche‹ sind Reibekuchen, und ein Kartoffelbrei mit Blutwurst und Apfelkompott wird mit ›Himmel un Ääd‹ bestellt. Überhaupt ißt der Kölner gern Kartoffeln in vielerlei Zubereitungsformen, als Kartoffelsalat mit Mayonnaise (Äppelschloot), als Bratkartoffel (Brotäppel) oder in bereits genannter Form.

Brauhäuser

Die Ausstattung der Brauhäuser und kölschen Gaststätten ist meist deftig und um Urtümlichkeit bemüht. Der Gast sitzt an blanken Holztischen; einfache, karierte Tischdecken komplettieren mancherorts die Einrichtung. Jeder Kölner schwört auf seine Stammkneipe. An Lokalitäten herrscht jedenfalls kein Mangel, denn in Köln gibt es fast an jeder Ecke eine Kneipe.

Früh am Dom, Am Hof 12–14, Tel. 2 58 03 89. Blick auf Domplatte und Dom. Im Sommer kann man mit viel Glück einen der begehrten Sitzplätze an den vor dem Haus abgestellten Tischen ergattern.

Gaffel-Haus, Alter Markt 20–22, Tel. 2 57 76 92

Küppers Brauhaus, (Bayenthal) Alteburger Str. 157, Tel. 37 32 42. Direkt neben dem Brauereibetrieb gelegen, mit Biergarten – einer der schönsten Kölns –, in dem bis zu 300 Personen Platz finden. Besondere Spezialität ist, neben dem traditionellen obergärigen Kölsch, das hefetrübe ›Küppers Wieß‹.

Malzmühle, Heumarkt 6, Tel. 21 01 17. Hier sind Spezialitäten wie ›Hämche‹ besonders zu empfehlen.

Päffgen Brauhaus, Friesenstr. 64–66, Tel. 13 54 61. Das Päffgen ist wohl das Brauhaus mit der urigsten kölschen Atmosphäre und den originellsten Köbessen – eine Legende für sich! Hier trifft man stets einen festen Stammkundenkreis von eingeschworenen Kölsch-Trinkern an.

Sion Brauhaus, Unter Taschenmacher 5, Tel. 2 57 85 40. Familie Sion führt das Haus seit 1915.

Kölsche Gaststätten

Bei d'r Tant, Cäcilienstr. 28, Tel. 2 57 73 60
Bieresel, Breite Str. 114, Tel. 24 85 59. Gute Muscheln.
Em Golde Kappes, (Nippes) Neusser Str. 295, Tel. 73 49 32. Gemütliches Lokal mit traditionsreicher Ausstattung. Gehört zu den schönsten Lokalen seiner Art.
Em kölsche Boor, Eigelstein 121, Tel. 13 52 27
Früh em Veedel, Chlodwigplatz 28, Tel. 31 44 70. Interessantes Publikum: Hier mischen sich Alteingesessene mit der Szene.
Gildenhaus-Stube, Große Budengasse 10, Tel. 2 57 59 66
Haus Scholzen, (Ehrenfeld) Venloer Str. 236, Tel. 51 59 19. Gaststätte mit gepflegter Einrichtung, reichhaltige

Kölsch: ›Hämchen‹ (gepökeltes Eisbein)

Kölsch – flüssig & fließend gesprochen

Speisekarte mit saisonalen Gerichten, eigene Schnapsbrennerei.

Heller's Bierhaus und Brauerei, Roonstr. 33, Tel. 2 40 18 81

Lommerzheim, (Deutz) Siegesstr. 18, Tel. 81 43 92. In dieser Kneipe auf der ›Schäl Sick‹ herrscht stets drangvolle Enge. Hier werden die größten Koteletts von Köln serviert.

Päffgen in der Altstadt, Heumarkt 62, Tel. 2 57 77 65

Papa Joe's Brauhaus ›Em Bierstall‹, Unter Käster 14–16, Tel. 2 57 12 81. Das richtige Lokal für den Jazz-Fan.

Schreckenskammer, Ursulagartenstr. 11, Tel. 13 25 81

Restaurants

Restaurants der Spitzenklasse

Alfredo, Tunisstr. 3, Tel. 2 57 73 80. Wer gern in ruhiger Atmosphäre hochwertige italienische Küche, insbesondere Fischgerichte, genießt, ›ißt‹ hier richtig.

Bado La Poêle d'or, Komödienstr. 50–52, Tel. 13 41 00. Das Bado erfüllt alle Anforderungen eines klassischen französischen Spitzenrestaurants. Ein exorbitanter Weinkeller, in dem über 10 000 Flaschen lagern, tröstet über die etwas antiquierte Ausstattung hinweg.

Goldener Pflug, (Merheim) Olpener Str. 421, Tel. 89 55 09, Mo–Sa 12–15, 19–23 Uhr. Der Meisterkoch Herbert Schönberner zelebriert eine klassische französische Haute Cuisine, die natürlich ihren Preis hat.

Rino Casati, Ebertplatz 3, Tel. 72 11 08. Kölns Parade-Italiener verwöhnt mit ständig neuen kulinarischen Erfindungen.

Zum offenen Kamin, (Neu-Ehrenfeld) Eichendorffstr. 25, Tel. 55 68 78, 12–14, 18.30–22 Uhr; Sa mittags, So und feiertags geschl. Das Restaurant ist unterteilt in einen der Haute Cuisine verpflichteten Feinschmeckerbereich mit großer Speisekarte und einen Bistrobereich, dem *Kaminchen*, in dem kleine Gerichte zu günstigeren Preisen serviert werden.

Schloßrestaurant Dieter Müller, Bergisch-Gladbach-Heidkamp, Lerbacher Weg, Tel. 0 22 02/20 40, 12–13.30, 19–21 Uhr, So und Mo geschl. Seit Dieter Müller hier Küchenchef ist, ist das alte Schloß Lerbach weit über die Ortsgrenzen hinaus zu Ruhm gelangt.

Typisch Französisch

Artischocke, Moltkestr. 50, Tel. 25 28 61, 19–22 Uhr, So geschl. Kleines Restaurant mit nostalgisch-gemütlicher Einrichtung, für viele Gourmets der Geheimtip.

La Baurie, (Südstadt) Vorgebirgstr. 35, Tel. 38 61 49, mittags nur nach Vereinbarung, 18–23 Uhr, Mo geschl.

Filou, Lütticher Str. 12, Tel. 52 54 53

Le Moissonnier, Krefelder Str. 25, Tel. 72 94 79, Sa 12–15.30, 19–0.30 Uhr. In der geschmackvollen Jugendstildekoration dieses Restaurants fühlt sich der Gast wie in einer Pariser Brasserie. Gute französische Landküche und schöne Auswahl von ca. 40 offenen Weinen.

La Société, Kyffhäuser Str. 53, Tel. 23 24 64

Empfehlenswerte Restaurants

Die folgenden Speiselokale sind keine typisch französischen, sondern der französischen Küche verpflichtete Restaurants, auch wenn sie vielleicht einmal Heidschnuckenragout oder Flädlesuppe anbieten.

Ambiance am Dom, Am Hof 38–46, Tel. 2 58 20 92, Sa mittags, So, Mo geschl. Für verwöhnte Geschäftsleute und private Genießer.

Bastei, Konrad-Adenauer-Ufer, Tel. 12 28 25. Die Bastei ist eine Kölner Institution. Das buchstäblich über dem Rheinufer schwebende, aus den 20er Jahren stammende Restaurant mit exzellenter Aussicht bietet eine erstklassige Küche mit moderner Note.

Champ-Brune, (Braunsfeld) Aachener Str. 369, Tel. 49 32 56, Mo–Fr 12–01, Sa und So 18–01 Uhr. In dieser Brasserie sitzt man zwischen Jugendstil-Regalen einer ehem. Bäckerei und historischen Elektrogeräten, kann mittags günstige Menüs bestellen und dabei zwischen 20 ausgesuchten offenen Weinen wählen.

Grand Duc, Bonner Str. 471, Tel. 38 15 78, 12–14.30, 19–23 Uhr; So geschl. Exquisites Etablissement, Haute Cuisine für Normalverdiener.

Marienbild, Aachener Str. 561, Tel. 49 31 66, 12–15, 18–21 Uhr, kein Ruhetag. Anspruchsvolle, gutbürgerliche Küche, schmackhafte, große Portionen mit saisonalen Angeboten und gepflegte Getränke.

Messeturm-Restaurant, Tel. 88 10 08, So–Fr 12–15, 19–22 Uhr, 15–18 Uhr Café-Betrieb, Sa 19–22 Uhr. Hoch über den Dächern der Messe, mit einem unvergleichlichen Blick auf den Rhein und die Stadt (bei guter Sicht bis ins Vorgebirge und in das Bergische Land), gehobene internationale Küche.

Remise, (Müngersdorf) Wendelinstr. 48, Tel. 49 18 81, 12–14, 18.30–22 Uhr; Sa mittags und So geschl. Der Gast sitzt in historischem Fachwerkgemäuer mit rustikaler Ausstattung.

Soufflé, Hohenstaufenring 53, Tel. 21 20 22, 12–14, 18.30–21 Uhr; Sa mittags, So und feiertags geschl. Soufflés in 12 Varianten – vom Feinsten.

Tafelspitz (Nippes), Einheitstr. 15, Tel. 77 95 52. Erlesene Gerichte, nicht billig.

Wack, Benesisstr. 57, Tel. 21 42 78, 12–14, 18.30–21.30 Uhr; Sa mittags, So und Mo geschl.

Italienisch

Campi, Am Frankenturm 5, Tel. 2 58 07 17. Direkt neben der Philhar-

monie, ideal für einen Imbiß vor dem Konzert oder für einen kulinarischen Ausklang des Abends. Im Sommer bietet die Terrasse einen schönen Ausblick auf Kulturmeile, Rheingarten und Fluß.

Luciano, Marzellenstr. 68–70, Tel. 13 54 53. Die rustikale Ausstattung des Lokals sollte den Gast nicht über die anspruchsvolle Küche und die gehobenen Preisvorstellungen hinwegtäuschen. Hier empfiehlt der Patron eine Speisenfolge – eine Karte existiert nicht.

Maca Ronni, Hahnenstr. 16, Tel. 25 59 59. Ab 20 Uhr gibts Live-Musik zu hausgemachten Nudeln.

Meyer's Restaurant ›Nüdelchen‹, Kleiner Griechenmarkt 23, Tel. 21 45 12. Im kleinen Restaurant ist die Besitzerin Silvia Meyer gleichzeitig Küchen- und Restaurant-Chefin. Mal steht sie selbst am Herd, dann wieder bedient sie freundlich und gelassen ihre Gäste. Die Speisekarte spiegelt mediterrane Einflüsse wider.

Nudelbrett, Am Hof 18 Tel. 2 58 04 38

Rino Casati, Ebertplatz 3–5, Tel. 72 11 08. Eines der besten italienischen Restaurants von Köln. Die Ausstattung ist luxuriös und dennoch gemütlich.

Tosca Bellini, Benesisstr. 2, Tel. 2 57 40 85. Günstige Nähe zu Boutiquen.

Fisch- und Muschelrestaurants

Bieresel, Breite Str. 114, Tel. 2 57 60 90. Kölns ältestes Muschel-Haus.

Branzino, Friesenwall 33, Tel. 25 43 48

Fisherman's Wharf, Sachsenring 5, Tel. 31 16 40. Marktfrische Fischspezialitäten zwischen dunklem Leder, edlen Hölzern und glänzendem Messing.

Fischgaststätte Brauns, Ehrenstr. 46, Tel. 25 48 23

Im Leuchtturm, Mauritiussteinweg 70, Tel. 23 26 47. Bullauge, Seejungfrau oder Matrosenschnitte in uriger Seemannskneipe.

Schlie's Fischrestaurant, Neusser Str., Tel. 73 55 14

Fremdländische Küche

Asiatisch

Mandalay, Brüsseler Str. 53, Tel. 52 74 73

Chinesisch

Jade, Heumarkt 67, Tel. 2 58 12 13

Nanking, Severinstr. 128, Tel. 31 94 15

Peking am Dom, Marzellenstr. 2–8, Tel. 13 76 44

Royal, Mittelstr. 12–14, Tel. 25 60 34

Domblick gratis im Café Reichard

Shanghai, Hohe Str. 138–148,
Tel. 2 58 06 02
Tchang, Große Sandkaul 19,
Tel. 2 57 57 06
Xian am Dom, Am Hof 38–46,
Tel. 25 31 67

Indisch
Averest, Peterstr. 13, Tel. 23 74 97
Ganesha, Händelstr. 26, Tel. 21 31 65.
Gegrilltes vom Holzkohlen-Tonofen.
Ghandi, Jahnstr. 20, Tel. 24 16 69. Currys
in allen Variationen, besonders günstig
von der Mittagskarte.

Japanisch
Daitokai, Kattenbug 2, Tel. 12 00 48.
Fisch und Fleischgerichte in guter Qualität. Beliebt für Geschäftsessen.
Koto, Hochstadenstr. 35, Tel. 24 91 45
Kyo, Roonstr. 8, Tel. 24 62 39. Für Sushi-
Freunde, ohne Stäbchen keine Chance.
Miyako, Am Zuckerberg 9, Tel. 73 86 74
Momotaro, Nippons Küche, Benesis-
str. 56, Tel. 2 57 14 32, 12–21 Uhr, So geschl.

Koreanisch
Han Kook, Zülpicher Str. 40, Tel. 24 85 10
Korea, (Lindenthal) Dürener Str. 193,
Tel. 40 15 73
Korea, Am Bollwerk 1–5, Tel. 2 58 06 47

Griechisch
Dionysos, Meister-Gerhard-Str. 30,
Tel. 23 14 45. Mitten im Univiertel mit
lauschiger Terrasse – der beste Grieche
der Stadt.
Tavernaki, Alteburger Str. 87,
Tel. 3 76 14 97. Südstadt-Klassiker mit
Tobezimmer für Kinder.

Israelisch
Koscheres Restaurant der Jüdischen
Gemeinde, Roonstr. 50, Tel. 23 56 26 und
23 79 88

Mexikanisch
El Inca, Görresstr. 2, Tel. 24 55 03
Tacos, Hahnenstr. 37, Tel. 21 17 09,
Szenetreff mit gemütlichem Ambiente.
Taqueria Especial, Merowingerstr. 43,
Tel. 31 72 95. Bis 24 Uhr warmes Essen,
freundliches Personal.

Portugiesisch
A Caravela, Weyerstr. 61, Tel. 24 54 83
Alfama, Antwerpener Str. 15,
Tel. 51 31 62. Köstliche Fischgerichte,
fachkundige Beratung.
Algarve, Venloer Str. 196, Tel. 51 83 31
El Touro, Limburger Str. 13, Tel. 25 43 52

Russisch
Hotel Lux, Rathenauplatz 21,
Tel. 24 11 36. Feine Speisen unter marxi-
stischen Arbeiterplakaten, plüschige
Kremlsitze, kapitalistische Preise.
Rasputin, Thieboldsgasse 101,
Tel. 2 40 13 52. Frische Zutaten und
Wodka vom Faß.

Spanisch
Don Quijote, Flandrische Str. 8,
Tel. 25 27 82. Erstklassiges Essen (Hum-
merkrabben in Pfeffersauce) und her-
vorragender Service.
Mesón el Cordobés, Gladbacher Str. 11,
Tel. 51 55 06. Wunderbare Fischgerichte,
Tischreservierung zu empfehlen.
Olé, Pfälzer Str. 1, Tel. 24 43 58. Kleine,
sympathische Taverne.
La Patata, Kurfürstenstr. 24,
Tel. 31 69 02. Empfehlenswerte Fisch-
und Fleischgerichte.
Sol-Dorado, Im Dau 6, Tel. 31 31 87.
Große Portionen und zivile Preise, im
Sommer Terrasse.

Türkisch
Bizim, Weidengasse 47–49, Tel. 13 15 81,
12–14.30 Uhr, So und Mo geschl. Inha-
ber und Küchenchef Enis Akisik verbindet die Küche seiner türkischen Heimat
mit den kulinarischen Einflüssen euro-
päischer Kochkunst.

Vegetarisch

Melisse, (Dellbrück) Dellbrücker Mauspfad 305, Tel. 68 74 38
Pur, Jahnstr. 26, Tel. 24 72 20
Sirius (im Olivandenhof), Zeppelinstr. 9, Tel. 2 57 83 06. ›Vollwertiges‹ Angebot zu angemessenen Preisen.
Sprößling, Mozartstr. 9, Tel. 23 21 24. Exzellente Salatbuffets.

Nachtrestaurants

Bocadillo, Friesenplatz 3, Tel. 25 12 54 (bis 3 Uhr)
Café Central, Jülicher Str. 1, Tel. 23 99 89 (bis 3 Uhr)
Keule, Salzgasse, Tel. 2 58 11 59 (bis 3 Uhr)
Klein Köln, Friesenstr. 53, Tel. 25 38 27 (bis 4 Uhr)
Markthalle (Bayenthal), Marktstr. 10, Tel. 38 37 45 (24 Stunden)
Pumpernickel, Im Klapperhof 48, Tel. 13 45 67 (bis 4.30 Uhr)
Schlachthof (Ehrenfeld), Liebigstr. 120, Tel. 17 36 80 (24 Stunden)
Woodys, Friesenstr. 76, Tel. 13 13 12 (bis 3.30 Uhr)

Cafés, Bistros und Szene-Treffs

Cafés

Café Cremer, Breite Str. 54, Tel. 2 57 84 46. Im modernisierten Cremer sind die Kuchenstücke von substantieller Größe.
Café Eigel, Brückenstr. 1–3, Tel. 2 57 58 58 (unter Tel. 2 57 58 31 kann sich der Gast anrufen lassen), Topqualität und Riesenangebot an Torten und Pralinen, sehenswerte Dekorationen der Auslagen.
Café Franck, Rudolfplatz 12, Tel. 9 25 77 10. Traditionell, Spezialität: rheinische Flockensahne und Margarethenkuchen.
Café Fromme, Breite Str. 122, Tel. 2 57 61 22. Erstklassige Konditorwaren in einem modernen, auch junge Leute ansprechenden Ambiente.
Café Reichard, Unter Fettenhennen 11, Tel. 2 57 85 42. Kaffee, Kuchen, Mittagsbüffet und ein Blick auf den Dom.
Café Schmitz, Breite Str. 87, Tel. 2 57 63 84. Sogenanntes Printencafé.
Café Zimmermann, Herzogstr. 11–13, Tel. 2 57 39 78. Über die Stadtgrenzen hinaus bekannte Havannatorte.
Trödelcafé & Antikes, An St. Agatha 29, Tel. 2 58 02 28. Man sitzt bei Kerzenschein inmitten von antiken Möbeln, Kleinantiquitäten und Kuriositäten – alles käuflich! Sommers auf dem Hof Kölns kleinster Biergarten.

Szene-Cafés

Bauturm Café, Aachener Str. 24, Tel. 81 09 23, Mo–Fr 8–3, Sa und So 10–3 Uhr
Café Central, Jülicher Str. 1, Tel. 23 99 89. Hier trifft sich nicht nur die Kunstszene. Ein Café zum Sehen und Gesehenwerden.
Chin's Bar Americano, Im Ferkulum 18–24, Tel. 32 81 96. Eine der besten Bars in Köln. Die von Kölner Künstlern gestalteten Säulen des Kellergewölbes sind sehenswert.
Elefant, Weißenburgstr. 50, Tel. 73 45 20
Fabrik-Café, Merheimer Str. 202, Tel. 72 53 68. Anlaufstelle für ein spätes Frühstück.
Hallmackenreuther, Brüsseler Platz 9, Tel. 51 79 70. Szenetreff für 60er-Jahre-Fans, die gesamte Ausstattung ist original.
Klaaf, Eigelstein 124, Tel. 13 33 85, Di geschl. American Bar, die Cocktail-Karte offeriert über 150 verschiedene Drinks.
Moderne Zeiten, Breite Str. 100, Tel. 2 57 51 71
Schroeder's, Alteburger Str. 11, Tel. 32 68 38. Der Treff für Kreative in der Kölner Südstadt.
Spitz, (Eigelstein) Lübecker Str. 1, Tel. 38 70 68. Liegt im Schatten der mittelalterlichen Torburg mitten im Eigelstein-Viertel. Beliebter Treffpunkt.
Waschsalon, Friesenstr. 80, Tel. 13 33 78. Extravagantes Ambiente: Einzelteile von alten Waschmaschinen und Trocknern.
Wippenbekk, Ubierring 35, Tel. 32 61 33. Wird gern von Studenten und Lehrenden der Fachhochschule frequentiert.

Bistros

Bistrot B, Komödienstr. 52, Tel. 13 47 04, 12–14, 18.30–22 Uhr; So, feiertags und Mo mittags geschl. Das Bistrot B profitiert als ›kleiner Ableger‹ von der hervorragenden Küche des Spitzenrestaurants La poêle d'or. Gute Alltagsküche mit französischem Einschlag.
4 Cani Della Città, Benesisstr. 2, Tel. 2 57 40 85. Italienische Küche in sachlich modernem Ambiente. Ein Restaurant für Ausstattungspuristen.

Chelsea, Aachener Str. 21, Tel. 25 25 45. Französische Bistro-Atmosphäre, gute offene Weine.

Ezio in-biss, Apostelnstr. 50, Tel. 2 57 82 27, 11–21 Uhr, So und feiertags geschl. Mehr als ein Schnellimbiß für italienische Spezialitäten. Reichhaltiges Anti-Pasti-Büffet.

Tomate, Aachener Str. 11, Tel. 25 29 62, Mo–Sa 12–15, 18–23, So 18–23 Uhr. Ehrliche Küche ohne großen Dekorations-Schnick-Schnack. Besonders empfehlenswert sind Tomatensuppe und Mousse au chocolat.

Wagner's, Neumarkt 18a (in der Neumarktpassage), Tel. 51 99 23, 11.30–19, Do bis 21 Uhr, So und feiertags geschl. Feine Gerichte – mit Blick auf Vorbeiflanierende – zu genießen.

Später Imbiß & Frühes Frühstück

Hawi's, Glockengasse 11, bis 4.30 Uhr

Nehring, Zülpicher Platz 4, 7.30–3 Uhr

Pumpernickel Steakhouse, Im Klapperhof 49, bis 4.30 Uhr

Schlachthof Restaurant, Liebigstr. 120, Tel. 17 36 80, 5–15, Fr und Sa auch 18–22 Uhr.

Wunderbar, Venloer Str. 19, 4–9 Uhr

Biergarten, Ausflugslokale, Weinstuben

Biergärten

Birkenhof (Junkersdorf), Birkenallee 32, Tel. 48 71 63. 2 Restaurants bieten die Wahl zwischen Pizza und Feinem.

Em Birkebäumche, (Sülz) Neuenhöfer Allee 65, Tel. 43 39 07

Decksteiner Mühle, Gleueler Str. 371, Tel. 43 38 44. Bier im Freien an romantischem Ort.

Halle Tor 2, Gierlitzweg 30, Tel. 49 12 05

Küppers Biergarten, Alteburger Str. 157, Tel. 37 32 42

Stadtgarten, Venloer Str. 40, Tel. 51 60 37

Volksgarten, Volksgartenstr. 25, Tel. 38 26 26

Ausflugslokale

Gierather Mühle, (Dellbrück) Gierather Mühlenweg, Tel. 0 22 05/5 16 64. Zu erreichen mit den Straßenbahnlinien 3 und 15 (bis Endhaltestelle).

Haus am See, (Sülz, im Äußeren Grüngürtel) Bachemer Landstr. 420, Tel. 43 43 21. Wunderschöne Aussicht.

Landhaus Kuckuck, Olympiaweg 2, Tel. 4 97 28 47. Im Kölner Stadtwald in unmittelbarer Nähe zum Müngersdorfer Stadion gelegen, ist dieses Restaurant

oft Endpunkt eines langen Waldspaziergangs.

Zum Treppchen, (Rodenkirchen) Kirchstr. 15, Tel. 39 21 79. Beliebtes Ausflugslokal am Rheinufer.

Weinstuben

Cotta's Wein- und Caféhaus (Lindenthal), Dürener Str. 87, Tel. 40 70 09. Gemütliche Atmosphäre.

Vintage, Pfeilstr. 31–35, Tel. 2 58 28 37, Mo–Sa 10–24 Uhr, So und feiertags geschl. Ausgezeichnete offene Weine, dazu feine kleine Gerichte.

Weinhaus im Walfisch, Salzgasse 13, Tel. 21 95 75, 12–14, 18–22 Uhr, So und feiertags geschl. Restaurant in einem restaurierten Haus von 1626, bietet neben einem gutsortierten Weinkeller auch eine hervorragende Küche.

Weinkrüger, Marsplatz 3 (am Historischen Rathaus), Tel. 2 57 69 54. Größere Weingaststätte.

Feste und Feiern

Detaillierte Angaben über Veranstaltungen gibt es u. a. in dem sehr ausführlichen monatlichen Veranstaltungsprogramm, das beim Verkehrsamt der Stadt Köln [s. S. 166] erhältlich ist.

Januar/Februar

Kölner Karneval

Donnerstag vor Aschermittwoch: *Wieverfastelovend* (Weiberfastnacht). Um 11.11 Uhr Eröffnung des Straßenkarnevals auf dem Alter Markt, um 14 Uhr ›Jan und Griet‹-Spiel am Severinstor.
Samstag: Um 11 Uhr *Biwak der ›Roten Funken‹* auf dem Neumarkt, die ersten *Stadtteilumzüge* finden statt. Abends ab 19 Uhr Alternativer ›Geisterzug‹ durch die Innenstadt.
Sonntag: ›Schull- und Veedelszöch‹ (Schul- und Viertelszüge) ziehen durch die Innenstadt.
Rosenmontag: *Rosenmontagszug* In der Innenstadt.
Dienstag: Stadtteilumzüge in den Vororten. Abends, gegen 24 Uhr, wird unter großer Anteilnahme im Martinsviertel und in der Südstadt der ›Nubbel‹ (eine verkleidete Strohpuppe) verbrannt – symbolisches Ende des närrischen Treibens.
Mittwoch: *Aschermittwoch der Künstler* (Gottesdienst in einer der romanischen Kirchen) und *Fischessen* in fast allen Innenstadt-Restaurants.

Mai/Juni

Fronleichnamsfest
Prozession rings um den Dom; ›Mülheimer Gottestracht‹, Schiffsprozession auf dem Rhein von 11–13 Uhr

Mai bis September
Zahlreiche Straßenfeste, Kirmesse, Trödelmärkte; ›**Tanzbrunnen**‹ im Rheinpark Deutz, ›**Sommer Köln**‹, **Romanischer Sommer** (Sonderprospekte beim Verkehrsamt)

Juli
Internationale Sommerakademie des Tanzes (verschiedene Spielstätten)

August
Internationales Leichtathletik-Sportfest, (Müngersdorfer Stadion)

September
Internationales Pantomimenfest ›**Gaukler**‹ (verschiedene Spielstätten)

Oktober
In den Jahren mit gerader Jahreszahl, während der photokina: **Filmfest** (verschiedene Aufführungsorte)

November
Kölner Jazzhaus-Festival im Stadtgarten-Restaurant. **ART COLOGNE** – Internat. Kunstmarkt, Messegelände. Am 11. 11. um 11.11 Uhr **Eröffnung des Karnevals** auf dem Alter Markt. Um den 11. 11. **Martinszüge** in der Innenstadt und in allen Stadtteilen.

Dezember/Januar
Weihnachtsmarkt auf Alter und Neumarkt;
Sechstagerennen (26. 12. –2. 1.) mit ›rasender Silvesternacht‹ in der Sporthalle. 31. Dezember (privates) **Silvesterfeuerwerk** in der Innenstadt. Volksfestartiges Treiben auf den Rheinbrücken.

Kultur live

Durch die Fülle der jeweils aktuellen Kulturtermine führen die einschlägigen **Programmvorschauen** oder die **Monatsvorschau**, die vom Verkehrsamt der Stadt Köln herausgegeben wird und dort erhältlich ist. Es besteht auch die Möglichkeit, diese Monatsvorschau zu abonnieren. Nähere Informationen: Tel. 2 21-33 43.

Film
Köln ist eine Film- und Medienstadt. Allein 5 Rundfunk- und Fernsehanstalten haben sich hier angesiedelt. Der ›Media-Park‹, ein neuer Stadtteil auf ehemaligem Bahngelände, ist im Bau. Entsprechend farbig und gut ausgeleuchtet ist auch die Filmszene. Besonders an den ›Ringen‹ haben einige große Lichtspiel-Paläste der 50er Jahre die Verkleinerungs- und Verschachtelungswelle bis heute überstanden und präsentieren immer wieder alte und neue Kinoklassiker in der richtigen Größe (*Cinedom, Residenz 1* und *2; Capitol; Theater am Rudolfplatz; Ufa-Palast* u. a.). Daneben gibt es kleinere Kinos mit ausgesucht guten Programmen (Ur-, Neu- und Wiederaufführungen): *Broadway, Metropolis, Filmpalette, Off-Broadway, Lupe 2, Odeon, Weisshaus* u. a. Die Städtische *Cinemathek* und das *Maternushaus* bieten besondere Filmreihen und -seminare. Experimentelle Filme zeigen u.a. das *Stadtgarten-Restaurant*, Underground aus Köln und anderswoher die *Filmdose*.

Telefonansage der Kinoprogramme linksrheinisch: 1 15 11, rechtsrheinisch: 1 15 14
Broadway, Ehrenstr. 11, Tel. 92 57 57
Off Broadway, Zülpicher Str. 24, Tel. 23 24 18
Odeon, Severinstr. 81, Tel. 31 31 10
Metropolis, Ebertplatz 19, Tel. 7 39 12 45
Filmpalette, Lübecker Str. 15, Tel. 12 21 12
Lupe 2, Mauritiussteinweg 102, Tel. 21 59 33
Theater am Rudolfplatz, Habsburgerring 18–20, Tel. 21 50 00
Residenzfilmtheater, Kaiser-Wilhelm-Ring 30–32, Tel. 13 48 21
Capitol, Hohenzollernring 79, Tel. 51 88 22
Ufa-Palast im Ufa-Kino-Center, Hohenzollernring 22, Tel. 21 77 05
Weisshaus, Luxemburger Str. 255, Tel. 41 84 88
Cinemathek im Wallraf-Richartz-Museum/Museum Ludwig, Bischofsgartenstr. 1, Tel. 21 11 36
Maternushaus, Kardinal-Frings-Str. 1–3, Tel. 1 63 10
Stadtgarten-Restaurant, Venloer Str. 40, Tel. 51 60 39
Theater in der Filmdose, Zülpicher Str. 39, Tel. 23 96 43
Cinedom, Mediapark, Tel. 95 19 51 95. Mehrere Kinos in einem Komplex – mitten im Mediapark mit guter Parkmöglichkeit in eigener Tiefgarage.

Galerien

Aus der Fülle der Kölner Galerien sei hier eine Auswahl genannt. Diese berücksichtigt zum einen Galerien, die in der Präsentation von neuer und neuester Kunst eine Vorreiterrolle einnehmen, zum anderen Galerien, die aufgrund ihres außerordentlich qualitätvollen Programms von Kunst aus der Klassischen Moderne bemerkenswert sind.

Daniel Buchholz, Neven-DuMont-Str. 17, Tel. 2 57 49 46, Fax 25 33 51, Di–Fr 11–18.30, Sa 11–14 Uhr

Gmurzynska, Goethestr. 65a, Tel. 37 64 40, Fax 37 87 30, Mo–Fr 10–18, Sa 10–14 Uhr

Karsten Greve, Albertusstr. 18, Tel. 2 57 10 12, Fax 2 57 10 13, Di–Fr 10–13 und 15–18, Sa 10–14 Uhr

Heinz Holtmann, Richartzstr. 10, Tel. 2 57 86 07, Fax 2 57 87 24, Mo–Fr 10–13 und 14–18, Sa 10–14 Uhr

Jablonka Galerie, Venloer Str. 21, Tel. 52 68 67, Fax 52 55 69, Di–Fr 10–13 und 14–18, Sa 10–14 Uhr

Jule Kewenig (Frechen-Bachem), Mauritiusstr. 102/4, Tel. 0 22 34/1 20 39, Fax 5 37 86, Mo–Fr 10–18, Sa 10–14 Uhr

Lukas & Hoffmann, Albertusstr. 4, Tel. 2 57 46 53, Fax 2 57 47 53, Di–Fr 14–18.30, Sa 10–14 Uhr

Philomene Magers, Maria-Hilf-Str. 17, Tel. 31 88 43, Fax 31 86 77, Di–Fr 11–13 und 15–18, Sa 11–14 Uhr

Reckermann, Albertusstr. 16, Tel. 2 57 48 68, Fax 2 57 48 67, Di–Fr 10–13 und 14–18, Sa 10–14 Uhr

Rolf Ricke, Volksgartenstr. 10, Tel. 31 57 17, Fax 32 70 43, Di–Fr 10–13 und 14–18, Sa 11–14 Uhr

Aurel Scheibler, Maria-Hilf-Str. 17, Tel. 31 10 11, Fax 3 31 96 15, Di–Fr 11–13 und 15–18.30, Sa 11–14 Uhr

Schipper & Krome, Neusser Str. 28, Tel. 72 79 15, Fax 72 28 16, Di–Fr 11–18.30, Sa 11–14 Uhr

Monika Spürth Galerie, Wormser Str. 23, Tel. 38 04 15/16, Fax 38 04 17, Di–Fr 11–13 und 15–18, Sa 11–14 Uhr

TransArt Exhibitions, St.-Apern-Str. 17–21, Tel. 2 57 49 37, Fax 25 46 57, Mo–Fr 10–18, Sa 10–14 Uhr

Michael Werner, Gertrudenstr. 24–28, Tel. 92 54 62-0, Fax 92 54 62-2, Di–Fr 10–13 und 14–18.30, Sa 11–14 Uhr

Literatur

Dichterlesungen, Rezitationen oder Diskussionen über Literatur finden im

Die Kunstmesse ART COLOGNE in den Messehallen

Forum der Volkshochschule, Josef-Haubrich-Hof 2, statt, ferner im *Stadtgarten,* Venloer Str. 40, im *Bürgerhaus Stollwerck,* Dreikönigenstr. 23, in der *Bücherstube am Dom,* Zeppelinstr. 2, in der *Lengfeld'schen Buchhandlung,* Kolpingplatz 1, sowie in der Zentralbibliothek der Stadtbücherei, Josef-Haubrich-Hof.

Musik

Heimstatt der beiden großen Sinfonie-Orchester, des städtischen ›Gürzenich-Orchesters‹ und des ›Kölner Rundfunk-Sinfonie-Orchesters‹ des WDR, ist seit Herbst 1986 die *Kölner Philharmonie* im Schatten des Doms im Haus der großen Museen. Werke der Kammermusik im Treppenhaus des Wallraf-Richartz-Museums/Museum Ludwig, in der Aula oder im Kammermusiksaal der *Staatlichen Hochschule für Musik* sowie im Großen Sendesaal des *Funkhauses Wallrafplatz* des WDR.

In den zahlreichen Kirchen der Stadt, einschließlich des Schnütgen-Museums in St. Cäcilien, werden immer wieder geistliche Konzerte mit und ohne Orgel aufgeführt.

Aufführungen von Jazz, Pop, Rock, Liedern u.ä. finden außer in den genannten öffentlichen Großsälen vor allem im *Stadtgarten-Restaurant,* in der *Kölner Sporthalle,* dem *Sartory-Theater,* im *Subway,* ›*Em Streckstrump*‹, im *Klimperkasten,* im Mülheimer *E-Werk* und im *Luxor* statt. Im Sommer sind die Open-air-Veranstaltungsorte wie der *Tanz-*

brunnen im Rheinpark (eigenes Programm beim Verkehrsamt!) und das *Müngersdorfer Stadion* sehr beliebt.

Kölner Philharmonie/KölnMusik GmbH, Bischofsgartenstr. 1, Direktion, Tel. 2 04 08-0; KölnTicket (Kartenverkauf/-reservierungen) Tel. 28 01; Information Tel. 2 57 41 41
Gürzenich, Martinstr. 29–31, Tel. 221-33 43
Westdeutscher Rundfunk (WDR) Großer Sendesaal im Funkhaus, Wallrafplatz 5, Tel. 22 01
Musikhochschule Köln, Dagobertstr. 38, Tel. 9 12 81 80
Schnütgen-Museum der Stadt Köln in St. Cäcilien, Cäcilienstr. 29, Tel. 221-23 10
Stadtgarten-Restaurant, Venloer Str. 40, Tel. 51 49 84. Konzerte, Dichterlesungen und Diskussionen
Kölner Sporthalle in Deutz, Messegelände, Sporthallenweg, Tel. 88 20 31
Sartory-Theater, Friesenstr. 44–46, Tel. 13 48 13
Subway, Aachener Str. 82–84, Tel. 51 79 69. Dienstags Live-Jazz
›Em Streckstrump‹, Buttermarkt 37, Tel. 2 57 79 31
Klimperkasten, Alter Markt 50/52, Tel. 2 58 21 32
Luxor, Luxemburger Str. 40, Tel. 21 95 03, Programmansage 21 95 06
E-Werk (Mülheim), Schanzenstr. 28, Tel. 62 10 91/92/93, Diskothek und Live-Acts
Kirchenmusik: Im Dom und in allen Altstadtkirchen beider Konfessionen.

Theater

Die Theaterszene Kölns ist äußerst vielseitig. Städtische und private Bühnen wetteifern abends – an Sonn- und Feiertagen auch nachmittags – um die Gunst des Publikums der Großstadt und ihres Umlandes.
Unter **städtischer** Regie spielen am Offenbachplatz die *Oper der Stadt Köln,* das *Schauspiel Köln* mit seiner Hauptbühne im *Schauspielhaus,* seiner Experimentierbühne in der benachbarten ›*Schlosserei*‹ (Eingang Krebsgasse) und den *Kammerspielen am Ubierring* (im Haus des Rautenstrauch-Joest-Museums für Völkerkunde). Das städtische Ballett-Ensemble *Tanzforum* besitzt auf beiden großen Bühnen (Oper und Schauspiel) Hausrecht. Mit der Eröffnung des rechtsrheinischen *Halle Kalk* und dem *West-end-Theater* im Foyer des Schau-

spielhauses bekam das Kölner Schauspiel noch zwei extrem unterschiedliche Spielstätten hinzu.
Ein besonders liebes Pflegekind der Stadt sind die *Puppenspiele der Stadt Köln,* das *Kölsch-Hännesche-Thiater zick* (= seit) *1802.* Hier werden kölsche Themen aus alter und neuer Zeit immer wieder lebendig im Spiel der originellen Stockpuppen: Hännesche, Bärbelche, Bestevaa, Bestemaa, Speimanes u.v.a. … nicht nur für Kinder!
Die zahlreichen **Privattheater** sind über die ganze Stadt verteilt, jedes Genre ist vertreten. Gehobenen Boulevard pflegt das *theater am dom,* die kölsch-deftige Variante vertritt das *Volkstheater Millowitsch* (mit seinem populären Prinzipal Willy Millowitsch). Gehobenen Boulevard, Kabarett, aber auch Solo-Auftritte jeder Art kann man im ›*Senftöpfchen*‹-Theater bei einem Glas Wein oder anderen ›Muntermachern‹ genießen. Politisch-satirisches Kabarett präsentieren ›*Die Machtwächter*‹.
Dramatiker vornehmlich des 20. Jh. werden aufgeführt im Theater ›*Der Keller*‹, im *Theater im Bauturm, URANIA-Theater, Piccolo-Theater, atelier-Theater,* im *Freien Werkstatt-Theater Köln, Theater am Sachsenring* und im *Severins-Burg-Theater.*
Die unterschiedlichsten Theater-Genres, Liederabende, Shows, häufig auch Kinderprogramme präsentieren die *Studiobühne der Universität* in der Alten Mensa, die *Comedia Colonia,* die *Kleine Komödie.*
Experimentier- und Nachwuchsbühnen sind das vom Westdeutschen-Werbefernsehen (WWF) gesponserte *Sprungbrett* und das *Horizont – Kölner Seminar-Theater.*
Shows, Musicals, Zirkusveranstaltungen finden statt im *Sartory-Theater* wie auch in der *Kölner Sporthalle* auf dem Messegelände in Deutz. Hinzu kommen immer wieder vorübergehende Zelt-Aufbauten für Wandertheater und Zirkusse auf den großen Plätzen der Stadt (Neumarkt, Offenbach- und Roncalliplatz).

Vorverkaufsstellen für Theater
Theaterkasse Neumarkt, in der U-Bahn, Tel. 21 42 32
Theaterkasse am Rudolfplatz, Tel. 24 69 45
Theaterkasse im Kaufhof, Tel. 21 66 92
Theaterkasse im Hause Saturn (Hansaring), Tel. 12 19 12

Vorverkaufskassen für Oper und Schauspiel befinden sich im Foyer des Opernhauses und im Foyer des Schauspielhauses am Offenbachplatz.
Telefonische Reservierung unter
2 21-84 00

Oper der Stadt Köln, Offenbachplatz,
Tel. 2 21-84 00 (Tageskasse); 2 21-82 48
(Abendkasse)
Schauspielhaus, Offenbachplatz,
Tel. 2 21-84 00
atelier-Theater, Roonstr. 78, Tel. 24 24 85
(Kasse); 56 15 91 (Büro)
Bel Air Theater, (Ehrenfeld) Kohlenstr. 10, Tel. 54 11 51
bühne 48, Aachener Str. 48,
Tel. 31 80 59
Bürgerhaus Stollwerck, Dreikönigenstr. 23, Tel. 31 80 53
Bürgerzentrum Alte Feuerwache,
Melchiorstr. 3, Tel. 7 39 10 73
Comedia Colonia, Löwengasse 7–9,
Tel. 24 76 70 (Vorverkauf: Mo–Sa 15–19
Uhr); Tel. 23 85 50 (Kindertheater)
Freies Werkstatt-Theater, Zugweg 10,
Tel. 32 78 17
Hänneschen-Theater, Puppenspiele der
Stadt Köln, Eisenmarkt 2–4,
Tel. 2 58 12 01
Horizont – Kölner Seminar-Theater,
Thürmchenswall 23, Tel. 13 16 04
Kammerspiele am Ubierring, Ubierring
45 (im Rautenstrauch-Joest-Museum für
Völkerkunde), Tel. 2 21 84 00
Kleine Komödie, Turiner Str. 3
(Breslauer Platz), Tel. 12 25 52
Kölner Sporthalle in Deutz, Messegelände, Tel. 88 20 31
Kumede-Theater, Aula der Berufsbildenden Schule, Ecke Perlengraben/
Waisenhausgasse, Tel. 32 17 38
Kunstraum Renée Blume, Lindenstr. 3
(Toreinfahrt), Tel. 21 21 89
Piccolo-Theater, Zülpicher Str. 28,
Tel. 23 27 04; 72 99 75 (Büro)
Sartory-Theater Köln, Friesenstr. 44–46,
Tel. 13 69 13 (Theaterkasse)
Severins-Burg-Theater, Eifelstr. 33,
Tel. 32 17 92, Büro: Kartäuserwall 2–4
Studiobühne, Universitätsstr. 16,
Tel. 4 70 45 13
Südstadttheater, Merowingerstr. 5–7,
Tel. 31 14 56
Theater am Dom, Glockengasse 11,
Tel. 2 58 01 55
Theater am Sachsenring, Sachsenring 3,
Tel. 31 50 15
Theater ›Der Keller‹, Kleingedankstr. 6,
Tel. 31 80 59

*Tünnes und Schäl, die Helden vieler kölscher
Witze*

Theater im Bauturm, Aachener Str. 24,
Tel. 52 42 42; 51 94 70 (Büro)
Theaterdilldopp, Luxemburger Str. 70,
Tel. 41 98 98 (Büro)
Urania Schauspiel Ehrenfeld, Platenstr. 32, Tel. 55 65 65
Volkstheater Millowitsch, Aachener
Str. 5, Tel. 2 51 74; 25 28 75 (Büro)
West-end-Theater (im Schauspielhaus),
Offenbachplatz, Tel. 2 21-84 00;
2 21-82 52 (Abendkasse)

Kabarett

Bürgerhaus Stollwerck, Dreikönigenstr. 23, Tel. 31 80 53
Kabarett ›Die Machtwächter‹, Gertrudenstr. 24, Tel. 24 21 01
Kaiserhof Theater, Hohenzollernring
92, Tel. 2 40 64 34
Senftöpfchen, Große Neugasse 2–4,
Tel. 2 58 10 58 (Kartenreservierung:
Mo–Fr 16–20 und Sa–So 18–20 Uhr);
Tel. 2 58 10 59 (Büro: Mo–Fr 11–17 Uhr)
›Star-Treff‹, Travestie-Cabaret, Alte
Wallgasse/Ehrenstr., Tel. 25 50 63
Theater in der Filmdose, Zülpicher
Str. 39, Tel. 23 96 43 (ab 19 Uhr)

Museen, Sammlungen, Kirchen

Museumsdienst Köln, Richartzstr. 2–4,
Tel. 2 21-40 76, Mo–Do 8–13 und
13.30–16.30, Fr 8–12.30 Uhr: Bildungs-
und Öffentlichkeitsarbeit, Angebote für
Gruppenführungen. ›Rund um die Uhr‹,
ein automatischer Informationsdienst zu

Ausstellungen und Veranstaltungen unter Tel. 2 21-43 43. Halbjährlich erscheint ein ausführliches **Programm** der Ausstellungen, das auf Anfrage kostenlos zugeschickt wird: Josef-Haubrich-Kunsthalle, Cäcilienstr. 33, 50667 Köln.

AGFA-Foto-Historama (im Wallraf-Richartz-Museum), Bischofsgartenstr. 1, U-Bahn Dom/Hbf., Tel. 2 21-24 11, Di–Fr 10–18, Sa/So 11–18 Uhr. Sammlung zur Geschichte der Fotografie [Nr. 5]

Beatles-Museum, Heinsbergstr. 13, Tel. 21 25 98, Mi–Sa 10–19 Uhr, Aug. und feiertags geschl.

Domschatzkammer U-Bahn Dom/Hbf., Tel. 24 45 46, 13 44 75 (Sakristei), Mo–Sa 9–17 Uhr (im Sommer bis 18 Uhr), So 12.30–16 Uhr. Kirchliche Kunst vom Mittelalter bis zur Moderne [Nr. 1]

EL-DE-Haus, Appellhofplatz 23–25, U-Bahn Appellhofplatz, Tel. 2 21-43 40/63 61, Di–So 10–17 Uhr. NS-Dokumentationszentrum [Nr. 33]

Erzbischöfliches Diözesanmuseum, Roncalliplatz 2, U-Bahn Dom/Hbf., Tel. 2 57 76 72, tgl. außer Do 10–17 Uhr. Sakrale Kunst des Kölner und Niederrheinischen Raumes [Nr. 7]

Josef-Haubrich-Kunsthalle, Josef-Haubrich-Hof 1, U-Bahn Neumarkt, Tel. 2 21-23 35, während der Ausst. Di–So 10–18, Do bis 20 Uhr. Wechselnde alter und neuer Kunst [Nr. 51]

Judenbad (Mikwe), Rathausplatz, Bus 132/Rathaus. Schlüssel beim Pförtner des Rathauses, Mo–Fr 9–18 Uhr. Kultbad in romanischen Formen des 12. Jh. [Nr. 11]

Käthe-Kollwitz-Museum Köln, im Gebäude der Kreissparkasse Köln, Eingang Neumarktpassage, Neumarkt 18–24, U-Bahn Neumarkt, Tel. 2 27 23 63/2 27 28 99, Di–So 10–17, Do 10 20 Uhr. Handzeichnungen, Skulpturen, Druckgraphik [Nr. 52]

Kölnischer Kunstverein, Cäcilienstr. 33, U-Bahn Neumarkt, Tel. 21 70 21, während der Ausst. Di–So 10–17 Uhr. Wechselnde Ausst. zur Kunst des 20. Jh. [Nr. 51]

Kölnisches Stadtmuseum, Zeughausstr. 1–3 (im Zeughaus), U-Bahn Appellhofplatz, Tel. 2 21-23 52, Di–Fr 10–16, Sa/So 11–16 Uhr. Zeugnisse des Bürgerlebens, der Stadtkultur und -entwicklung und der Wirtschaft vom 10.–20. Jh. [Nr. 30]

Museum für Angewandte Kunst, An der Rechtschule, U-Bahn Dom/Hbf.

Tel. 2 21-67 14, Di–Fr 11–17, Sa/So 12–17 Uhr. Kunsthandwerk vom Mittelalter bis zur Gegenwart, Design des 20. Jh. [Nr. 27]

Museum Ludwig, Bischofsgartenstr. 1, U-Bahn Dom/Hbf., Tel. 2 21-34 91, Di–Fr 10–18, Sa/So 11–18 Uhr. Kunst von 1900 bis zur Gegenwart, Graphik- und Fotosammlung [Nr. 5]

Museum für Ostasiatische Kunst, Universitätsstr. 100, Stadtbahn Universitätsstraße, Tel. 94 05 18-0, derzeit wegen Ausbaus geschl. – vorauss. Wiedereröffnung Sept. 1995. Deutschlands größter Bestand an chinesischer, koreanischer und japanischer Kunst [Nr. 101]

Prätorium unter dem Rathaus, Eingang Kleine Budengasse, Bus 132/Rathaus, Tel. 2 21-23 94, Di–Fr 10–16, Sa/So 11–16 Uhr. Röm. Statthalterpalast, Zugang zum röm. Abwasserkanal [Nr. 12]

Rautenstrauch-Joest-Museum für Völkerkunde, Ubierring 45, U-Bahn Ubierring, Tel. 3 36 94-13, Di–Fr 10–16, Sa/So 11–16 Uhr. Kultur und Kunst außereuropäischer Völker [Nr. 74]

Römisch-Germanisches Museum, Roncalliplatz 4, U-Bahn Dom/Hbf., Tel. 2 21-44 38/-45 90, Di–Fr 10–16, Sa/So 11–16 Uhr. Erlesene Schätze aus der Frühzeit Kölns und des Rheinlands [Nr. 6]

Römische Grabkammer, Weiden, Aachener Str. 328, Tel. 0 22 34/7 33 99, Di–Do 10–13, Fr 10–17, Sa/So 13–17 Uhr. Grabanlage mit Skulpturenschmuck

Schnütgen-Museum, Cäcilienstr. 29, U-Bahn Neumarkt, Tel. 2 21-23 10, Di–Fr 10–16, Sa/So 11–16 Uhr. Sammlung christlicher Kunst vom frühen Mittelalter bis zum 19. Jh., präsentiert in der Cäcilienkirche aus staufischer Zeit [Nr. 49]

Schokoladenmuseum Imhoff-Stollwerck, Rheinauhafen, U-Bahn Heumarkt, Tel. 9 31 88 80, tgl. 10–18 Uhr. Museum zur Geschichte und Gegenwart der Schokolade [Nr. 65]

Ubiermonument, An der Malzmühle 1, Tel. 2 21-45 42, Öffnungszeiten tel. erfragen. Ältestes Steinbauwerk Kölns mit Ausst. röm. Architekturdenkmäler

Wallraf-Richartz-Museum, Bischofsgartenstr. 1, U-Bahn Dom/Hbf., Tel. 2 21-23 72, Di–Fr 10–18, Sa/So 11–18 Uhr. Malerei von 1300 bis 1900, Skulptur von 1800 bis 1900, Graphische Sammlung, Kölnische Malerei des Mittelalters [Nr. 5]

Ma'alot vor dem Wallraf-Richartz-Museum/ Museum Ludwig

Adressen und Öffnungszeiten der romanischen Kirchen

St. Andreas, Andreaskloster/Nähe Dom, Tel. 10 06 60, Mo–Fr 6.30–20, Sa 8–18, So 8–19 Uhr [Nr. 28]

St. Aposteln, Apostelnkloster/Nähe Neumarkt, Tel. 2 57 72 17, 7–19.30 (bis zum Gitter) [Nr. 53]

St. Cäcilien (Schnutgen-Museum), Cäcilienstr. 29, Tel. 2 21 23 10, Di–Fr 10–16, Sa/So 11–16 Uhr [Nr. 49]

St. Georg, Georgsplatz 1/Waidmarkt, Tel. 2 01 02 98, tgl. 8–18 Uhr [Nr 66]

St. Gereon, Gereonskloster 4, Tel. 13 49 22, Mo–Sa 9–12 und 15–18 Uhr [Nr. 37]

St. Kunibert, Kunibertskloster 6, Tel. 12 12 14, Mo–Fr 9.30–12 und 13–18, Sa 9.30–12, So 9–18 Uhr [Nr. 84]

St. Maria im Kapitol, Kasinostr. 6, Tel. 21 46 15, tgl. 8–18 Uhr [Nr. 19]

St. Maria Lyskirchen, An Lyskirchen 8, Rheinufer, Tel. 21 17 13, Mo–Mi 10–17.30, Do 13–17, Fr–So 10–17.30 Uhr [Nr. 64]

Groß St. Martin, Martinspförtchen 8, Tel. 1 64 26 50, Mo–Fr 10–18, Sa 10–12.30 und 13.30–18, So 14–16 Uhr [Nr. 14]

St. Pantaleon, Am Pantaleonsberg 6, Tel. 31 66 55, Mo–Fr 9–18, Sa 9–16, So 12–18 Uhr [Nr. 61]

St. Severin, Severinskirchplatz, Tel. 31 68 70, Mo–Fr 8.30–19, Sa, So und feiertags 8.30–18 Uhr. Führung: Mo und Fr 16 Uhr [Nr. 69]

St. Ursula (mit Goldener Kammer), Ursulaplatz 30, Tel. 13 34 00, Öffnungszeiten: 1. Nov.–30. April: Mo, Do und Fr 15–17, Mi 9–12, Sa 9–12 und 15–17 Uhr; 1. Mai–31. Okt.: Mo, Mi, Do, Fr und Sa 9–12 und 15–17, So und feiertags 15–17 Uhr. Führung durch die Goldene Kammer: jeden 1. Sonntag im Monat um 12.00 Uhr [Nr. 44]

Nachtleben

Bars

Art Bar, St.-Apern-Str. 17, Tel. 25 43 75. Von Künstlern, Galeristen und Kunstliebhabern geschätzt.

Chin's Bar, Americano, Im Ferkulum, Tel. 32 81 96

King Georg, Sudermannstr. 2, Tel. 72 44 90

Lobby-Bar (Crowne-Plaza-Hotel), Habsburgerring 9–13, Tel. 2 09 50

Melody, (Lindenthal) Dürener Str. 169, Tel. 40 82 36. Beliebt wegen seiner Live-Musik (Jazz).

Meyer Lansky's, Spiesergasse 1/Friesenstr., Tel. 13 51 16

Pink Schampain, Gereonshof 34, Tel. 13 53 21. Szene- und Künstlertreff.

Rose Bud, Heinsbergstr. 20, Tel. 2 40 14 55

Roxy, Aachener Str. 2, Tel. 25 19 69. Künstlerkneipe

Wunderbar, Venloer Str. 19, Tel. 52 58 93

Jazz

Bruegel, Hohenzollernring 17, Tel. 25 25 79. Art-déco-inspirierte Ausstattung und gute Bistro-Küche; ab 22 Uhr treten tgl. Jazzmusiker auf, die von den Inhabern Metin Ilica und Howard Carpendale sogar vom New Yorker Broadway her verpflichtet werden.

Melody Piano Bar, (Lindenthal) Dürener Str. 169, Tel. 40 82 36. Wenn keine Musiker angeheuert sind, geht der Chef selbst ans Klavier, nicht selten finden sich auch im Publikum gute Jazzer, die improvisieren.

Das E-Werk: Disko-Techno-Rock-Tempel in Mülheim

Papa Joe's Jazzlokal ›Em Streck-strump‹, Buttermarkt 37, Tel. 2 57 79 31
Papa Joe's Biersalon ›Klimperkasten‹, Alter Markt 50–52, Tel. 2 58 21 32
Satschmo Keller, Heumarkt 60, Tel. 2 57 78 91
Stadtgarten, Venloer Str. 40, Tel. 51 60 39
Subway, Aachener Str. 82–84, Tel. 51 79 69. Jeden Dienstag abends Live-Konzerte mit internationalen Stars.

Tanzlokale und Diskotheken

Alter Wartesaal, Hbf., Tel. 9 12 88 50
Mo, Fr, Sa ab 21 Uhr. Gelegentlich finden Konzerte statt, der WDR produziert hier seine Mitternachtsspitzen.
Das Ding, Hohenstaufenring 30–34, Tel. 24 63 48. Seit über 20 Jahren ein echtes Studentenlokal, bei dem sogar (Studenten-)Ausweiskontrolle erfolgt.
Die Halle (Tor 2, Müngersdorf), Girlitzweg 30, Tel. 49 12 05. Live-Acts
Disko 42, Hohenstaufenring 22, Tel. 24 79 71
E-Werk (Mülheim), Schanzenstr. 28, Tel. 62 10 91. Live-Acts
Kauri (Jazz), Auf dem Rotherberg 11, Tel. 2 57 79 22. Afro-Jazz
Lalic, Rathenauplatz 6. ›Insel des New Wave‹.
Live-Music-Hall (Ehrenfeld), Lichtstr. 30, Tel. 54 59 71. Rock-Pop-Konzerte in einer ehem. Schlosserei; im Sommer werden auf dem Freigelände Parties gefeiert.
Luxor, Luxemburger Str. 40, Tel. 21 95 06. An Wochenenden Rock-Pop-Konzerte, anschließend am späten Abend Disko.
Nachtrock, Hohenzollernring 89, Tel. 5 10 22 29. Rock-Disko

Neuschwanstein, Mittelstr. 12, Tel. 24 32 41. Zweistöckige, verwinkelte Disko mit einer Tanzfläche, die von Galerien arenaartig eingesehen werden kann.

Sport

Über die Vielfalt des Kölner Sportes informiert umfassend die Broschüre ›Sport in Köln‹, erhältlich über das Sport- und Bäderamt, Tel. 49 83-2 21.
Eine wichtige Adresse für alle Sportinteressierten ist der Stadtsportbund Köln e.V., Schaevenstraße 1b, 50676 Köln, Tel. 2 40 12 14.

Veranstaltungen: *Internat. Leichtathletik-Sportfest* im Müngersdorfer Stadion (Aug.), *Pferderennen* ›Großer Kaufhofpreis‹ auf der Rennbahn Weidenpesch (Sept.) und das *Kölner Sechstagerennen* in der Kölner Sporthalle (Ende Dez./Anfang Jan.)

Eis- und Schwimmstadion, Lentstr. 30, Stadtbahn 15, 16 und Bus 134/Reichensperger Platz, Tel. 72 34 11. 2 Eisflächen stehen von Sept. bis März für den öffentlichen Eislauf zur Verfügung. Das Freibad mit einer Wassertemperatur von 24° ist von Mai bis Sept. geöffnet. In der Eissporthalle werden u. a. Heimspiele des mehrfachen Deutschen Eishockey-Meisters Kölner EC ausgetragen.

Freibäder

Öffnungszeiten an den Bäderkassen erfragen
Brück, Hovenstraße (Brück), Stadt-

bahn 1/Flehbachstr., Bus 157/Olpener Straße – Brücker Mauspfad, Tel. 84 07 67
Fühlinger See, Stallagsbergweg, Bus 120, 121/Merianstr., Tel. 7 08 78 43
Porz, Königsberger Str., Bus 154/Humboldtstr., Tel. 8 20/2 53 18
Stadion Müngersdorf, Aachener Str., Stadtbahn 1/Stadion, Bus 141, 144/ Alter Militärring, Tel. 49 83-2 59

Hallenbäder

Öffnungszeiten: Mo ab 13, Di–Fr ab 6.30, Sa/So ab 8 Uhr
Agrippabad, Kämmergasse, Stadtbahn 1, 2, 7, 9/Neumarkt, Bus 136, 146/Poststr.
Genovevabad, Berg.-Gladbacher Str., Stadtbahn 4, 13, 15, 16 und Bus 152, 153, 159/Wiener Platz
Kombibad Zollstock, Raderthalgürtel, Stadtbahn 12/Zollstock-Gürtel

Stadtbesichtigung

Vermittlung von **Fremdenführern** für alle Sehenswürdigkeiten in und um Köln, auch in Fremdsprachen, beim Verkehrsamt der Stadt Köln unter Tel. 2 21-33 32/ 36 54

Stadtrundfahrten im Bus

2 Stunden durch Köln, mit Fremdenführer: Abfahrt ab Verkehrsamt, gegenüber den Domtürmen. Fahrt vorbei an römischen Baudenkmälern, mittelalterlichen Stadttoren, romanischen Kirchen, Dom, Rathaus, Gürzenich, modernen Bauten und Einkaufszentren. Besuch in einem der Kölner Museen.
April bis Okt. tgl. 10, 11, 13, 14 und 15 Uhr. Nov. bis März tgl. 11 und 14 Uhr; Fahrkarten im Bus.

Kölner Abend, 3 Stunden: Abfahrt ab Verkehrsamt, gegenüber den Domtürmen. Fahrt durch das abendliche Köln, Panoramafahrt über den Rhein (Seilbahn oder Schiff) zum Rheinpark/Tanzbrunnen. Besuch in typischem Brauhaus mit kalter Platte und Kölsch. Altstadtbummel mit Getränk zum Abschluß. Juli und Aug. jeden Fr und Sa 19 Uhr. Fahrkarten im Bus.

Kutschenfahrt

Rundfahrt mit einer Kutsche durch die Altstadt, also um den Bereich Dom, Groß St. Martin und Rathaus.
Mai bis 15. Sept. Do–So 11 und 13.30 Uhr ab Heinzelmännchenbrunnen (neben dem Brauhaus ›Früh am Dom‹), Dauer etwa 1 1/2 Stunden.

Schiffsausflüge

Kleine und große Fahrten sowie Abendfahrten auf dem Rhein in den Sommermonaten. *Anlegestellen*: oberhalb und unterhalb der Hohenzollernbrücke. *Auskünfte und Abfahrtszeiten* im Verkehrsamt und bei den Schiffahrtsgesellschaften.

Köln-Düsseldorfer Deutsche Rheinschiffahrt AG, Frankenwerft 15, Tel. 2 58 30 11
Dampfschiffahrt Colonia, Lintgasse 18, Tel. 2 57 42 25
Köln Tourist, Tel. 12 16 00

Stadtrundflüge

Vom Flughafen Köln-Bonn. Dauer rund 15 Minuten. Auskünfte über die Flughafenschule, Tel. 0 22 03/40-0. Omnibus-Linie 170 ab Busbahnhof Breslauer Platz

Ausflugsschiff vor dem Panorama des Martinsviertels

Aussichtspunkte

Südturm des Domes (Gesamthöhe 157 m), Domkloster 4. Von der Aussichtsplattform in rund 100 m Höhe faszinierende Rundsicht über die Stadt. Täglich 9–17 Uhr.

Restaurant Café Bellevue am Maritim-Hotel (Mittwoch Ruhetag), Heumarkt 20. Blick auf das Martinsviertel und Deutz.

Hotel im Wasserturm, Großer Griechenmarkt 61/Kaygasse 2. Bietet seit dem Umbau zu einem Hotel einen erstaunlichen Blick auf den südlichen Teil der Altstadt.

Brücken: *Hohenzollernbrücke* und *Deutzer Brücke* bieten einen Überblick über den Kernbereich der Altstadt, während *Südbrücke* und *Zoobrücke* einen guten Gesamteindruck von der Altstadt vermitteln.

Noch empfehlenswerter als die Zoobrücke ist die **Rheinseilbahn** vom Haupteingang des Zoos (Riehler Str. 180) zum Rheinpark (Auenweg) in Deutz und umgekehrt. Ostern bis 31. Okt. tgl. 10.30–18 Uhr.

Messeturm in Deutz, Kennedy-Ufer. Von hier (85 m Höhe) malte O. Kokoschka sein berühmtes Panorama Kölns (heute im Museum Ludwig).

Statistik

Bedeutung: Der Fläche nach an dritter, der Einwohnerzahl nach an vierter Stelle unter den Städten Deutschlands. Drittgrößte Universität nach München und Berlin. Erzbistum. Internationale Messestadt und Wirtschafts- und Verkehrszentrum.

Lage: $50° 56′ 33,2607″$ nördlicher Breite und $6° 57′ 32,3136″$ östlicher Länge. Der höchste Punkt im Osten (Königsforst) bei 116,3 m, der tiefste im Norden (Worringer Bruch) bei 37,5 m über NN. Der Nullpunkt des Kölner Rheinpegels liegt 35,98 m über NN.

Fläche des Stadtgebiets: 405,12 km^2.

Umfang der Stadtgrenze: ca. 130 km.

Ortzeit: Um 32 Minuten und 10 Sekunden zurück gegenüber der MEZ.

Einwohnerzahl am 1. Januar 1994: 1 004 928, davon weiblich 518 371.

Verkehr: Straßen 1964,5 km, Straßenbahn 189 km (teils als U-Bahn oder Stadtbahn), Bus 422 km. Straßenbahn und Bus haben 1993 rund 193 Millionen Fahrgäste befördert. Am Kölner Hauptbahnhof werden bis zu 150 000 Fahrgäste tgl. gezählt. In den Häfen werden jährlich über 10 Millionen t Güter umgeschlagen. Am Flughafen Köln/Bonn wurden 1993 mit je über 117 537 Starts und Landungen rund 3,9 Millionen Fluggäste, 27 285 t Post und 192 993 t Fracht befördert.

Gebäude: 117 620 Wohngebäude mit 480 227 Wohnungen (1992).

Wirtschaft: Kölns ›Säulen‹ sind der Automobilbau, die Elektroindustrie, die Chemische Industrie, das Banken- und Versicherungswesen, zunehmend die elektronischen Medien (zahlreiche öffentlich-rechtliche und private Sendeanstalten), das Messe- und Ausstellungswesen sowie der Tourismus (1 266 000 Übernachtungen in 1993, davon 32,8% ausländische Gäste). Es gibt 6224 Handwerksbetriebe. 1993 gab es 443 196 Beschäftigte. Der Gesamthaushalt der Stadt umfaßte 6115 Millionen DM (1994). Vom Vermögenshaushalt (1153 Millionen DM) wurden 4,3% für Schulen, 4,8% für Wissenschaft, Forschung, Kultur und 21,9% für soziale Sicherung aufgewendet (1994).

Behörden: Zahlreiche Bundesbehörden (Bundesverwaltungsamt, Bundesamt für Verfassungsschutz, Bundesstellen für Außenhandelsinformation und Gesundheitliche Aufklärung, Deutschlandfunk, Deutsche Welle) und der kommunalen Selbstverwaltung (Deutscher Städtetag und Landschaftsverband Rheinland) sowie Verbände der freien Wirtschaft (Bundesverband der Deutschen Industrie, Bundesvereinigung der deutschen Arbeitgeber).

Stadtverwaltung: Stadtrat mit 95 Mitgliedern (1995), an der Spitze der Oberbürgermeister. Stadtverwaltung mit rund 20 000 Mitarbeitern unter Leitung des Oberstadtdirektors und seiner 10 Dezernenten. Einteilung des Stadtgebietes in 9 Stadtbezirke mit 85 Stadtteilen.

Stadtfarben: Rot und Weiß.

Stadtwappen: Reichsadler (in Erinnerung an die freie Reichsstadt 1475–1798) mit Brustschild: Drei Kronen im roten Feld, darunter elf schwarze Flammen im weißen Feld (Bezug auf die Hl. Drei Könige und die hl. Ursula und ihre elf(tausend) Jungfrauen.

Stadtpatrone: Hl. Drei Könige, hl. Ursula, hl. Gereon.

Partnerstädte: Barcelona (E), Beijing (China), Berlin-Neukölln, Berlin-Treptow (seit November 1990), Cluj-Napoca

(RO), Cork (IRL), Corinto (Nicaragua), Esch-sur-Alzette (L), Indianapolis (USA), Katowice (PL), Kyoto (Japan), Lille (F), Liverpool (GB), Liège (B), Rotterdam (NL), Tel Aviv-Yafo (Israel), Thessaloniki (GR), Tunis (Tunesien), Torino (I), Turku (SF), Wolgograd (Rep. Rußland) sowie eine Patenschaft für die Fregatte ›Köln‹ der Bundesmarine.

Unterkunft

Hotels

Hotelzimmer-Vorvermittlung von mehr als 17 000 Hotelbetten aller Kategorien beim Verkehrsamt der Stadt Köln unter Tel. 2 21-33 30.
An Messetagen ist es so gut wie unmöglich, auf eigene Faust noch ein Zimmer zu finden. Dann hilft nur noch ein Gang zum Verkehrsamt, dessen Mitarbeiter sogar Pendelbusse in umliegende Ortschaften einsetzen, um alle Gäste der Stadt unterbringen zu können.

Luxus

Dom-Hotel, Domkloster 2a, Tel. 20 24-0, Fax 20 24-4 44 (181 Betten). Ein klassisches, großstädtisches Luxushotel mit hervorragendem Blick auf die Kölner Kathedrale.
Hotel Im Wasserturm, Kaygasse 2, Tel. 20 08-0, Fax 20 08-8 88 (170 Betten). Spitzenklasse-Hotel mit ambitionierter Designer-Ausstattung.
Excelsior-Hotel Ernst, Domplatz/Trankgasse 1–5, Tel. 2 70-1, Fax 13 51 50 (255 Betten). Sehr anspruchsvoll, zum Teil mit Antiquitäten möblierte Zimmer.
Hyatt Regency Köln, Kennedy-Ufer 2a, Tel. 8 28 12 34, Fax 8 28 13 70 (307 Betten). Am rechten Rheinufer direkt neben der Eisenbahnbrücke gelegenes, internationalem Standard entsprechendes modernes Hotel, mit Blick auf das Kölner Altstadt-Panorama.
Queens Hotel Köln, Dürener Str. 287, Tel. 46 76-0, Fax 43 37 65 (225 Betten). Liegt im Stadtteil Lindenthal an einem Weiher, der zum Stadtwald gehört, also schöne Spaziermöglichkeit. Auch günstig wegen seiner Nähe zur Autobahn.
Maritim, Heumarkt 20, Tel. 20 27-0/ Fax 20 27-8 26 (800 Betten). Modernes Stadthotel, die riesige Hotelhalle mit

ihren Geschäften und Gastronomiebetrieben wird von Gästen und Besuchern gern zum Flanieren benutzt. In dieser Halle finden auch Empfänge, Events und Promotionveranstaltungen statt.

Mittelklasse

Chelsea, Jülicher Str. 1, Tel. 23 47 55, Fax 23 91 37 (50 Betten). Szene-Hotel für Künstler und Galeristen. Die Zimmer sind mit zeitgenössischer Kunst ausgestattet.
Lyskirchen Ringhotel Köln, Filzengraben 26–32, Tel. 20 97-0, Fax 20 97-7 18 (1287 Betten). Günstige, ruhige Lage in der südlichen Altstadt, nahe am Rheinufer.
Senats-Hotel, Unter Goldschmied 9–17, Tel. 20 62-0, Fax 20 62-200 (80 Betten). Mitten in der Stadt mit Blick auf das Rathaus.
Central-Hotel am Dom, An den Dominikanern 3, Tel. 13 50 88, Fax 13 50 80 (93 Betten). Einen Steinwurf vom Dom entfernt.
Royal, Hansaring 96, Tel. 12 05 71–74, Fax 12 05 75 (65 Betten). Mitten auf dem Ring-Boulevard, verkehrsgünstig gelegen und unweit vom Mediapark.

Preiswert

Contl, Brüsseler Str. 40–42, Tel. 25 20 62, Fax 25 21 07 (80 Betten). Mitten im Belgischen Viertel.
Kolpinghaus am Römerturm, St.-Apern-Str. 32, Tel. 2 09 30, Fax 2 57 80 81 (85 Betten). Günstig auch für Familien und Gruppen; ruhige Lage.
Rhein-Hotel St. Martin, Frankenwerft 31–33, Tel. 2 57 79 55, Fax 2 57 78 75 (80 Betten). Preisgünstig und mitten in der Altstadt.
Callas am Dom, Hohe Str. 137, Tel. 2 58 38 38, Fax 2 58 38 39 (43 Betten)
Flandrischer Hof, Flandrische Str. 3–5, Tel. 25 20 95, Fax 25 10 52 (230 Betten). Direkt hinter den Ringen, hundert Meter vom Geschehen entfernt.
Altstadt-Hotel, Salzgasse 7, Tel. 2 57 78 51, Fax 2 57 78 53 (46 Betten)

Jugendherbergen

In Köln gibt es zwei Jugendherbergen: Eine liegt unmittelbar hinter dem Bhf. Deutz, Siegesstr. 5a, Tel. 81 47 11, die andere – Jugendgästehaus Köln-Riehl – auf den Rheinwiesen im Kölner Norden, kurz vor der Mülheimer Brücke, An der Schanz 14, Tel. 76 70 81.

Campingplätze

Camping Berger, Uferstr. 71, Köln-Rodenkirchen, Tel. 39 22 11; ganzjährig geöffnet, von Okt. bis April nur nach Voranmeldung.
Städtischer Familienzeltplatz (nur für Touristen), Weidenweg, Köln-Poll, Tel. 83 19 66, vom 1. 5. – 30. 9. geöffnet.
Campingplatz Waldbad, Peter-Baum-Weg, Köln-Dünnwald, Tel. 60 33 15, ganzjährig geöffnet.

Verkehrsmittel

Autovermietung

AVIS, Clemensstr. 29, Tel. 23 43 33
Hertz, Bismarckstr. 19–21, Tel. 51 50 84
EuropCar-Inter-Rent, Christophstr. 2, Tel. 13 20 71
Sixt Budget, Weißhausstr. 38, Tel. 41 40 26

Die **ADAC Autovermietung GmbH** bietet Mitgliedern Mietwagen zu günstigen Konditionen an, zu buchen in jeder ADAC-Geschäftsstelle, in jeder Repräsentanz oder bei der zentralen Reservierung unter Tel. 0 18 02-31 81 81 (zum Ortstarif). Repräsentanzen in Köln (Auswahl): Christophstr. 2 (gegenüber Gereonskirche), Tel. 13 89 22; Mindener Str. 4 (am Messegelände), Tel. 88 57 00; Flughafen Köln/Bonn Zentralparkplatz, Tel. 0 22 03/5 23 02

Bus und U-Bahn/Stadtbahn

Die Stadtbahnlinien 16 und 18 der *Kölner Verkehrs-Betriebe* (KVB) sind in die Nahverkehrsnetze von Köln und Bonn integriert und verbinden beide Städte miteinander. 1987 hat sich die KVB mit elf anderen Verkehrsunternehmen im *Verkehrsverbund Rhein-Sieg* (VRS) zusammengeschlossen – kundenfreundlich sind die daraus resultierenden einheitlichen Tarife und Fahrausweise sowie die gemeinsame Abstimmung der Fahrpläne.
Das Streckennetz der KVB umfaßt heute insgesamt 51 Linien, davon 15 Straßenbahn- und 36 Buslinien. Die Kölner U-Bahn (Streckennetz derzeit 43 km), ein Mischbetrieb aus U-Bahn und Stadtbahn, verkehrt im 10-Minuten-Takt. Zentrale Bahnknotenpunkte sind Neumarkt und Dom/Hbf.
Für den Städtetouristen empfiehlt sich der Kauf einer 24-Stunden-Karte oder einer 3-Tage-Karte, bei mehreren Personen eventuell eine Minigruppenkarte. Diese Gruppenkarte gilt täglich ohne jede zeitliche Einschränkung für maximal 5 Personen, Kinder unter vier Jahren werden kostenlos befördert.
Karten und Informationen sind erhältlich im Fahrgast-Center Neumarkt, Neumarkt 25, Tel. 5 47 46 46, Mo–Fr 7–19, Sa 8.30–14 Uhr, außerhalb der Geschäftszeiten Tel. 54 73 33 benützen.
Für Fahrten ins Kölner Umland empfiehlt sich der Kauf einer VRS-Netzkarte (für 24 Stunden oder Minigruppen).
Informationen hierzu sind erhältlich beim Verkehrsverbund Rhein-Sieg, Barbarossaplatz 1, Tel. 20 80 80.

Fahrradvermietung

Keng, Innere Kanalstr./Vogelsanger Str. 11, Tel. 5 10 16 69

Taxi

Zentrale Rufnummer für die Kölner Taxis: 28 82 oder 1 94 10

Zeitschriften/Zeitungen

Die Tageszeitung ›Kölner Stadt-Anzeiger‹ ist freitags ergänzt um die Beilage ›Tips und Termine‹, die einen Überblick gibt über alle aktuellen Veranstaltungen der folgenden Woche in Köln und Umland. Sonderdrucke und Faltblätter mit Veranstaltungs-Informationen halten ferner das Verkehrsamt [s. S. 166] und die meisten Hotels bereit.
Junge Leute lesen am liebsten folgende (monatlich erscheinende) Stadt-Zeitungen mit aktuellen Infos über Konzerte, Diskos, Cafés, Szenetreffs – dies alles nicht nur für Kids: ›Stadtrevue‹, ›Kölner Illustrierte‹ (mit gelegentlich erscheinenden Sondernummern zum Einkaufen und zu Köln-Führungen), ›Tempo‹ und ›Prinz‹ (mit einem Gastro-Führer ›Köln ißt gut‹, der jedes Jahr einem der Sommerhefte beiliegt bzw. in der Redaktion, Brüsseler Straße 21, abgeholt werden kann).

Bildnachweis

Außer den nachstehend aufgeführten Quellen stammen alle fotografischen Aufnahmen von Celia Körber-Leupold, Köln.

Bilderdienst Süddeutscher Verlag, München: 23 – *Erzbischöfliches Diözesanmuseum Köln:* 42 oben (Marion Mennicken) – *Erzbischöfliches Metropolitankapitel Köln, Domschatzkammer:* 19 oben – *Rainer Hackenberg, Köln:* 16 oben, 122 unten, Umschlag-Rückseite – *Hamburg Aero Lloyd:* 97, 160 – *Käthe-Kollwitz-Museum, Köln:* 91 unten (Celia Körber-Leupold) – *KölnMesse:* 140/141 oben – *laif, Köln:* 14 oben (Gernot Huber), 16 Mitte (Manfred Linke), 17 Mitte und unten (2, Gernot Huber), 41 oben (Bernd Arnold), 92 (Gernot Huber), 177 (Gernot Huber), 182 (Regina Bermes) – *Stadt Köln, Der Oberstadtdirektor, Rheinisches Bildarchiv:* 3, 14 unten, 17 oben, 18 (2), 19 unten, 20, 21 (2), 22, 31 (Helmut Buchen), 32 oben, 35, 36 unten, 37 unten, 39 (2), 40, 41 unten, 48, 63 (2), 88 (2), 89, 115 unten, 116, 142 oben (Helmut Buchen), 145 (3), 148 – *Stadt Köln, Der Oberstadtdirektor, Verkehrsamt:* 72 (Luftbild Rudolf Barten), 84, 143 oben (Fridmar Damm), 154 (Fridmar Damm)

Die Zeichnungen auf den Seiten 19, 26, 30 stammen von Dombaumeister Arnold Wolff, Köln.